U0898732

山东省社会科学规划研究项目文丛·重点项目（10BZZJ01）

民初政党政治问题研究

许忠明 著

陕西新华出版传媒集团
陕 西 人 民 出 版 社

图书在版编目（CIP）数据

民初政党政治问题研究 / 许忠明著 .-- 西安：陕西人民出版社，2021.12

ISBN 978-7-224-14332-4

Ⅰ.①民… Ⅱ.①许… Ⅲ.①政党 - 研究 - 中国 - 民国 Ⅳ.① D693.74

中国版本图书馆 CIP 数据核字（2021）第 237131 号

责任编辑 李 娜
封面设计 人文在线

民初政党政治问题研究

作 者 许忠明
出版发行 陕西新华出版传媒集团 陕西人民出版社
（西安北大街 147 号 邮编：710003）
印 刷 三河市龙大印装有限公司
开 本 787 毫米 ×1092 毫米 1/16
印 张 14.75
字 数 230 千字
版 次 2023 年 1 月第 1 版
印 次 2023 年 1 月第 1 次印刷
书 号 ISBN 978-7-224-14332-4
定 价 68.00 元

前　言

在中国，一部近现代历史就是在政党政治中过来的。从民国初年的政党纷争一直到国共两党争雄，再到中国共产党领导的多党合作和政治协商制度的确立，都在证明着中国社会发展的一个规律：没有共产党，就没有新中国，就没有中华民族复兴。在实现中华民族伟大复兴的历史征程中，以中国共产党为代表的中国政党始终是中国社会进步的先进政治领导力量。

以政治学的方法对民国政党进行研究，是本书的重要特色。本书分析了民初政党政治产生的原因，通过对清末政党政治中的各种理论观点进行比较，进一步总结了我国政党政治的一些积极理论成果。政党是在国家、社会、政府、国民、立宪、国会等一系列复杂的层级关系中产生和发展起来的，清末民初的国人对此有不少很有价值的思考和主张。这些思想观点颠覆了中国传统的思想观念，极大地解放了人们的思想，开阔了人们的视野。

本书的重点不是对民国政党历史的泛泛记述和说明，而是将重点放在“民初政党政治问题”上，着力选取不同的侧面，凸显问题意识，对政党政治中的系列“问题”进行分析和说明。这些问题主要包括士绅阶层、派系本质、国民程度、政体选择、集权与分权、国权与民权、国家建构、权威认同、法治道路等。

清末民初是万窍怒号、潮流翻滚的风云时代。穿越无处不在的激流险滩，需要非凡的定力和高超的技术。从一定意义上讲，问题就是穿越时空和险滩的冲锋舟，因为它既是理论的概括，又是现实的线索，还是历史的钥匙。循着这些问题，我们就能走进民国政党历史的深处，接受这场“历史”与“现代”交锋后产生的电闪雷鸣和暴风骤雨的洗礼，一览清末民初的政治激流与险滩，从中领略和体会近代中国社会转型的艰难与曲折。

作者

2021 年 7 月

目　录

第一章　民初政党产生的背景

1840年的鸦片战争震醒了沉睡的中国人，一些有识之士开始主张“师夷长技以制夷”。1860年英法联军攻入北京并火烧圆明园，中国跌入三千年未有的大变局中，洋务运动迅速发展，中国社会发生了巨大变化。1894年中日甲午战争爆发，随后《马关条约》签订，这一失败促使人们对洋务运动的反思深入到船坚炮利背后的政治因素。向西方学习的内涵，迅速由器物层面上升到制度层面。在这种背景下，政党进入国人的视野。

第一节　清末社会的重大变迁

政党是时代的产物，中国政党是晚清社会在外部冲击下内部矛盾深化发展的必然结果。在这一过程中，西方政治思想的传入成为撬动封建专制大厦的有力杠杆，新兴知识分子成为盗取火种的普罗米修斯，科举制度的废除动摇了皇权统治大厦的基础，清王朝在风雨飘摇中失去了国人的信任而陷入全面危机之中。

一、清末传统社会的重要变化

鸦片战争后，西方对华商务大幅度增加，洋货以其特有的物美、实用、低廉、新奇、独特等特性而为中国老百姓所迅速认识和接受。洋货进入中国，很快引起统治集团内部的注意。同治元年正月二十六日（1862 年），中兴名臣曾国藩在复湖南巡抚毛鸿宾的一封信函中第一次提到“耕战”与“商战”的对比。[①] 从此，“商战”观念在晚清社会中迅速引起共鸣并很快成为一种共识。

1879 年，“曾门四子”之一的薛福成写成著名的《筹洋刍议》，其中《商政》开篇即说：“昔商君之论富强也，以耕战为务。而西人之谋富强也，以工商为先，耕战植其基，工商扩其用也。”[②]1895 年，郑观应在《盛世危言》中浓墨重彩地阐述商务的重要性。“商务者国家之元气也，通商者疏畅其血脉也。”[③] 在他看来，商务不仅决定着一个国家的富强，而且是一个国家的核心。“英之君臣又以商务开疆拓土，辟美洲，占印度，据缅甸，通中国，皆商人为之先导。彼不患我练兵讲武，特患我之夺其利权。凡致力于商务者，在所必争。可知欲制西人以自强，莫如振兴商务。”[④]“西人以商为战，士、农、工为商助也，公使为商遣也，领事为商立也，兵船为商置也。”[⑤] 不仅如此，他还认为，“当此竞争之世，商战最烈时也”，“夫兵战之日短，商战之日长”。面对日益严峻的西方贸易冲击和经济侵略，国家到了生死存亡的紧急关头，“以民制夷”“以商制夷”“以夷制夷”等应对策略都开始出现，“求富”“求强”“工

---

① 曾国藩:《曾国藩全集》第 25 集，长沙：岳麓书社，2011 年版，第 48 页。

② 马忠文、任青编:《中国近代思想家文库 · 薛福成卷》，北京：中国人民大学出版社，2014 年版，第 174 页。

③ 任智勇、戴圆编:《中国近代思想家文库 · 郑观应卷》，北京：中国人民大学出版社，2014 年版，第 41 页。

④ 任智勇、戴圆编:《中国近代思想家文库 · 郑观应卷》，北京：中国人民大学出版社，2014 年版，第 47 页。

⑤ 任智勇、戴圆编:《中国近代思想家文库 · 郑观应卷》，北京：中国人民大学出版社，2014 年版，第 64 页。

商”“富民”“商战”等观念迅速被先进的中国人所认识。[①]

“商战”观念兴起使中国传统义利观受到根本性的挑战。在中国传统的道德范式中，贵义贱利是最基本的人生准则和精神要求，知足安分是传统人生观和价值观的核心。在重商主义思潮的冲击下，附属于封建经济范畴的“义利观”迅速贬值，传统义利观遭到最尖锐的抨击和前所未有的否定。“赚钱赢利、谋求最大利润的欲望开始空前膨胀，千百年来的儒家正统义利观开始崩解，安贫乐道的精神传统开始被抛弃。”[②]过去被士大夫视为带有铜臭气的金钱成为众人追逐的对象，而且受到前所未有的崇拜，人们公然表明对金钱的渴望，不言利成为虚伪的代名词，金钱日益在人们的行为选择和价值取向中起导向作用。《新上海》报刊中公开表明赢利的重要性：天下事除了“赚钱”两字，都是不急之务。

经济基础决定上层建筑。当西方商业文明的曙光投射到古老的中华帝国之时，中国传统政治思想的变化也迅疾展开。实际上，西学进入中国，可以上溯至明末清初耶稣会士来华传教，他们带来了欧洲的自然科学和工艺技术。尽管耶稣会士力图适应中国传统文化，迎合中国士大夫的需要，但是，他们所宣扬的中世纪经院哲学和清初的闭关锁国使得当时东传的西学未能对中国社会发生深刻影响，中西文化交流起步不久，便归于漫长的沉寂。19世纪中叶，两次鸦片战争的失败，商业文明在中国的快速发展，为西学的再次传入带来了重要契机。面对西方侵略的严峻局势，一些先进的中国人开始将目光投向域外的世界。鸦片战争前后，已有一些主张经世致用的学者留心中国沿海和西北边疆的史地研究。据统计，到1861年，已有22部关于世界地理的著作问世。林则徐的《四洲志》、魏源的《海国图志》和徐继畬的《瀛寰志略》等著作，代表了这个时期中国人对西方认识所能达到的最高水平。这些著作反映了当时先进的中国人向西方国家觅获新知的理智精神和创新勇气，启迪后人对西学采取积极的态度。虽然天朝上国的观念和氛围依然浓厚，但

---

① 王敏：《晚清重商主义思潮及其社会效应》，《求索》，2012年第8期，第117页。

② 马敏：《商人精神的嬗变：近代中国商人观念研究》，武汉：华中师范大学出版社，2001年版，第63页。

是“以中国为中心的‘天朝’观念毕竟开始受到无情的冲击，接纳西方文化的罅隙终于出现于自我封闭的传统封建文化的坚冰中”①。

二、清末西学的引入

19世纪60年代，英法联军盘踞北京，成为清朝统治者的“心腹之患”，西方文化大规模进入中国。在19世纪五六十年代至20世纪初年的短短四五十年间，见诸译书目录的书籍已经达到1442种，其内容之广泛和数量之多，是明清之际无法比拟的。西学传播的主体有传教士、官方和民间社团，这次广泛的、深层次的思想变动是由中外互动和朝野互动共同完成的。

《南京条约》特别是《天津条约》《北京条约》的签订，使清政府被迫对西方传教活动实行“驰禁”政策，外国传教士开始大量拥入中国沿海及内地。据有关资料统计，到1860年，基督教传教士自1844年的31人增加到100余人；到19世纪末，增至1500人，其中英国新教传教士占50%，美国传教士占40%。英美新教传教士已成来华传教士的主体。②传教士是传播西学的先锋。传教士来华，其目的虽主要是传播宗教，实现“中华归主”的根本目的，为西方获取在华政治经济利益服务，但客观上也充当了当时中西文化交流的重要媒介，他们翻译和撰写了大量的著作，其中包括《万国公法》《富国策》等名著。

美国基督教新教长老会派传教士丁韪良在评价译书贡献时说：“这些书籍就像是一个杠杆，有了这么一个支点，肯定能撬动某些东西。假如说科学的创造者是凿了一口自流井的话，那么翻译家不就是在安装输入灌溉的管道吗？”③后来，梁启超同样指出：“今日中国欲为自强第一策，当以译书为第一

① 陈绛：《西学传播与晚清社会的蜕变》，《复旦学报》（社会科学版），1993年第3期，第83页。

② 顾长声：《传教士与近代中国》，上海：上海人民出版社，2004年版，第114页。

③ 丁韪良：《花甲忆记：一位美国传教士眼中的晚清帝国》，桂林：广西师范大学出版社，2001年版，第216页。

义矣。"[①] 传教士的活动促进了第二次"西学东渐"高潮的到来，中国也迎来了学习西方近代思想的第一个黄金时期。传教士的活动"虽尚多宗教之意味及色彩，然其输入西学之功，固已甚伟，其促成国人讲求富强之绩，实亦不可埋没也"[②]。传教士"通过译著书刊、兴办学堂、开设经济学课程教育，将一些资产阶级的近代经济理论传播到中国，冲击着'重农抑商''贵义贱利'的传统封建理念，促进了中国思想的早期近代化"[③]。

清政府在西学传入过程中起着主导作用。1862 年，清政府设立京师同文馆，以培养"通解外国语言文字之人"为目标。1867 年，增设"天文算学馆"后，"由洋文而及诸学"，包括数学、物理、化学、天文学、矿物学、医学，以及各国史地、万国公法和富国策（政治经济学），具有明显的科学技术教育性质。1863 年，李鸿章奏请设立上海广方言馆，以算学和外语并重。晚清重臣张之洞在《吁请修备储才折》中向皇上"仰恳宸衷裁断"："人皆知外洋各国之强由于兵，而不知外洋之强由于学。夫立国由于人才，人才出于立学，此古今中外不易之理。"[④] 当时，福州船政学堂、江南制造总局工艺学堂等技术学校，天津水师学堂和武备学堂、广东水师学堂等军事训练学校，纷纷仿照西法，以外语和西学为主要教学内容。官办新式学校还承担了大量西书翻译的任务。

1866 年，清政府派遣斌椿父子率领同文馆学生前往欧洲"游历"，亦即参观考察。从此，派员出使考察成为西学传入的另一个重要途径。1877 年，总理衙门奏准，出使各国大臣必须将大小事件逐日详细记载，按月向总理衙门汇报，并将翻译外国书籍和报纸一并咨送。斌椿的《乘槎笔记》、志刚的《初

---

① 梁启超：《读〈日本书目志〉书后》，张品兴主编：《梁启超全集》第 1 册，北京：北京出版社，1999 年版，第 128 页。

② 赵丰田：《晚清五十年经济思想史》，北京：哈佛燕京学社，1939 年版，第 305—309 页。

③ 李浩、梁永康：《外国来华传教士与晚清经济思想的早期近代化》，《中国社会经济史研究》，2008 年第 2 期，第 92 页。

④ 吴剑杰编：《中国近代思想家文库·张之洞卷》，北京：中国人民大学出版社，2014 年版，第 238 页。

使泰西记》，以及郭嵩焘、刘锡鸿、曾纪泽和薛福成的出使日记，生动地反映了近代中国第一批外交官对西方的认识和心态。1877—1887 年，总理衙门奏定的《出洋游历人员章程》更进一步鼓励出国人员学习西学。

19 世纪 60 年代以后，一些知识分子著书立说，宣传西学，鼓吹变法。他们或入重臣幕府，或与传教士合作，奔走呐喊，出谋划策，尤其在 19 世纪末 20 世纪初，他们在传播西学中所起的作用日益超过政府官员和传教士。主张“采西学”“制洋器”的冯桂芬于 1861 年写成《校邠庐抗议》。王韬于 1849 年初到上海入墨海书馆，成为理雅各等传教士翻译西书的亲密合作者，刊印了《弢园西学辑存》六种。郑观应是另一位杰出的西学宣传家，他长期立身商界，经营洋务企业，然而他的《盛世危言》对于同时代人和后来者广泛的影响，超过了他在中国经济近代化方面所起的作用。著名科学家李善兰、华蘅芳和徐寿、徐建寅父子都积极参与西书的译介工作，徐寿还和傅兰雅等于 1874 年共同发起组织“格致书院”。向西方学习逐渐形成一个新的社会潮流。

三、清末对西学的深入认识

西学东渐，新旧激荡。人们从对西方文化茫无所知的封闭状态中走出来，根据自己的认识水平和客观现实需要，在不同层次上吸收西方文化，于是在近代中国开始出现一系列首尾相连的经济政治变革思想。梁启超曾经这样划分近代中国学习西方的三个时期：第一个时期，自鸦片战争后至中日甲午战争，这是“从器物上感觉不足”；第二个时期，自甲午战争至五四运动前，这是“从制度上感到不足”；第三个时期，自五四运动以后，是“从文化根本上感觉不足”。①

林则徐和魏源率先提出“师夷长技”的时代命题，充分肯定了西方文化在物质层面的价值，由此拉开了洋务运动的大幕。洋务运动作为一场低层次的西化运动，其中始终伴随着中学与西学的争论。冯桂芬在 20 世纪 60 年代

① 梁启超：《五十年中国进化概论》，李华兴、吴嘉勋编：《梁启超选集》，上海：上海人民出版社，1984 年版，第 833—834 页。

初就提出“以中国之伦常名教为原本，辅以诸国富强之术”，被人们认为是洋务派“中体西用”主张的原型。曾国藩、左宗棠都具有明显的中体西用倾向。同时期的启蒙思想家王韬、郑观应、薛福成，甚至后来梁启超等，都用相同或类似的词语表达他们对西学的态度。这时候的中体西用具有相当的历史进步性。洋务派“连篇累牍地议论中学西学关系，其用心显然不在于说明中学和西学之间地位的高低主次，不在于说明西学需要依靠中学来主宰和统摄，而是在竭力证明‘道义大本’必须用西学来辅助来保卫，国家社稷只有靠西法才能够振衰起颓。立意之明，真是洞若观火”[①]。

随着洋务运动的不断深入，西学传播的范围和深度不断扩大和深入，中体西用的内在矛盾开始暴露出来，西学的性质和作用是否仅限于形而下的器技之末，就成了开明人士不得不正面回答的重要问题。“海防之议”后期，郭嵩焘在1875年的《条陈》中提出“西洋立国有本有末”的明确论断。1878年，郭嵩焘的认识更加明晰：“西洋制法，亦自有本末。中国大本全失，西法从何举行？勉强行之，亦徒劳耳！”[②]这一判断巧妙地从“本末”角度否定了“中体西用”体系中仅仅把西学局限为“用”的限制，做出了西学有“体”有“用”、有“本”有“末”、有“道”有“器”的深化理解。郑观应则在《盛世危言》初刊自序中，借着担任过两广总督的张树声的言论，表达了自己的见解：“西人立国具有本末，虽礼乐教化远逊中华，然其驯致富强亦具有体用。育才于学堂，论政于议院，君民一体，上下同心，务实而戒虚，谋定而后动，此其体也。轮船、火炮、洋枪、火雷、铁路、电线，此其用也。中国遗其体而求其用，无论竭蹶步趋，常不相及，就令铁舰成行，铁路四达，果足恃软？”[③]这就道出了“中体西用”文化观本身的局限性和内在矛盾，这种文化观无法构成一种完整的新型文化观念体系。

① 丁伟志：《“中体西用”论在洋务运动时期的形成与发展》，《中国社会科学》，1994年第1期，第110页。

② 熊月之编：《中国近代思想家文库·郭嵩焘卷》，北京：中国人民大学出版社，2014年版，第108页。

③ 任智勇、戴圆编：《中国近代思想家文库·郑观应卷》，北京：中国人民大学出版社，2014年版，第9页。

中国在学习西方的过程中并非一帆风顺。老大帝国的昔日辉煌无日不萦绕在士大夫心中。1887 年 1 月号伦敦《亚洲季刊》上，一篇名为《中国先睡后醒论》的文章引起轰动，文章大肆吹捧清朝“洋务”成果，将从西方购入的新式军舰、武器一一罗列后，乐观地断定“中国真醒大醒”，“无复有睡之意矣”！“中国不过似人含睡，固非垂毙也”，“再有战事，中国终不至有庚申（1860 年）之祸”。这篇文章的作者是曾国藩长子、袭父一等毅勇侯爵、大名鼎鼎的中兴名臣、外交家曾纪泽，此时他刚结束 11 年使欧（英、法、俄诸国）生涯，回到中国。“先睡后醒论”和“急外缓内说”是他的两大主张。这位擅长画狮子的曾纪泽不仅从当政者的角度阐述了中国正在走向强国的乐观心情，而且提出积极参与国际事务的国事主张。

1887 年 2 月 8 日，《中国先睡后醒论》由香港《德臣西字报》再次刊登，近代启蒙思想家何启、胡礼垣二人便于是年夏天撰写《曾论书后》一文，尖锐批评曾纪泽的观点“似是而非，似真而伪，苟非偏僻，即是自高而已”[①]。何、胡二人虽然对西方文化非常熟稔，信服西方文化的理念，但在反驳曾纪泽中却使用大量中国传统文化的观点。

中国的弊端在内政，在官民关系的颠倒。他们与传统的中国官僚在国家与人民的关系上存在着根本的不同，官僚念念不忘国家的强大，而何、胡时时不忘民权为根本，国家只是保证民权的工具。何、胡在文章中提供的救国之方可以概括为“公平—民信—民心—民力—国强—平外患”这一公式。进一步说，何、胡二人受过社会契约论和天赋人权论的影响，在谈及议会政治时，不再如张树声等体制内人士那般仅仅将其视作达成“君民一体”的手段，而是将议会与民权直接联系起来，要求用民权来引导和推动议会。

公平地说，曾纪泽作为一个有着丰富外交经验并取得重要成就的前清官员，他的主张并非全无道理。一个凭借数十年洋务运动家底支撑起来的王朝确实取得了一些骄人的成就，尤其是 1881 年 2 月曾纪泽赴俄国谈判，收回伊犁，中国于 1885 年赢得中法战争的胜利，1888 年创办北洋水师，都给人以从

① 何启、胡礼垣：《曾论书后》，《新政真诠》（一），桂林：广西师范大学出版社，2015 年版，第 177 页。

未有过的振奋，曾纪泽捍卫国家利益的主张更无可厚非。也正是由于这些原因，曾纪泽的《中国先睡后醒论》产生了巨大影响。但曾纪泽作为执政大员，是从自身利益和固有传统观点看待中国问题的，他并不深入了解西方富强的真正原因。就在曾说之后，仅仅七年，甲午战争爆发，北洋水师全军覆灭，估计曾纪泽从来没有料想到他死之后，中国会发生如此剧变，其“先睡后醒论”也被历史无情击碎，被后人反复嘲笑，反而，何启、胡礼垣的高瞻远瞩却越发受到实践检验而显示出正确性的一面。

1894 年甲午战争爆发，作为“自强”象征的北洋海军全军覆没，朝野上下对洋务运动的否定迅速成为主流共识。正如王韬所批评，洋务派“徒袭皮毛”地学习西方，“终不能一旦骤臻于自强”，蕞尔小岛的日本，由于学习西方而成为中日战争的胜利者，这一实例给人以新的刺激。海军出身、西学传播中的领军人物严复发表《辟韩》一文，率先彻底否定了君主专制政体。严复对“中体西用”原则提出了尖锐的批评：“中学有中学之体用，西学有西学之体用，分之则并立，合之则两亡。”在民族危亡迫在眉睫的形势下，严复强调“欲通知外国事，自不容不以西学为要图”，主张“统新故而视其通，苞中外而计其全”，追求中学与西学的完美结合。

1895—1899 年间，变法思潮日趋激进，一些“半理智半感情的思想”开始出现。不少人认为西学“无不善、无不美、无不有用、无不高明”。激进的谭嗣同甚至提出变衣冠、变人伦制度，变中国学术的主张。谭嗣同以冲决封建罗网的精神，主张“尽变西法”，亦即从政治、经济、思想文化各个方面根本上实行变法。[①] 到 1898 年，湖南维新人士樊锥、易鼎同时也都主张一切仿效西法，主张全变、速变。樊锥（1872—1905）是南学会邵阳分会会长、湖南不缠足会董事、《湘报》的主要撰稿人之一，一位激进的维新分子，主张“一革从前，搜索无剩，唯泰西者是效”。面对顽固分子的攻击，樊锥表示“生死不能夺其志，贵贱不能换其帜”。易鼎提出：“一切制度，悉从泰西”，在改革过程中，先从“改正朔易服色”开始。[②] 全面学习西方很快成为潮流。

---

① 王尔敏：《中国近代思想史论》，北京：社会科学文献出版社，2003 年版，第 42 页。

② 王尔敏：《中国近代思想史论》，北京：社会科学文献出版社，2003 年版，第 93 页。

洋务派的思想也在发生重要变化。1898年7月，张之洞的《劝学篇》上达朝廷。该文对中体西用做出了明晰的概括和系统的阐释："四书、五经、中国史事、政书、地图为旧学，西政、西艺、西史为新学。旧学为体，新学为用，不使偏废。"[①]"中学为内学，西学为外学，中学治身心，西学应世事"。[②]"今欲强中国，存中学，则不得不讲西学。"[③]《劝学篇》中的"中体西用"内容已经今非昔比，西方的政治体制显然已经成为应该学习的"新学"，这意味着洋务派的政治观点发生重要改变。尤其是他竭力推介留学："出洋一年，胜于读西书五年，此赵营平百闻不如一见之说也。入外国学堂一年，胜于中国学堂三年，此孟子置之庄岳之说也。"[④]张之洞根据中国与日本的实情，尤其大力倡导通过留学日本来学习西方。《劝学篇》在当时的社会中引起巨大反响，日本人实藤惠秀称道说《劝学篇》不啻为"留学日本的宣言书"[⑤]。

光绪二十六年（1901）十二月初十日，饱受庚子之变打击的慈禧太后"宵旰焦劳"，她以光绪帝名义颁布变法著名上谕："至近之学西法者，语言文字、制造器械而已，此西艺之皮毛，而非西政之本源也"，"舍其本源而不学，学其皮毛而又不精，天下安得富强耶"？[⑥]这是当时清廷统治者对西方政治制度的最高认识。光绪二十七年（1902）五月二十三日，清廷发布上谕肯定"出洋华商子弟就近游学者颇多可造之才"，要求出使大臣"留心察访"，然

---

① 吴剑杰编：《中国近代思想家文库·张之洞卷》，北京：中国人民大学出版社，2014年版，第307—308页。

② 吴剑杰编：《中国近代思想家文库·张之洞卷》，北京：中国人民大学出版社，2014年版，第328页。

③ 吴剑杰编：《中国近代思想家文库·张之洞卷》，北京：中国人民大学出版社，2014年版，第296页。

④ 吴剑杰编：《中国近代思想家文库·张之洞卷》，北京：中国人民大学出版社，2014年版，第305页。

⑤〔日〕实藤惠秀：《中国人留学日本史》，谭汝谦、林启彦译，北京：生活·读书·新知三联书店，1983年版，第23页。

⑥ 中国第一历史档案馆编：《光绪朝上谕档》第26册，桂林：广西师范大学出版社，2008年版，第461—462页。

后朝廷“量予擢用”。[①] 光绪二十七年（1902）八月初四日，清廷发布上谕充分肯定江西、湖北、四川等省选派学生出洋游学“用意甚善”，要求各省督抚“一律仿照办理”。[②] 中国从制度上全面学习西方的时刻到来了。

第二节　教育体制的深刻变革

从 19 世纪 60 年代到 20 世纪初，清政府先后推行了洋务新政、戊戌新政和清末新政。三次新政首尾相衔，构成了晚清从传统社会向现代社会转变的三个不同阶段，反映了晚清社会的变迁从点到面、由浅入深、自量变转化为质变的历史进程。其中，教育制度的改革尤为令人瞩目。

一、教育体制的变革提上日程

对中国教育弊端的认识伴随着洋务运动而展开。早在 1879 年，即光绪五年（1880）三月初八日，首任英法公使郭嵩焘在与友人谈论洋务的过程中就说：“西洋政教、制造，无一不出于学。”他认为中国科举制度招收“虚浮不根之子弟”，学习“诗文无实之言”，造成“高者顽犷，下者倾斜”，最后的结局是“悉取天下之人才败坏灭裂之，而学校遂至不堪闻问”[③]。这是郭嵩焘在“睁眼看世界”后发出的警世醒言，足以旷古烁今。

1894 年 7 月 25 日，日本不宣而战，偷袭丰岛海面的清军运兵船，拉开

---

① 中国第一历史档案馆编：《光绪朝上谕档》第 27 册，桂林：广西师范大学出版社，2008 年版，第 111 页。

② 中国第一历史档案馆编：《光绪朝上谕档》第 27 册，桂林：广西师范大学出版社，2008 年版，第 177 页。

③ 熊月之编：《中国近代思想家文库 · 郭嵩焘卷》，北京：中国人民大学出版社，2014 年版，第 182 页。

了甲午海战的序幕。出人意料的是，一向为国人所轻视的东方岛夷小国日本，竟然在短短数月时间内击垮了领土广大、人口众多的大清王朝。1895年4月17日，前去日本议和的李鸿章与日本伊藤博文签订了丧权辱国的《马关条约》，这对当时国人来说，不啻当头一棒。清末社会迅速进入全面变革的戊戌新政时期。如果说洋务新政是“初变”，清末新政是“剧变”，那么戊戌新政则是晚清社会从“初变”到“剧变”的过渡阶段。戊戌新政表面上是对洋务运动的否定，实际上是对洋务新政的调整和深化，因为戊戌新政把制度的变革提上了议事日程，一场关于政治、经济、教育、文化、军事等方面的全面改革提上了议事日程。[①]

1895年3—5月，著名启蒙思想家严复连续在天津《直报》上撰文批判科举制度。“是故欲开民智，非讲西学不可；欲讲实学，非另立选举之法，别开用人之途，而废八股、试帖、策论诸制科不可。”[②]“夫八股非自能害国也，害在使天下无人才。”八股有三害：一害“锢智慧”，二害“坏心术”，三害“滋游手”。[③]“夫八股锢智慧，坏心术，滋游手，积将千年之弊，流失败坏，一旦外患凴陵，使国家一无可恃。”[④]废八股立即成为强烈的社会呼声。

1898年5月，康有为、梁启超等人公车上书，要求皇上特下明诏，将下科乡会试及此后岁科试停止八股试帖，推行经济六科。奏折控诉科举愚弄人才，“科举之法，非徒愚士大夫无用已也，又并其农、工、商、兵、妇女而皆愚而弃之”[⑤]。何启、胡礼垣同时指出：“西人所读之书数年而一变，华人所肄之业历千载而不更；西人新法之善必竞委而穷源，华人古法之拙犹多方而护

① 陈向阳：《晚清新政与社会的变迁》，《历史档案》，1998年第3期，第81页。

② 严复：《原强》，汪征鲁、方宝川、马勇主编：《严复全集》（卷七），福州：福建教育出版社，2014年版，第35页。

③ 严复：《救亡决论》，汪征鲁等主编：《严复全集》（卷七），福州：福建教育出版社，2014年版，第45—46页。

④ 严复：《救亡决论》，汪征鲁等主编：《严复全集》（卷七），福州：福建教育出版社，2014年版，第47页。

⑤ 梁启超：《公车上书请变通科举折》，张品兴主编：《梁启超全集》第1册，北京：北京出版社，1999年版，第162页。

短者，此岂外国智而中国愚哉？科名之故误之耳。是故八股经义之法不改，则学问必无进境之机；科第用人之法不除，则中国必无振兴之望。”[①]

维新派认为：“今事变益急……惟广立学校，培植人才，为自强本计。”[②]与洋务新政比较，戊戌新政教育组织的变革有如下特征：一是民间创办新式学校蔚成风气，私立学校发展较快，而洋务新政时的新式学校大都为官办。二是学校类型增加。洋务新政出现的是一批现代专门性质的学校，这些学校重工艺、重实用，如外语学校、工业技术学校、军事学校等。戊戌新政则产生了一批现代普通学堂，并出现了初等、中等、高等三个不同层级，显示这一阶段教育变革重点转向基础和普及，现代教育组织向系统化方向发展。如普通小学堂有上海私立沪南三等学堂、无锡三等学堂；普通中学堂有天津北洋学堂等；大学堂有天津西学学堂的头等学堂、京师大学堂等。有的学校本身就是一个包含不同层级的现代综合教育组织体系，如上海南洋公学，其外院相当于小学，中院相当于中学，上院相当于大学。为推动变法运动，维新派还创办了一批专门宣传维新思想、培养维新骨干的新式学校，如时务学堂等。此外，还出现了一些新式女子学堂。

众多有识者逐渐明确认识到中国教育落后是国家衰败最重要的原因，改革传统教育遂成为维新变法的中心。对传统教育的改革从两个方面同时展开：一是兴办新式学堂；二是改革科举制度。1901 年，清廷下诏兴学，“着各省所有书院，于省城均改设大学堂，各府及直属州均改设中学堂，各州县均改设小学堂，并多设蒙养学堂”[③]。1903 年，清廷又颁布《奏定学堂章程》，在全国范围内建立起统一的新学制，即“癸卯学制”。该学制分初等教育、中等教育和高等教育三段，设蒙养院、初等小学堂、高等小学堂、中学堂、高等学堂及大学预科、分科大学及大学选科和通儒院等七个层级。此外，还从普

---

① 《康说书后》，何启、胡礼垣：《新政真诠》（二），桂林：广西师范大学出版社，2015 年版，第 448—449 页。

② 中国近代史丛书编写组：《戊戌变法》（四），上海：上海人民出版社，1972 年版，第 491 页。

③ 朱寿朋编：《光绪朝东华录》（四），张静庐等校点，北京：中华书局，1958 年版，第 4719 页。

通教育中分化出实业教育和师范教育，使之自成系统，并相应地分级。现代教育体制由此得以全面确立。

二、科举制度的弊端

在兴办新学的过程中，新式教育与科举制度的矛盾逐渐暴露出来。“由于科举不废，人们的价值观念始终难以改变，科举入仕的传统观念始终对士人具有强大的导向作用。只要科举存在，即使是改变了许多考试科目，人们的求学愿望仍然还是指向入仕做官。”[①]张之洞分析说：“科举一日不停，士人皆有侥幸得第之心，以分其砥砺实修之志。民间更相率观望，私立学堂者绝少，又断非公家财力所能普及，学堂皆无大兴之望。就目前而论，纵使科举立停，学堂遍设，亦必须十数年后，人才始盛。”[②]科举制度的存在也在相当程度上阻碍着士绅对兴办新式学堂的热情、投入和努力，这很自然地使人们的注意力再次转向改革传统教育。

改革传统教育的焦点在于改革八股制。1901 年 1 月，清廷宣布改革并且号召大臣提出建议时，湖广总督张之洞就会同两江总督刘坤一连续上奏章，建议重新推行戊戌变法时期兴办新学和改革考试的措施，要求逐渐废除科举。8 月，朝廷命令废除八股考试，科举、岁科试和童试基本按戊戌变法时颁布的制度进行，规定从次年开始乡会试，头场试中国政治史事论五篇，二场试各国政治艺学策五道，三场试《四书》义二篇、《五经》义一篇，而且规定凡考《四书》《五经》义均不准用八股文程序。至此，八股文在中国走了 500 余年的历史行程后，终于退出历史舞台。9 月，朝廷又命令切实整顿京师大学堂，并按戊戌变法时期的规定将书院改为学堂。此后几年中，经过张之洞、刘坤一、袁世凯等大臣的一再请求，1904 年 1 月，清廷终于宣布，从 1906 年起逐年减少科举名额，到 1912 年将所有名额拨归新式学校毕业生。

---

① 刘绍春：《晚清科举制的改革与废除》，《社会科学辑刊》，2001 年第 5 期，第 115 页。

② 吴剑杰编：《中国近代思想家文库 · 张之洞卷》，北京：中国人民大学出版社，2014 年版，第 442 页。

八股制的废除，预示着整个科举制度的根基已经动摇。在清末1900年至1904年的五年间，清廷的统治处于更为艰难的时期。北有义和团与八国联军之战及八国联军侵入北京，南有遍及各地、派别众多的各类会党的兴事、起义和革命军的起义。清政府与11国签订的《辛丑条约》成为《南京条约》以来最为丧权辱国的条约，使本已脆弱到崩溃边缘的清王朝受到又一次致命打击，中国几乎处于亡国的境地。1904年日俄战争在中国爆发，中国的领土、主权和人民的生命财产横遭荼毒，不仅中国的主权和尊严为外人视而不见，而且日俄两国在战后迅速达成瓜分中国的协议，两大强国对中国形成包抄之势。一场更为严重的危机正在形成。

在这种形势下，社会改革变得更加急迫。在诸多改革措施中，废科举、兴学校成了“新政大端”的焦点问题，摆在了最前沿的位置。人们在反省国家贫弱落后的时候，都将科举制看作是罪孽的根源。光绪三十一年八月初二，即1905年8月31日，直隶总督兼北洋大臣袁世凯、盛京将军赵尔巽、湖广总督张之洞、两江总督周馥、两广总督岑春煊、湖南巡抚端方等封疆大吏联衔上奏慈禧太后与光绪皇帝，在《会奏立停科举推广学校妥筹办法折》中陈说利害：

“臣等默观大局，熟察时趋，觉现在威迫情形更甚曩日，竭力振作，实同一刻千金。而科举一日不停，士人皆有侥幸得第之心，以分其砥砺实修之志。……近数年来，各国盼我维新，劝我变法，每疑我拘牵旧习，讥我首鼠两端，群怀不信之心，未改轻侮之意。转瞬日、俄和议一定，中国大局益危，斯时必有殊常之举动，方足化群疑而消积侮。”“且设立学堂者，并非专为储才，乃以开通民智为主，使人人获有普及之教育，具有普通之智能，上知效忠于国，下得自谋其生也。”“其他文明之邦，强盛之源，亦孰不基于学校。而我国独相形见绌者，则以科举不停，学校不广，士心既莫能坚定，民智复无由大开。求其进化日新也难矣。故欲补救时艰，必自推广学校始，而欲推广学校，必自先停科举始。拟请宸衷独断，雷厉风行，立沛纶音，停罢科举。庶几广学育才，化民成俗，内定国是，外服强邻，转危为安，胥基于此。”①

---

① 袁世凯等:《会奏立停科举推广学校妥筹办法折》(1905年8月31日)。骆宝善、刘路生:《袁世凯全集》第14卷，开封：河南大学出版社，2013年版，第83—84页。

变法图强、废除科举、兴办学校等问题变得时不我待，再也容不得延缓、耽误了。会奏后两天，即八月初四，朝廷发布上谕："兹据该督等奏称，科举不停，民间相率观望。推广学堂，必先停科举等语。所陈不为无见。着即自丙午科为始，所有乡会试一律停止，各省岁科考试亦即停止。"① 延绵千余年的科举制度至此终于寿终正寝。

科举制度作为我国封建社会选拔人才的政治机制，是封建帝王笼络广大知识分子、加强和巩固中央集权统治的核心政治制度。从隋唐开始至清朝末年，在中国实行千年之久，成为封建制度的"定海神针"。科举制度在其产生和发展的初期和中期，对巩固中央集权统治、选拔贤能人才等方面起过相当的进步作用。它扩大了取士的范围，具有一定的公平性和科学性，对维护社会稳定功不可没。但事物的发生发展总是呈现两面性，优点和缺点、进步和落后、前进和倒退往往交织在一起。科举制度发展到它的晚期，由于封建专制的落后与腐败、科举内容的僵化和陈旧，科举形式的繁杂和拖沓，科举制度非但不能起到选贤荐能的作用，相反却对国家、民族以及个人都造成了严重的危害。科举所造成的恶劣影响主要集中在其考核的内容与考试形式方面。由明代开始，科举的考试内容陷入僵化，变成只要求考生能造出合乎形式的文章，反而不重考生的实际学识。大部分读书人为应对科举考试，思想渐被狭隘的四书五经、迂腐的八股文所束缚；无论是眼界、创造能力、独立思考都被大大限制。大部分人以通过科举考试为读书唯一目的，读书变成只为做官，光宗耀祖。在人才的选拔上，科举制与现代社会崇尚自由的选举制相比，其灵活性、适应性和自由性远远不够。科举制的标准答案与自由竞争的新思想格格不入，严重桎梏读书人的思维，严重限制人才的出路。到了清朝，无论在文学创作或各式技术方面有杰出成就的名家，却多数都失意于科场。可以推想，科举制度在为政府选拔人才的同时，也埋没了民间其他各方面的杰出人物。百年以来，多少精英人物被困科场，虚耗光阴！清政府为了奴化汉人，更是严格束缚科举考试内容。清代科举制日趋没落，弊端也越来越多。

① 朱寿朋编：《光绪朝东华录》(四)，张静庐等校点，北京：中华书局，1958 年版。

三、废除科举的历史意义

科举制度改革是推动晚清社会改革的一根杠杆，它撬动了整个晚清专制大厦的根基，给中国社会带来了深远的社会影响。科举制是中国封建社会历史悠久的抡才大典，是中国古代文明的重要支撑和突出特征，在形式上提供了一个相对公平的竞争平台，使平民子弟也有可能进入上流社会，因而打破了社会阶级之间不可跨越的鸿沟，有力地促进了阶层之间的流动。但是，科举制度的弊端也是显而易见的，它无法应付民族危机和现代化挑战，这种深刻的矛盾预示着科举制度本身的生存危机。

科举制度不利于解放思想，更不利于求实创新。科举制度是“一种最具阶层开放性的制度，又恰恰与最为封闭的思维模式有机地结合为一体并世代相传。开放性的阶层流动与精英新陈代谢，是这一制度的优点，但它们却被充分利用来巩固大一统的意识形态信条与士大夫官僚的定型化的思想行为模式”①。这种内容的扭曲与形式的公平奇特地结合在一起，构成独特的社会整合机制和社会凝聚机制。科举考试的内容和形式使得社会文化价值高度一统化，严重限制了人们思想的活力。梁启超曾经评价说：“科举制度，有一千多年的历史，真算得深根固蒂。他那最大的毛病，在把全国读书人的心理都变成虚伪的、因袭的、笼统的，把学问思想发展的源泉都堵住了。”②“科举文化”基本不需要原创性，对于科举考生来说，背诵经典条文的求同思维，远比探索未知的精神与物质世界所需要的求异思维更为重要。在科举制度的长期熏陶下，官僚士绅阶层的内心世界充满了牵文拘义、循规蹈矩、重守成而轻创新的陈腐学说。另外，科举氛围直接造成了读书人重视虚名而不注重实际能力的社会后遗症，严重弱化了国人追求真理的渴望和能力。

科举制度戕害人才，形成一种畸形的人才观。清代科举考试的主要内容是八股文和试贴诗，童试首场、乡试首场、会试首场的八股文都是在四书中

① 萧功秦：《从科举制度的废除看近代以来的文化断裂》，《战略与管理》，1996 年第 4 期，第 13 页。

② 梁启超：《科学精神与东西文化》，李华兴、吴嘉勋编：《梁启超选集》，上海：上海人民出版社，1984 年版，第 832 页。

抽取词句为题，乡试和会试第二场的八股文则以五经的词句为题。考生必须顺着两千多年之前讲这些话的人的思路，模仿他们的语气写作，这就是所谓“代圣贤立言”。在科举指挥棒的引导之下，读书人不再只是一般意义上的文人，而是成了官僚阶层的预备队。读书不过是进入仕途的手段，读书人的思想和行为必须既遵从经典的教导，又符合官场的规范。官场和经典的双重压迫扭曲了读书人的独立人格，更谈不上科学精神的发展。这且不说，明清两朝，三年一次会试，一次会试只产生300名左右的进士，天下读书人皓首穷经，能够修成正果者凤毛麟角，寥寥无几。读书人“食廪三十年不得充贡，增附二十年不得升补”，“白首青衫，羁穷潦倒，退无营业，进靡阶梯，老死牖下，志业两负，岂不诚可痛念哉”！[①] 科举制度从“百里挑一”到“千里挑一”，再到“万里挑一”，为了一个人的升迁，废掉成千上万的应试者。读书人的生态已经严重恶化，科举制度业已成为扼杀人才的“绞肉机”。

科举制度的价值取向抑制了商品经济的健康发展。科举制度重视人文的考试形式不利于经济人才的产生。古代中国的经济形态以小农经济为主，这是一种比较原始的、自在的经济形态，男耕女织，自生自灭。这种经济形态必然限制专业化分工的发展和经济行为规范的形成。科举制度产生的官僚阶层对市场经济缺乏正确的认知，不仅不能有意识地推动市场经济的制度化发展，反而对市场经济中的逐利性进行不遗余力的道德抨击。科举制度统领下的儒家观念形态中，义利之辩的伦理意识将商人的逐利性斥为道德低下，商人常与刁滑、寡廉鲜耻联系在一起，“商”处于“士、农、工、商”中的四民之末，为官吏和文人所轻视。商人不但难以养成独立的人格，而且其经济活动往往要依附官府、投靠官僚才有可能得到维持，以至于有许多商人在有了一定财富积累以后，或以钱捐官，或重新捧起书本，苦读圣贤之书，以求步入仕途来改换“门庭”，改变自己的商人身份。

王亚楠曾经剖析过中国社会在科举制度之下表现出来的奇异性。一般说来，资本主义经济经过“土地资本—高利贷资本—商业资本”的三个发展阶段逐步定型为完整的市场经济形态，而中国的各个经商阶层不会到商业资本

① 余英时:《士与中国文化》，上海：上海人民出版社，2010年版，第529页。

这一阶段就停止下来，他会通过科举考试努力转变为官僚阶层，这一过程体现着“地主—高利贷者—商人—官僚”的逻辑结构。“这样一来，中国封建地主经济制度极具强韧性，不易解体，不利于资本主义经济制度的产生。”①

科举制度与后来中国的军绅政权有着密切的关系。正是科举制度的破坏，为军绅政权的崛起敞开了大门。科举制度不仅是深深嵌入中国传统社会之中的一个支柱，而且是培养和选拔士人阶层的重要机制。当这个支柱被抽掉的时候，一些平时不易觉察的重要变化就发生了，传统的士人阶层出现了断层。鲍威尔曾经从军事角度对此做出说明：“决定废除古老的八股取士制度，使有势力的文职官僚失去了吸取新生力量的主要来源。它砍断了若干世纪以来，以一种异常的程度保持着的重文轻武的官僚阶级的根基。”②

近年来，对科举制度的存废与功能一直存在着激烈的争论。平心而论，以考试来选用人才，是人类经过长期摸索探求之后做出的最佳选择。科举制度体现了现代组织理论所强调的普遍主义与感情无涉原则，以及择优选拔、据能授任等原则。科举制度对读书人全方位开放，没有年龄和出身的限制，一个人只要体力和意志足够，总有飞黄腾达的希望，这对于释放人们的政治参与热情是十分有效的。科举制度不仅选拔官僚，而且培养绅士，而官僚与绅士恰恰是治理国家与乡村社会的关键所在。更重要的是，参加科举考试的书生都有着同样的意识形态，它引领、控制着整个社会的思想，牢牢稳定着皇权专制。

对清王朝而言，科举制度的废除确是一个灾难性事件；但若从时代转型的角度看，这又是历史发展中的“必然”。即使在科举制度大行其道的传统社会中，科举制也常常受到责备和批评。朱熹就曾经认为，科举消解了读书人的乡情意识，破坏了人们生活的小共同体。读书人以个人身份面对朝廷接受挑选，挑选的标准是智力，和道德完全无关。读书人在科举制度中胜出，他

① 转引自高桂娟：《科举制度的文化意义探论》，《武汉理工大学学报》（社会科学版），2007年第2期，第264页。

② 〔美〕鲍威尔：《中国军事力量的兴起（1895—1912）》，陈泽宪等译，北京：中国社会科学出版社，1979年版，第174页。

的身份完成了一个重要转变，他成为皇权的官吏和附庸，而不是家乡的代表者。有人甚至认为，科举与儒教背道而驰，科举把人分成等级，儒教讲求普世关怀，虽然儒教是科举内容，但在实际上科举制度把读书人变成了官吏，而不是把官吏变成了读书人，这就破坏了儒教。科举不废，儒教早晚会垮台。从更加本原的意义上讲，科举制度在维护帝制中卓有成效，它培养和选拔皇权代理人，但民主政治要求的是地方或团体的代表者，这确实是矛盾的。

四、小结

当科举制度突然废除之后，整个社会实际上已经处于大动荡、大分化、大变革的前夜。科举制度"标志着一个时代的结束与另一个时代的开始。其划时代的重要性甚至超过辛亥革命"[①]。"当数百万的封建知识分子被断绝了传统的入仕之途，传统的名利闸门被关闭后，他们只有去积极寻求另一个新的替代关口。"[②]而参与政治，组织政党就成为一条重要的出路。科举制度的废除，促进了士绅阶层的分化，加速了皇权专制的垮台，促进了清末民初政党的形成和发展。

第三节　政府的统治危机

清朝政府是以君主为最高代表，以清朝贵族为支柱，以各级官僚为网络的一种等级结构，它是以专制主义中央集权为根本特征的一种统治形式。这一统治方式在中国历史上曾经发挥过积极效能，但这种专制主义的封闭性无

① 萧功秦：《从科举制度的废除看近代以来的文化断裂》，《战略与管理》，1996 年第 4 期，第 15 页。

② 杨绪盟：《移植与异化——民国初年中国政党政治研究》，北京：人民出版社，2005 年版，第 24 页。

法应对迅速变化的外部世界，清朝政府的统治陷入危机。这种危机主要体现在军事权威的衰弱、政府执政能力的削弱上，由此引发了广泛的认同危机。

一、清朝军事权威的衰弱

晚清中央军事权威的衰落，很大程度上是地方军事武装力量崛起的结果。1851年爆发的太平天国起义以摧枯拉朽之势冲击着清王朝的统治，以八旗绿营为主的中央军事力量根本无法抵御太平军的进攻，曾经不可一世的经制八旗和绿营军制面临毁灭性的打击，形势已发展到不改变国家现有的政治和军事体制，清王朝就有可能灭亡的地步。在这种情况下，湖南、安徽一带的士绅自发组织了地方武装。清政府面对危局，不得不对以曾国藩为代表的地方督抚进行重用，并一步步由重用变为依赖，地方督抚的军政大权、用人权和财政大权都迅速扩大。

1897年，清政府在论及清代军制沿革时指出："我朝定鼎中原，当时所用仅止八旗劲旅而已，无敌于天下；其后额设绿营制兵，多或六十余万，少亦五十余万，较之八旗不啻倍蓰。乃粤匪、捻匪、川匪……之乱，制兵竟不足恃，于是加饷挑练而有练军，招募勇丁而有湘军、楚军、淮军、毅军。"[①] 深悉中国内情的莫理循曾经写道："满族本身也不断地被汉文化所同化，他们失去了他们早期所具有的尚武精神，但却没有变得像被他们征服的汉族那样精明和灵活。他们的军事组织已经趋于腐朽，武备松弛，八旗兵丁变成了一群靠勤劳节俭的汉族养活的好逸恶劳的寄生虫，他们成天东游西荡，无所事事。"[②] 八旗绿营的衰弱既为地方汉人军队的迅速崛起提供了刺激，也为其发展让出了空间。湘、淮军在镇压太平军、捻军之后，一部分军队裁撤，大部分留驻各地成为驻军，并逐步取代原有的八旗、绿营而成为清朝的常制军队。湘、淮军等地方军事力量的崛起，极大地削弱了中央的军事权威，深刻影响

---

① 田玄、皮明勇主编：《湘军》，太原：山西人民出版社，1999年版，第1—2页。

② 〔美〕古德诺：《解析中国》，蔡向阳、李茂增译，北京：国际文化出版公司，1998年版，第107—108页。

到晚清社会的政治格局。在地方军事力量平定太平天国运动之时，清政府只能听任中央权力的流失，容忍地方督抚在自救过程中侵夺原本属于中央的权力。“清王朝的国家权力结构由高度中央集权体制转变为中央与地方二元权力体制，权力重心也逐渐由中央下移地方”[①]。不仅“中央—地方”的权力布局形成，而且“满族—汉族”的分权模式也同时出现，权力格局从一开始的“内重外轻”走向“外重内轻”。虽然内外两种权力在相当一段时间内仍然维持着脆弱的平衡，地方权力仍然没有滑出中央集权的轨道，也没有出现军阀割据的局面，中兴名臣曾国藩、李鸿章、张之洞、左宗棠虽然立下赫赫战功，但依然以“倚天照海花无数，流水高山心自知”的清醒、执着和忠诚服膺着处于危局之中的皇权的脆弱统治。然而，从长期来看，皇权的衰弱并非忠诚能够阻挡。一旦支撑皇权的原有权力架构被打破，外在力量的崛起立即给清政府的稳定带来了无法预料的变数。

从当时的现实看，地方军事力量的半私人性质阻碍了中央与地方军事力量的整合。曾国藩等人办团练是以封建宗法关系控制将领和军队。湘军各部，上自统领，下至哨长、士兵，从其开始招募成军，即是以同乡、亲友、师生家庭关系和裙带关系为纽带而维系的武装集团。这种组织方式有利于发挥战斗力，但士兵对长官的忠诚也超过了对国家和朝廷的忠诚。当时著名学者王闿运就指出，“从湘军之制，则上下相维，将卒亲睦，各护其长，其将死，其军散，其将存，其军完”[②]。这些地方军队只受其军事将领的控制，不会完全听命于政府。这些武装力量的组织方式，决定了它无法实现自身的“国家化”或政治化，在长达半个世纪中，这些武装力量的地方性和半私人性质从未改变过，最终严重影响到政府巩固国防的能力。

地方军队的半私有性质也影响到晚清政治格局。军事将领们把自己指挥的军队当作私人的政治资本，和朝廷做交易，投身政治活动，攫取政治权力。

---

① 朱云天：《督抚制与中央—地方权力之争——以晚清督抚势力的崛起为视角》，《重庆广播电视大学学报》，2010 年第 1 期，第 79 页。

② 转引自王宏强：《论晚清政府的合法性危机》，《中共浙江省委党校学报》，2003 年第 6 期，第 93 页。

据统计，清末出自湘、淮军系的总督、巡抚多达38人，其中文职布政使、按察使以下，武职提督以下者，仅湘军系就有143人。[①] 据鲍威尔《中国军事力量的兴起（1895—1912）》一书的统计，从1861年到1890年任命的44个总督，乡勇领袖占22人，同期任巡抚的117人中，半数以上为乡勇出身。太平天国革命以后，地方各省的军政大权大部分为湘淮军人所垄断，政府中军人势力的增长，对传统文武制衡的政治机制已经造成强大的冲击。[②]

清末新政时期，政府对军队控制力的丧失最终使中央军事权威完全丧失。尽管湘淮军事集团的兴起导致中央军事权威的下移，但由于清政府的安抚和制衡政策，地方军事将领们并没有丧失对整个政治体系的忠诚，中央政治权威的合法性也没有完全丧失掉。皇权依然能够在巨大的历史惯性中保持不倒。然而新政时期，军事体制的变革和编练新军，使政府逐渐失去了对军队的控制。北洋新军系袁世凯一手创办，他不仅沿袭了曾国藩“起自团练，创办湘军”的治军方法，大量任用亲信和私人关系者，而且使用现代化手段将其扩展开来。近代创办陆军军官学校本是为了培养专门化的军事人才，在袁世凯那里却成为不断为自己培养亲信的工具。袁世凯利用军校结成私党，对外网罗亲朋故友，对内拉拢师生同学，形成关系圈，组成宗派势力，打造“一荣俱荣，一损俱损”的利益共同体，构建个人王国。袁世凯在《练兵要则》中规定，北洋新军除“忠国、爱民”两条外，还有“亲上、死长”两条，使这支军队唯袁命是从，成为袁世凯实现政治野心的工具。北洋新军虽然号称“新军”，但却直接承继湘军和淮军的魂魄，不过是“新瓶装旧酒”。恰如蒋廷黻所指出的那样：“湘军的组织和精神传给了淮军，淮军又传给北洋军，以至流毒于民国”[③]。北洋新军也被时人称作“淮军余孽”[④]，此诚不虚也。

另一只重要的军队是湖北新军。该军由张之洞创办，其宗旨是维护清朝的统治，但这支军队最终未能被清朝控制，更谈不上维护朝廷的本意。张之

① 罗尔刚：《湘军兵志》，北京：中华书局，1984年版，第66页。

② 王宏强：《论晚清政府的合法性危机》，《中共浙江省委党校学报》，2003年第6期，第93页。

③ 蒋廷黼：《中国近代史》，上海：上海古籍出版社，2003年版，第89页。

④ 欧阳雪梅：《投机时代：北洋军阀全传》，北京：团结出版社，2002年版，第15页。

洞推崇效仿西方军队的知识化，比较重视士兵的文化素质，他在《湖北练兵要义》第一条就规定“入营之兵必须有一半识字”，这样一来，这支军队的文化水平大为提高，思想比较自由，容易接受现代化的观念。这就避免了湖北新军成为像北洋新军那样的“私军”，但却成为资产阶级革命派政治渗透的目标。很多士兵都接受了民主革命思想，最后成为武昌起义的主力军。

鲍威尔说：“一个不能再继续依靠人民支持的政权，就必须更多地依仗它的武装力量。”[①]但是，当人民靠不住的时候，武装力量也会随后失去忠诚。北洋新军和湖北新军是清末军队中最具实力的部队，时人评价北洋新军“以勇气胜”，湖北新军“以学问胜”。清政府对这两支部队控制力的丧失，已经威胁到自身的生命。后来的事实证明，这两支最为重要的军队不仅未能成为清廷的捍卫者，反而成为皇权的掘墓人。

二、清朝政府能力的削弱

政府能力是统治者维持有效统治的主体力量和内在力量，是政府执行各种社会公共职能、维护公共利益的能力。政府必须维持社会秩序稳定，保证人民安居乐业，但晚清政府无力平息各地叛乱，而且连年战争所造成的巨额赔款和军事开支，使政府的财政能力受到极大削弱，并影响到政府管理社会的职能。正如恩格斯指出的那样：“政治统治到处都是以执行某种社会职能为基础，而且政治统治只有在它执行了它的这种社会职能时才能继续下去。”[②]清政府的统治危机，在很大程度上体现在无法继续有效地执行社会职能这一点上。

战略问题反映政府的根本性能力。政府能否成功地适应环境挑战，关键在于战略判断是否准确，战略谋划是否科学，战略行动是否主动。一个有能力的政府必须能够对外部环境的变化迅速做出反应，并快速有效地采取措施。

---

① 〔美〕鲍威尔：《中国军事力量的兴起（1895—1912）》，陈泽宪等译，北京：中国社会科学出版社，1979 年版，第 219 页。

② 恩格斯：《反杜林论》，《马克思恩格斯选集》第 3 卷，北京：人民出版社，2012 年版，第 559—560 页。

在清朝晚期，外部环境的恶化是造成清政府合法性危机的最直接原因。清政府在一连串与西方列强的战争中失败，丧权辱国、割地赔款，尊严尽失。清政府遇到“三千年未有之强敌”，不知不觉间进入“三千年未有之变局”，在精神状态上陷入“智勇俱困之秋”。[①]郭嵩焘曾经非常深刻地说出了清政府陷入这种“困局”的特点——“西洋各国环集中国，无可战之机，无可战之势，无可战之理。”[②]究其实质，清政府在19世纪遇到的是一个完全不同的文明，这种以“理与法”为核心的异质文明完全处于封建王朝的历史经验之外。一个政府如果不能很快适应外部环境的变化，那么外部环境恶化所带来的恶果就会不可避免地影响社会政治秩序的稳定。因为民众对政府能力的不信任往往会导致大量的社会力量涌入政治领域，对本身就脆弱的政治秩序造成巨大的冲击。

政府能力还体现在领导者自身素质和魅力上。领袖是权威的化身，在某种程度上，政府的权威是通过领袖体现出来的。在封建专制时代，权力高度集中于君主手中，它是重大政策的最高决策者，君主的能力很大程度上决定了政府的能力。在处理突发事件时，一个君主的昏庸无能，不可避免地会导致决策失误。第一次鸦片战争时期的道光皇帝，第二次鸦片战争时期的咸丰皇帝，八国联军入侵之时的光绪皇帝，实际掌权的慈禧太后，没有一个不是在战争面前表现得懦弱无能。晚清政府的多次重大决策失误都与统治者的个人能力有很大关系。作为政府的最高领导，如果不能成功驾驭和引导统治集团内部的各种力量，就不可避免地导致政府行动的失败。晚清的历次战争和改革失败，都是统治集团内部力量冲突和内耗的结果。

封建专制体制的天生弊病，就是无法选择出真正有能力的人来继承皇位。封建皇权只能通过血统传承，先帝若子嗣凋零，就是弱智的独子或昏庸之辈也要继承大统，谓之“势衰”，历代皇权都无法逃脱这一魔咒，专制体制无法走出一代不如一代、暮气陈年的“怪圈”。晚清时代，慈禧执掌政权达半个

---

① 杨国强：《衰世与西法——晚清中国的旧邦新命和社会脱榫》，北京：中华书局，2014年版，第47—48页。

② 熊月之编：《中古近代思想家文库·郭嵩焘卷》，北京：中国人民大学出版社，2014年版，第262页。

世纪，稍有能力的继承者都被驱逐殆尽，上来的不是昏庸之辈就是无能之辈。从深处来说，这是专制者的本性使然。即使古希腊时代，也存在贝壳放逐法的陋习。雅典公民可以在陶片上写上那些不受欢迎以及极具社会威望、广受欢迎、最可能成为僭主的人的名字，并通过投票表决将企图威胁雅典民主制度的政治人物予以政治放逐。但是，后来的民主成为全人类的共同价值，终于克服了这一弊端，走出了这一怪圈。清王朝没有如此幸运，统治者无法实现这一转变，终于在皇权湮灭的老路上一去不归，徒令后人唏嘘感叹。

专制统治者选择继承人往往强调两点，即德与才的平衡。“德”本来最重要的是它的公共品性，但是专制统治者往往曲解为听话，合乎统治者的心意。这两者的平衡并非易事，越是强势的统治者最终越有可能选择能力平庸之辈继承大统。慈禧晚年的时候，放眼清廷，已找不到既有能力又合乎心意的继承人。清贵族、军咨府大臣载涛亲身经历了晚清的垮台，他曾经分析慈禧选定摄政王载沣的依据。“她之所以属意载沣，是因为她观察皇族近支之人，只有载沣好驾驭，肯听话。”[①]1908 年 11 月 14 日，光绪皇帝病死于瀛台涵元殿，15 日，慈禧病死在鸾仪殿。光绪与慈禧相继离世，是清王朝的一次离奇变故，加剧了中国政局的激变。随后的宣统皇帝是一个乳臭未干的三岁小儿，其父摄政王载沣被其弟载涛称为“遇事优柔寡断”，“忠厚即无用之别名”。[②]当时的形势瞬息万变，清王朝的统治已经危机四伏、破绽百出，选择载沣这样一个庸才来执掌大权，“绝难以胜任”[③]。果不其然，载沣摄政后，一是在对待袁世凯的问题上缺乏决断能力，留下大患；二是不顾实际情况效仿德国皇室大抓军权，结果使得清王朝这艘已经千疮百孔的大船终于翻船沉没。载沣的政治判断力、政治领悟力和政治执行力均无法应对危局。

晚清皇权继承问题在很大程度上制约了政府能力的发挥，加深了政府的合法性危机。政治权力能否顺利交接关系到整个政治体系的运作，不仅影响

① 载涛：《载沣与袁世凯的矛盾》，《辛亥革命回忆录》第 6 集，北京：中国文史出版社，2012 年版，第 283 页。

② 载涛：《载沣与袁世凯的矛盾》，《辛亥革命回忆录》第 6 集，北京：中国文史出版社，2012 年版，第 283 页。

③ 高放等编：《清末立宪史》，北京：华文出版社，2012 年版，第 238 页。

到政府能力的有效发挥，还会引发政治权威的合法性出现问题。在晚清权力交接过程中，或者找不到合适的继承人，使宫廷政治斗争加剧；或者政治权力交接迟滞，影响到下一代君主政治能力的培养；或者是不顾大局，出于私利安排政局，使得即位者缺乏公信力。晚清皇权继承的危机是由身为皇太后的慈禧一手造成的。慈禧是玩弄权术的老手，出于一己私利，把持朝政48年。同治皇帝作为她的亲生儿子死后，怀有身孕的22岁阿鲁特氏皇后被逼而死，而慈禧妹妹的儿子光绪继位，当时就引起朝臣的非议，御史吴可读公开指责慈禧太后“违背祖制”，因为光绪与同治同辈，使得故去的皇帝同治无法配享太庙享受祭祀进行“尸谏”。① 光绪在位期间立意改革，触动慈禧的奶酪而被囚禁，慈禧再次亲政。再后来是宣统皇帝溥仪的选拔，据说是慈禧太后为了答谢忠心耿耿的荣禄而曾经许诺，其女儿嫁给载沣生下儿子后可继位大统。此说有的是事实，有的难以确证，但它提供了一条理解晚清政局的线索，其广泛流传的事实也在确证着大众意识中晚清政局的荒诞。当然，历史的发展总是由其合力聚成，并非单方面的臆想所能决断。从宫廷斗争中胜出的慈禧，虽然不乏用人用才的魄力，不乏高明的政治手腕，但其政治经验局限于宫廷权术，缺乏世界视野和战略远见，更谈不上战略思维和创新思维，看不到中国在世界棋局中的历史方位，缺乏在世界上为中国把方向、谋大局的能力和定力。在列强环伺、中国急需发展的时代主题下，以慈禧为核心的皇朝政权无法看清这一点，或者说，即使看到了也扭转不了旧时代这艘巨轮的航向，她仍然沉迷在一切为了稳定的权力迷宫中乐此不疲。为了长期霸占皇权，同治、光绪两代皇帝都成了她的傀儡，君主世袭制度从内部的失序、紊乱和糜烂直接引发整个君主世袭制度在外部政治格局中的瓦解和崩溃。

三、清朝政府陷入认同危机

晚清政府合法性危机还反映在政治文化方面。“政治文化是一个民族在

---

① 〔美〕古德诺：《解析中国》，蔡向阳、李茂增译，北京：国际文化出版公司，1998年版，第103页。

特定时期流行的一套政治态度、信仰和感情。”① 政治文化就是政治系统的价值倾向或心理因素，是一个民族在特定时期普遍奉行的一套政治态度、政治信仰、感情、价值观。在政治文化的引导下，民众会对政治体系形成牢固的合法性信仰，认可政府的合法性地位。政治文化是对政治合法性的一种“文化保障”，如果人们失去了对政治系统的信任和忠诚，失去了对政治共同体的认同和归属情感，政治文化就会面临认同危机，最终会导致政府的合法性危机。自鸦片战争之后，中国开始进入一个风雨飘摇的时代，尤其是从1908年到1911年，短短的两三年间，清廷经历非常变故，民间谣言煽乱，“谣诼纷传，人心浮动”。《申报》刊文叹息：“呜呼！三人市虎，不免信其所疑，万口腾喧，谁能闻而不动？方谣言之初起，不过一二人之谈资耳，渐传渐众，渐众渐歧，诡谲支离，遂致不可究诘，而社会之蒙其影响者，为害滋大。”② 人们对清王朝统治不仅丧失了信心，而且期盼这个王朝早日死亡。

阿尔蒙德认识到政治文化对政治体系的极端重要性。“政治社会化是政治文化形成、维持和改变的过程。”“某些重大和戏剧性的事件可能使整个国家经历一场突然的再社会化。一次大的战争或经济衰退，会给成百万人带来一次剧烈的政治震动，从而重新形成一种政治文化。”③ 政治文化与政治体系之间如果缺乏相互适应就会产生巨大压力导致这种政治制度的崩溃。政治文化的状态取决于本民族的历史和现存社会的、经济的、政治的活动进程，并影响到每个政治角色的行为、政治要求以及对法律的反映，它本身也应该包括每个成员特殊的政治经验。西方列强的军事入侵，屡次战争的失败，民族危机的日益深重，社会的剧烈动荡，使晚清社会在政治文化方面经历了一次又一次的“再社会化”，政治文化出现了重大变化。每个人对政治制度的认知和自身在社会政治生活中的角色都发生了变化，社会成员对传统政治价值的怀疑甚至否定使得皇权赖以建立的政治文化出现了根本性的变化，政治文化与政

① 〔美〕阿尔蒙德、鲍威尔：《比较政治学：体系、过程和政策》，曹沛霖等译，上海：上海译文出版社，1987年版，第29页。

② 《论谣言之害（叔）》，《申报》，1908年11月25日，第3版。

③ 〔美〕阿尔蒙德、鲍威尔：《比较政治学：体系、过程和政策》，曹沛霖等译，上海：上海译文出版社，1987年版，第91—92页。

治结构之间的差异促使二者之间越来越不适应，统治合法性出现了哈贝马斯所说的“贬值”，政治文化的认同危机随之出现并快速发展。这种危机来源于以下几个方面：

政治文化的认同危机首先表现于民族主义与主导政治文化之间无法实现有效的整合。民族主义是指以民族为符号、动力和目标的社会、政治、文化运动，或以民族国家为诉求的意识形态，或以文化传统为依托的情结和情绪。[①] 在民族危亡之际，民族主义是一种有效的社会动员力量，但清王朝作为一种异族统治却无法得到民族主义的支持，相反，却会时时面临民族主义的拷问。“事实上在清朝相当长的统治时间里，‘反清复明’的民间反抗活动就从未停止过。到了近代，面临帝国主义的侵略，社会政治动荡，这个问题再次凸显出来。”[②] 清朝政府无法通过民族主义来形成统一的民族意识，也就无法凝聚各种社会力量，克服自身统治的合法性危机。

其次，西方文化对传统文化构成了极大的冲击。晚清以来，西方文化的高位优势日益凸显，为了挽救政府的合法性危机，清政府不断尝试利用西方政治文化来改造中国传统政治文化，从而延续人们对现存政治秩序的情感认同，巩固政治合法性的文化基础。清末新政就是这样一种尝试。1904 年日俄战争爆发，实行君主立宪的小国日本战胜了专制大国俄国，立宪思想得到强烈刺激而勃发。“上自勋戚大臣，下逮校舍学子，靡不曰立宪立宪，一唱百和，异口同声”，以至“立宪之声，洋洋遍全国矣”。社会学家密尔士曾经说过：一种新知识的持续滋长，一种新时代观念的广为传播，往往使得统治者的措施越来越错乱，越来越把持不住。张朋园则说：“立宪派要求国会，步步进逼，清廷时而退让，时而严拒，手忙脚乱，六神无主，正是如此。”[③] 如果清政府真能吸收西方政治文明来改造传统政治文化，则不仅可以为清朝政府的统治合法性寻找新的证明，而且可以抵消革命党人对传统政治文化的威胁，

---

① 徐迅：《民族主义》，北京：中国社会科学出版社，1998 年版，第 7 页。

② 王宏强：《论晚清政府的合法性危机》，《中共浙江省委党校学报》，2003 年第 6 期，第 92 页。

③ 张朋园：《立宪派与辛亥革命》，长春：吉林出版集团有限责任公司，2007 年版，第 188 页。

维持其统治的合法性。然而，清朝统治者在迅速变化的世情、国情和民情面前，早已进退失据，张皇无措。1911 年 5 月组成的皇族内阁显示出清朝统治者从立宪到专制的再次转向。“逆胡无赖，假借立宪之空名，以涂饰天下之耳目。”[①] 立宪派与清政府彻底决裂并分道扬镳，清政府对传统政治文化改造的尝试彻底失败。一个政权一旦失去政治文化合法性的保障，则断然无法逃脱败亡的命运。

再次，公共领域的崛起打破了原先的政治力量平衡。所谓公共领域，按哈贝马斯的解说，当指社会生活中的一个能够形成公众舆论的领域，它应对所有的公民开放。公共领域的形成来源于一个广泛的阅读群体和社团发展。进入晚清社会以来，读者数量急剧上升，与之相对应的书籍、杂志和报纸的数量猛增，作家、出版社和书店的数量与日俱增，作为新阅读文化之社会枢纽的读书会也相继建立起来；各类会、社、团迅速增加，在这些团体内部，人们平等交往，自由讨论，依照多数原则进行决策，政治能力与技术水平得到很大提高。尤其是科举制度废除以后，学堂迅速兴起。辛亥前夕学生人数已经达到 300 万，是 1905 年的 12 倍。[②] 这些“阅读公众”凭借社团组织和新式媒体，不断形成和扩大着公共领域。尤其是交通业、电报业的发展，使得大中城市之间的联系及与国外的沟通均能以一线系之。日行千里，耳听八方，已经不再是神话故事而是活生生的现实。所有这些，都在推动着公共领域的形成和发展。“清末公共领域的扩大，正在悄悄地而又快速地打破原先社会与国家间的力量平衡，社会力量急速膨胀，而国家力量在收缩。清廷可以说是在这种国家与社会的力量失衡中轰然崩塌的。”[③]

最后，日益蔓延的深层次腐败也是导致晚清王朝垮台的重要因素。从高层统治阶层看，经历过庚子事变后的最高掌权者慈禧太后，在主观上确实具有变法图强的积极追求，但是在客观上，晚清新政十年却异化为袁世凯、奕

---

① 阙名：《预备立宪之满洲》，《时论选集》第 3 卷上册，北京：生活·读书·新知三联书店，1977 年版，第 36 页。

② 桑兵：《晚清学堂学生与社会变革》，上海：学林出版社，1994 年版，第 147 页。

③ 闾小波：《放大的公共领域与流产的政党营销——以“宋教仁案”为考察点》，《天津社会科学》，2002 年第 2 期，第 108 页。

勔等人与瞿鸿禨、岑春煊等人的严重内耗。清廷内部连绵不断的争权夺利集中反映了统治集团的腐朽堕落和不可救药。风雨飘摇的危局都无法制止内斗，各方谁都不肯同舟共济，“新政”本是清王朝的续命汤，他们却将其变成了利益再分配的角斗场。从基层统治阶层看，由上而下的贪污腐败已经蔓延至全局。大量文献表明，“在19世纪，官僚政治受到官吏腐败的损害，君主政体由于皇帝的腐败而削弱”[①]。官吏赖以为生的包税制提供了腐败的温床，腐败已经牢牢扎根于地方政府税收以及其他许多方面，以至于不采取最激烈的改组手段，就不能肃清腐败。青年孙中山就激烈指探说：“做官的道路，就是纯粹的收买。”“贪污行贿，任用私人，以及毫不知耻地对于权势地位的买卖，在中国并不是偶然的个人贪欲、环境或诱惑所产生的结果，而是普遍的，是在目前政权下取得或保持文武公职的唯一的可能条件。在中国要做一个公务人员，无论官阶高低如何，就意味着不可救药的贪污，并且意味着放弃实际贪污就是完全放弃公务人员的生活。……官僚存在的条件就是不要有诚实的可能性。”[②]贪污腐败已经严重威胁到清朝政府的施政能力，清政府中央政治权威进一步衰弱，这在客观上为近代中国政党政治的形成和发展提供了一个强有力的刺激。

清廷的危机已经发展到触目惊心的地步。1898年1月初，康有为在《上清帝第五书》中说：“举朝上下，相顾嗟呀，咸识沦亡，不待中智；群居叹息，束手待毙；……生机已尽，暮色凄惨，气象如此，可骇可悯，此真自古所无之事！”[③]作为激进改革者的康有为看到了清王朝大厦将倾的未来危机。

---

① 〔美〕费正清、费维恺：《剑桥中华民国史》下卷，刘敬坤等译，北京：中国社会科学出版社，1994年版，第54页。

② 孙中山：《中国的现在和未来》，《孙中山全集》第1卷，北京：中华书局，1981年版，第102—103页。

③ 康有为：《上清帝第五书》，姜义华，张荣华：《康有为全集》第4集，北京：中国人民大学出版社，2007年版，第4页。

第二章　政党政治的理论设计

清末政党思想的迅速发展，其深层原因在于亡国灭种的外在压力，甲午海战、庚子事变、日俄战争等等都是一次次来自外部的巨大冲击波，冲垮了王朝根深蒂固的天朝上国观念，而戊戌变法、清末新政、科举废除、预备立宪等等则是一次次的内部裂变，从根本上动摇了清王朝的旧有统治秩序。从个人角度讲，士绅阶层在失去科举制度这一晋身国家权力的阶梯之后，转而寻求新的晋身方式。政党作为一种有效的、集体式的政治参与形式，自然成为一条通向国家管理的道路。从国家角度讲，人们普遍认为，议会是国家强大的保证，没有议会，就没有国家的强大。这种观念在清朝末年以星火燎原之势传播，并迅速启动中国的组党热情。

第一节　政党产生的生态基础

政治生态是对政治主体本身的政治生活现状及其政治发展环境的反映。清末政党思想在发展过程中，始终受到洋务派、维新派、保皇派、立宪派、革命派等一系列政治派别的影响和制约。因而，从总体上认识这些政治派别的起源和发展，对于理解政党的思想和理论，进而认识政党与国民的关系，了解政党的先进性功能，都是十分必要的。

一、清末政治派别的分化

洋务运动旧称"同光新政"。1860年后，在中外联合镇压太平天国运动的过程中，清朝封建集团中逐渐形成了一批具有买办性和近代性的官僚和军阀。他们在与外国资本主义列强打交道的过程中，不但认为清政府与外国侵略者的矛盾可以调解和妥协，"借师助剿"，镇压国内人民的反抗，而且还可以采用一些资本主义生产技术，以达到维护摇摇欲坠的封建统治的目的。这部分人就是当时清政府内当权的洋务派，他们主导了从19世纪60年代至90年代的洋务活动，史称洋务运动。

洋务派主张"师夷长技以制夷"，这在当时无疑是"石破天惊之论"[①]。公然以"夷"为师，这对一向"以夏变夷"的传统文化心理来说不啻是一次脱胎换骨的凤凰涅槃和浴火重生。封建统治阶级中的部分成员如奕䜣、曾国藩、李鸿章、左宗棠、张之洞等，主张引进、仿造西方的武器装备和学习西方的科学技术，创设近代企业。如曾国藩的安庆内军械所，李鸿章的江南制造总局、轮船招商局（上海），左宗棠的福州船政局，张之洞的汉阳铁厂、湖北织布局等。奕䜣力主"借洋兵助剿"，镇压太平天国革命，支持地方实力派曾国藩、李鸿章、左宗棠等举办近代军事工业，开展洋务活动，成为清廷中枢主持洋务的首脑人物。这些官员被称为"洋务派"。

与洋务派激烈对抗的是顽固派。顽固派是一批对世界发展形势一无所知的极端腐朽的贵族、官僚，他们因循守旧，愚昧无知，盲目排外，仇视一切外国事物，幻想恢复"闭关锁国"的局面。其代表人物，前期以慈禧太后和同治帝的老师倭仁、徐桐、刚毅等人为首。后期义和团运动兴起后又有以庄亲王载勋、端郡王载漪等宗室贵族为主。顽固派在庚子事变中几乎被一网打尽。

洋务派以"师夷长技以制夷"为手段，以"中学为体、西学为用"为准则，以"自强""求富"为目标，针对当时中国在武器装备和军事技术上远远落后于西方的局面，主张学习西方先进技术和练兵方法，建设近代化国防。洋务派提出了"借法自强论""工商立国论"等主张，因而在不自觉中成为近

① 侯宜杰：《清末立宪运动史》，北京：中国人民大学出版社，2011年版，第2页。

代中国早期具有维新变革思想的无形政治团体。但是，由于其根本目的在于维护清朝的封建君主专制，对西方政治制度则完全排斥。随着1894年中日甲午战争的失败，洋务派发起的变革运动也最终破产。

维新派与洋务派有继承关系。维新派是从洋务派中分化出来的。洋务派与维新派都是鸦片战争以来“向西方学习”新思潮的产物；随着洋务运动的开展，从洋务派中分离出一部分，形成早期的维新派。维新派因受中日甲午战争以后民族危机的刺激，主张开启民智，变法维新，救亡图存，振兴国家而得名。“民智者，大用之则大效，小用之则小效，暂用之则暂效，久用之则久效。磅礴大地，充塞宇宙，转移世运，陶铸鸿钧，均民智也。”[①] 维新派在经济上主张振兴实业，发展经济。思想文化上，传播民主政治思想，介绍西方自然科学和社会学说，对中国传统的伦理纲常进行了批判。在政治上，冲破了“中学为体、西学为用”的传统束缚，主张全面学习西方的政治制度，从制度上改变中国的皇权结构。这些观点对促进人民的觉醒，特别是知识分子的思想解放，起了重要的启蒙作用，为比较完全意义上的民主革命的到来做了政治、思想上的重要准备。其代表人物，早期以郑观应、王韬、何启、胡礼垣等为代表，后来以康有为、梁启超、谭嗣同等为代表。

从洋务派到维新派的转变是由社会历史条件决定的。洋务派产生于国内阶级矛盾尖锐、中外反动势力勾结的年代，当时中国民族资本主义尚未产生。维新派是洋务运动暴露出一些问题和资本主义产生后出现、在甲午中日战争失败、民族危机空前严重的条件下成长起来的。从政治地位上看，洋务派代表人物多是封建官僚，他们必然要维护封建制度，而维新派的代表人物多是中下层知识分子，容易接受西方政治思想，提出变革主张。

在20世纪的门槛上，维新派、保皇派与立宪派三者有着共同的源头，它们都来自清末的变法维新者，但三者在不同时期面临的形势和任务各不相同，因而就出现了不同的称谓。

第一个是维新派。19世纪末，民族矛盾尖锐，尤其中日甲午战争后，中

---

① 何启、胡礼垣：《评价》，《新政真诠》（一），桂林：广西师范大学出版社，2015年版，第7页。

华民族面临生死存亡危机，国土沦丧，巨额赔款以及一系列丧权辱国的条款，使先进的中国人深切体会到救亡图存的紧迫性和必要性。资产阶级维新派抛弃洋务派，顺应历史潮流，发起了轰轰烈烈的维新运动，维新派由此得名。

第二个是保皇派。戊戌变法失败后，康有为、梁启超流亡日本。康有为决定“劝导侨胞，广筹经费”，借重华侨以成勤王之举。1899 年 7 月 20 日，保皇会（又名中国维新会）正式成立。经过康、梁的奔走，保皇会组织不久即星罗棋布于日本、南洋、美洲及夏威夷、澳洲及中国香港、澳门等地，国内的上海、宁波等处也有保皇会名目的团体出现。设于《知新报》报馆的澳门保皇会，于 1900 年春被指定为各处保皇会的总机关，统司勤王起兵事宜。其后保皇会继续发展，势力及于五大洲，遍布世界各地 170 余埠，拥会众数十万。康有为发布《告各埠保皇会书》阐述其计划说：“吾内地五万万人勿论，即在海外，尚有五百万人，若能联合发奋，以内救君国而外护身家，内地从风，何事不办。”保皇会的宗旨很明确：“保皇会以救圣主而救中国”[①]。其后发布的《保皇会草略章程》第一条明确表明：“盖中国危弱，欲保身家非保国不可，欲保中国非保皇上复位不可，故本会名保皇。”[②] 后来，康有为多次专门为“保皇”这一名称辩护：“戊戌年有保皇会名，专为反对后党而言，与国民无涉。”[③] 这一时期，康有为特别强调维新派的保皇身份，主要是出于对慈禧的不满，保护岌岌可危的光绪皇位，然后借助皇帝进行改良。

第三个是立宪派。随着形势的发展，保皇派把斗争的矛头转向革命派，其保护封建帝制的落后性日益明显。1904 年 2 月，日俄两国为争夺朝鲜特别是中国的东北地区，发动日俄战争。日俄战争催生了中国政局的变化，尤其是日本战胜强俄之后，立宪运动得到强有力的推进。江浙立宪派人士率先行

---

① 《告各埠保皇会书》，上海市文物保管委员会编：《康有为与保皇会》，上海：上海人民出版社，1982 年版，第 92 页。

② 《保皇会草略章程》，上海市文物保管委员会编：《康有为与保皇会》，上海：上海人民出版社，1982 年版，第 264 页。

③ 《保皇会易名辩》，上海市文物保管委员会编：《康有为与保皇会》，上海：上海人民出版社，1982 年版，第 323 页。

动，开始致力于运动权要，动员清廷“遣使分赴各国”①，考察各国政治。清政府面对风起云涌的革命形势，为了维护风雨飘摇的封建统治，不得不派遣五大臣出访，随后决定实行“预备立宪”。预备立宪无疑是清政府的惊人转变。“这一事实预示着清政府的政策将发生重大变化，准备在政治上由闭关转向开放，由恪守祖制转向改革，由‘中体西用’转向效法‘西体’。”②

1906 年，清政府宣布预备立宪。1908 年，朝廷连续颁发了《谘议局章程》《谘议局议员选举章程》《钦定宪法大纲》《逐年筹备事宜清单》等一系列文件。1909 年，谘议局在各省设立起来；到 1910 年，资政院成立。各省成立的谘议局和全国资政院事实上成为立宪派有组织的大本营。“立宪派人经选举，变成了地方议会的代表，谘议局成为变相的政党机关，有了合法的地位。”③处于中央层面的资政院虽然无权，但事实上成为各省谘议局的“护符”，立宪党人凭借谘议局和资政院的官方机构实现了在实质和形式上的全面结合。与此同时，海内外的立宪人士也主要致力于立宪法，开国会，推进立宪政治。因此，这一时期和这一阶层的人被称之为立宪派。与维新派相比，立宪派已经发生了质的变化。过去的维新派要依靠皇权变法，现在的立宪派则要拿掉皇帝的实权，改变国家的政体。

值得注意的是，维新派、保皇派、立宪派都十分重视宪法。立宪派，顾名思义，最重要的标志就是制定宪法，即立宪。清末以来，对法律的认识有一个逐渐发展的过程。积极支持洋务运动的代表人物薛福成和郑观应很早就看到了法律的重要性，提出了公法问题。那时候的所谓公法，就是约束各国的《万国公法》。1892 年，薛福成（1838—1894）曾经专论《论中国在公法外之害》。他首先肯定了公法的重要性。“泰西有《万国公法》一书，所以齐大小强弱不齐之国，而使有可守之准绳。各国所以能息兵革者，此书不为无功。”由于中国统治者不懂得国际公法的重要性，盲目以“中西之俗，岂能强

① 侯宜杰：《清末立宪运动史》，北京：中国人民大学出版社，2011 年版，第 33 页。

② 侯宜杰：《清末立宪运动史》，北京：中国人民大学出版社，2011 年版，第 40 页。

③ 张朋园：《立宪派与辛亥革命》，长春：吉林出版集团有限责任公司，2007 年版，第 9 页。

同”的理由拒绝遵守公法，导致中国成为“公法外之国”，“公法内应享之权利，阙然无与”，洋人杀害华民，美国驱逐华民，中国都无法使用公法保护自己。“公法外所受之害，中国无不受之。”[①]郑观应（1842—1921），以提出著名的商战思想而在中国近代史上享有一席之位。郑观应认为：“公法者，万国之大合约也。”“公法者，彼此自视其国为万国之一，可相维系而不能相统属者也。”[②]郑观应明确提出把“开国会，定宪法”作为救国的主要措施。[③]1897年，维新派代表人物康有为开始上书倡言立宪。1898年戊戌变法期间，康有为把变法图存解释为，“一言以蔽之，制定宪法”[④]。1901年6月，维新派的代表人物梁启超发表《立宪法议》，“君主立宪者，政体之最良者也”[⑤]。“宪法者，万世不易者也，一切法度之根源也。”[⑥]

立宪派与维新派、保皇派具有某些一脉相承的特点，它们都与体制有着密切关联。改良一直是三者的共性。改良势力因在不同的历史阶段争夺的重点不一样，依次形成三个不同段落的分称：戊戌变法时为维新派，戊戌政变后为保皇派，日俄战争前后为立宪派。这些变换的称号体现了各自的主旨变化，反映了它们各自不同的实践和时代特征及与革命派关系的变化，也略寓褒贬之意。维新派在于除旧布新，挽救危亡，以消弭革命于方萌；保皇派以保护光绪帝、反对慈禧太后为宗旨，与革命派既联合又争夺；立宪派则呼吁开国会，立宪法，以挽救国家的危亡，与革命派尖锐对立，互争成败。在革命成为时代中心之后，立宪派又成为与革命派横向对峙的政治力量。

---

① 马忠文、任青：《中国近代思想家文库·薛福成卷》，北京：中国人民大学出版社，2014年版，第283页。

② 任智勇、戴圆：《中国近代思想家文库·郑观应卷》，北京：中国人民大学出版社，2014年版，第90页。

③ 侯宜杰：《清末立宪运动史》，北京：中国人民大学出版社，2011年版，第6页。

④ 侯宜杰：《清末立宪运动史》，北京：中国人民大学出版社，2011年版，第7页。

⑤ 梁启超：《立宪法议》，李华兴、吴嘉勋编：《梁启超选集》，上海：上海人民出版社，1984年版，第148页。

⑥ 梁启超：《立宪法议》，李华兴、吴嘉勋编：《梁启超选集》，上海：上海人民出版社，1984年版，第153页。

二、国民是政党存在的基础

在理清各种派别的演化轨迹之后，我们再来观察改良派对国民的认识，这就是政党与国民的关系问题。庚子事变像一根锐利的针头扎进清王朝的心脏。1901 年 1 月 29 日，慈禧太后以光绪皇帝的名义颁布上谕，命督抚以上大臣就朝章国政、吏治民生、学校科举、军制财政等问题详细议奏。4 月 21 日，又下令成立了以庆亲王奕劻为首的“督办政务处”，作为筹划推行“新政”的专门机构，任李鸿章、荣禄、昆冈、王文韶、鹿传霖为督办政务大臣，刘坤一、张之洞（后又增加袁世凯）为参予政务大臣，总揽一切“新政”事宜。从 1901 年到 1905 年，清政府连续颁布了一系列“新政”上谕，清末新政拉开了新世纪的变革序幕。

与此相对应，戊戌政变之后，流亡海外的维新派在丧失权力舞台的同时，也丢掉了赖以活动的国内舞台，这使得维新派仓皇无助，转而开始思考国民基础这一根本性问题。梁启超于世纪之初力倡新民学说，高度重视一般国民对于政治的重要性，从民权出发，立志于提高国民的民德、民智、民力，企图通过新民来改变中国。维新派从办《清议报》递进到办《新民丛报》，把斗争的重点从开民智转移到倡民权上来。“国家譬犹树也，权利思想譬犹根也。”[①] 国民没有权利思想，国家就会衰亡。由于中国人长期生活在专制统治之下，养成服从之习惯，深植奴隶之根性，且以做奴隶为人生一大乐趣，对权利、义务、平等、自由等概念一无所知，这是中国落后的根本原因。

从梁启超在《新民丛报》中表露出来的观点看，国家兴亡完全取决于广大国民，梁启超用“异常激进”[②] 的语言表达出这种理念：“然则苟有新民，何患无新制度？无新政府？无新国家？”[③] 毫无疑问，这时候，国民程度是一切政

---

① 梁启超：《新民说》，张品兴主编：《梁启超全集》第 2 册，北京：北京出版社，1999 年版，第 675 页。

② 赖骏楠：《梁启超政治思想中的“个人”与“国家”》，《清华法学》，2016 年第 3 期，第 151 页。

③ 梁启超：《新民说》，李华兴、吴嘉勋编：《梁启超选集》，上海：上海人民出版社，1984 年版，第 207 页。

治问题的关键所在。不言而喻，对于失去权力舞台的维新派来说，只有通过运动和改造国民才能重回政治舞台，因而新民是一切政治活动的原点和基础，新民自然也是政党产生的基础性条件。

立宪必须依靠国民，代议政治是舆论政治，政党政治是多数人的政治，国民政治素质的高低，最终决定着政党的兴衰成败，因而立宪派一直注意发动和组织国民，虽然它心目中的“国民”并不是现在意义上的“人民”，但其依靠重心的下移是确定无疑的。梁启超说：“凡专制政治之所以得行，必其借国民默认之力以为后援也。”[①]“国民而不娴于政治者，虽有至善良完备之法律、文告，亦等于废纸。国民而娴于政治者，遂法律文告至恶极劣，曾不足以为前途之障也。”[②] 国民是政治成败的最终决定者，如果没有“健全的国民”作为基础，政党的一切活动都将成为无本之木、无源之水。

《新民丛报》经常以各种方式表达政治倾向。1902 年，该报刊登一部新小说，小说通过黄毅伯与李去病的辩论表现出新民的指向性。黄君说：“兄弟，这‘民权’两个字，不是从纸上口头可以得来，一定要一国人民都有可以享受保持民权的资格，这才能够安稳到手的。……这民权固然不是君主官吏可以让来给他，亦不是三两个英雄豪杰可以抢来给他的。总要他自己去想，自己去求，既然会想会求，也终没有不得到手的哩。”《梁谱》记载，“这篇小说完全是阐发先生的政治理想和见解的”[③]。这说明，梁启超的新民已经突破了过去“启民智”的局限性，过去的“启民智”是从“启官智—启绅智—启民智”的先后顺序进行，主要局限在社会上层，但今天的新民与民权已经在考虑和呼吁全体国民，政治的重心已经从上层转移到下层，并且要求国民自身去奋斗和追求，一场更大范围和更大程度的变革开始了。

然而，随着形势的发展，尤其是清廷宣布预备立宪之后，立宪派迅速崛起。1906 年，预备立宪公会成立，参加者多为江苏、浙江和福建三省人士。

---

① 梁启超：《政闻社宣言书》，李华兴、吴嘉勋编：《梁启超选集》，上海：上海人民出版社，1984 年版，第 540 页。

② 沧江：《读十月初三日上谕感言》，《国风报》，第 1 年第 8 号。

③ 丁文江、赵丰田编：《梁启超年谱长编》，上海：上海人民出版社，2009 年版，第 194—195 页。

1907 年，湖南宪政公会、湖北宪政筹备会、广东自治会成立，政闻社在日本成立。这些组织的参加者多为中上层人士，他们内外呼应，很快就掀起了立宪的声势，由此引起了国民程度问题的再次讨论，国民程度不足的观点开始受到挑战，而发起这个挑战的代表性人物是杨度。1907 年 1 月，《中国新报》第 1 年第 1 号的序言中首先对国民程度提出异议和新解。该文认为，今日“惟一之事业”乃是改造责任政府，而改造责任政府的“至重极要之物”和“必不可缺者”①，不是提高国民程度，而是谋求立开国会。《中国新报》随后指出：“有国会则国民之程度高，无国会则国民之程度低，论人民程度之足与不足，其惟一之标准在有国会无国会；谋人民程度之足，其惟一之方法在开国会。”②序言强调说，如果等待人民程度满足而后再来改造责任政府的话，“虽再历万年，犹将不足也”③。人民程度是一个循序渐进、不断提高的过程，只有在推进国会中才能继续提高。

退一步说，人民程度到底如何，需要一个合适的标准。中国人民程度应该与中国政府程度相对比，而不是与外国人民程度相对比。如果说人民程度不足，岂能说政府程度已足？中国的立宪之所以不成功，不是人民程度不足的问题，而是政府程度不足的问题。进一步说，由于中国政府“对于内惟知窃财，对于外惟知赠礼，人民之生命财产，非其所问”，已经成为最不负责任的“放任之政府”④，这样的放任政府最容易劣败，“盖天下易倒之政府，莫中国政府若，有武力固可，即无武力，亦易易耳”⑤。很明显，该文主张，即使以现在的国民程度，推翻政府已经易如反掌，这就从根本上动摇了人民程度不足的定论。

① 杨度：《〈中国新报〉叙》，刘晴波主编：《杨度集》(一)，长沙：湖南人民出版社，2008 年版，第 210 页。

② 杨度：《金铁主义说》，刘晴波主编：《杨度集》(一)，长沙：湖南人民出版社，2008 年版，第 334 页。

③ 杨度：《〈中国新报〉叙》，刘晴波主编：《杨度集》(一)，长沙：湖南人民出版社，2008 年版，第 210 页。

④ 杨度：《〈中国新报〉叙》，刘晴波主编：《杨度集》(一)，长沙：湖南人民出版社，2008 年版，第 207 页。

⑤ 杨度：《〈中国新报〉叙》，刘晴波主编：《杨度集》(一)，长沙：湖南人民出版社，2008 年版，第 210—211 页。

随后，杨度发表致《新民丛报》记者的文章，劝告梁启超放弃人民程度不足的说法，专心致志努力实现开国会的政治主张："足下曰要求立宪，余则曰要求开国会，皆各以为惟一之方法。立宪国未有无国会者，有国会之国，又未有不为立宪国者。"[①] 杨度对梁启超的劝告实际上是立宪派内部的策略调整，梁启超从此放弃了以人民程度不足为理由与民主共和者的较量，转而把斗争的主要矛头对准清政府，开始加入轰轰烈烈的国会请愿运动中。

20世纪之初，进步力量曾经对国民的奴隶性即"国民程度不足"问题进行过尖锐批判，但这不应被理解为进步力量对国民的否定，恰恰相反，对奴隶性进行批判的目的在于唤起民众，从国民中寻找改变现实的政治力量。国民，始终是立宪派割舍不下的政治基础。实际上，这里反映出中国政党起源与西方政党起源的一个重要区别：西方的革命是从人民内部焕发出来的各种力量，由下而上地反对王权而"逼成立宪"；清末中国立宪的力量则难以直接唤起普罗大众，更谈不上直接依靠普罗大众进行，立宪的力量只能来源于中国传统的士人阶层，通过这一中介才能最终发动人民。清末立宪的"催逼力量"产生于亡国灭种的外在危机和压力对士人阶层唤醒后的行动者，而不是直接来源于普通人民。放弃人民程度不足的争论，意味着立宪派对国情的认识迅速转变。

立宪派以实际行动来动员国民。他们过去从国民基点出发看待政党，呼吁国民组建政党，现在则是从政党基点出发看待国民，要求政党启蒙国民。

三、政党的先进性作用

如果说清末新政前后维新派的重点是新民，企图通过新民来组织政党，变革中国，那么，自从日俄战争爆发后，尤其是清政府宣布预备立宪前后，立宪派迅速壮大，其政党追求迅速超过了维新派的新民追求而成为新的政治潮流。

---

① 杨度：《致〈新民丛报〉记者》，刘晴波主编：《杨度集》（一），长沙：湖南人民出版社，2008年版，第400页。

杨度是清末立宪派的重要代表人物，其立宪思想十分明确。既然开国会是建设责任政府的唯一救国方法，那么开国会就需要建立政党来推动。只要“天下贤者”起而组织政党，发动人民起来请愿，积极要求，就不难实现。杨度关注的是“上中社会”。“无论何国之事，其国中事业之原动力，常出于上、中社会，合上、中社会之人数计之，在国民之总数中，必常为其少数。若此少数之人而齐心一致以前进，则无论所谋何事，而必能举之。”[①] 杨度曾经做过具体设计，只要四万万人之中，有四百分之一，就可以聚集起数十百万人行动，这些人组织成政党，就完全可以迫使清政府召开国会。杨度心中的政党与国会密不可分。“夫政党之为物也，与国会相关联者。使一国中而无国会，则虽有政党，亦无所凭借以为发展其政见之地，徒然结合，将何所事？”[②]

立宪派认为，宪政实行之前的党派或者政党，是由生活在这一时代中的“先觉者”组成。1907年10月，政闻社在日本东京成立，总务员马相伯发表演说时认为，如果中国像现在这样长此以往5000年，那么中国的“先觉者”们从今往后就会和普通大众一样，“永坠畜生道而靡复人趣矣”。这一切诚然是专制政府的罪恶导致的，但是专制政府能长久地生存到今天，难道不是国民“不思自赎”而造成的吗？国民“不思自赎”的罪过难道与先觉者们的自私、狂妄、浅见毫无关系吗？“呜呼，痛哉。此鄙人与诸君之罪，又举凡国中先觉者之罪也。”政闻社的成立与其说是一个政治团体的出现，不如说是一群赎罪者“良心”的发现，“鄙人与诸君所以谋自赎其罪，且偕国民以同赎罪者”[③]。先觉者们具有超前的忧患意识、渊博的政治知识、超乎常人的胆识智慧，忠实和忍耐的品格，更重要的是他们有以天下万民为己任的政治“良心”“良知”和“良能”。只有他们先组织起来，才能导引中国变革专制政府。

---

① 杨度：《金铁主义说》，刘晴波主编：《杨度集》（一），长沙：湖南人民出版社，2008年版，第343页。

② 杨度：《金铁主义说》，刘晴波主编：《杨度集》（一），长沙：湖南人民出版社，2008年版，第344页。

③ 马良：《政党之必要及其责任》，杨德山编：《中国政党学说文献汇编》第1卷，北京：中国人民大学出版社，2014年版，第223页。

1907年11月，政闻社机关报《政论》第2号发表该报主编蒋智由的《政党论》一文，全面系统阐述了立宪派新的政党思想。“政党者，一国政治上之明星也，指南针也，司令官也。”“政党者，以舆论为根据，而亦能发生舆论，改造舆论者也。”“政党者，少数之贤者政治也。”“政党者，有政治欲之天性者也。”“政党者，一国人最高之导师，而国家之福神也。”[①]立宪派大力宣传政党，标志着其思想的重要转变。过去寄希望于通过新民解决中国问题，因此他们曾经猛力鞭打奴隶性，努力倡导民权，但严峻的现实是，政治总是少数人的事业，寄希望于多数人都来参加政治斗争，实际上是不现实的。最为可行的方案仍然是依靠少数优秀人物的导引才能推进社会进步。从新民到政党的转变，实际上就是这一思想符合逻辑的结果。立宪派大力讴歌政党的作用，决心通过组织政党引导国民，推进中国立宪进程。

清朝末年，政党团体的先进性作用十分明显。1907年8月，宪政编查馆和资政院将《宪法大纲》《议院法要领》《选举法要领》《逐年筹备事宜清单》上奏，清廷随即确定9年立宪期限。按照这一立宪方案，到1909年，各省咨议局筹备完毕，1910年，资政院成立。这一布置为立宪派的活动提供了组织平台，唤起了立宪派的热切希望，各个政治团体立即行动起来。

1907年秋，著名立宪派首领杨度与在日本东京发起组织宪政讲习会的会长熊范舆等，率先上书都察院，请开民选议院。接着，湖南绅民代表、部分京官或上书都察院，或专折上奏，力陈召开国会的必要。1908年夏，河南、江苏、安徽、广东代表先后入京；康有为领导的中华帝国宪政会以海外二百余埠华侨名义上书：“乞立下明诏，定以宣统三年开国会。”[②]梁启超领导的政闻社以该社全体名义致电宪政编查馆一电：“乞速宣布期限，以三年召集国会。宗社幸甚，生灵幸甚。”[③]张謇等领导的预备立宪公会则主张“以两年为期”，并致电湖南宪政公会、湖北宪政筹备会、广东自治会以及河南、安徽、

① 蒋智由：《政党论》，杨德山编：《中国政党学说文献汇编》第1卷，北京：中国人民大学出版社，2014年版，第192—193页。

② 上海市文物保管委员会编：《康有为与保皇会》，上海：上海人民出版社，1982年版，第299页。

③ 丁文江、赵丰田：《梁启超年谱长编》，上海：上海人民出版社，2009年版，第297页。

直隶（约今河北）、山东、山西、四川、贵州等省立宪派首领，约以各派代表齐集北京要求“决开国会”；直隶、京师、八旗、吉林、山东、山西、浙江等绅民代表纷纷向都察院投递了请愿书。各省请愿书都征集了许多人签名。据当时报刊的报道，请愿书签名的，八旗有1000多人，山东2000多人，吉林4000多人，广东11000多人，江苏13000多人，浙江18000多人，山西达20000人，此外，部分督抚和驻外使节也曾上奏“请速定年限”召开国会。

国会请愿是清末最为广泛和深入的一次和平请愿运动，也是中国历史上亘古未有的重大历史事件。在请愿运动中，清末各个政治党派团体所起的作用尤为突出，它们不仅是国会请愿运动的思想指导者，也是这一运动的实际组织者，它们将运动的主要锋芒直指清朝君主专制。在请愿运动中，立宪派不断揭露清政府预备立宪的虚伪和朝政的腐败，客观上有助于人民的革命觉醒，同时推动了清朝地方大员督抚的联衔电奏，带动了资政院决议支持速开国会，清政府内部出现了严重的分歧。清政府的改革步伐跟不上日益快速增长的群众政治要求，终于在皇族内阁上失去民心，大多数立宪派从绝望而倾向革命，清朝统治集团内部的矛盾迅速激化，从而使少数满族贵族彻底孤立，最后的结果是，清王朝在顷刻之间土崩瓦解，灰飞烟灭。

第二节　政党政治的理论认识

政党在中国是个新事物，而理解新事物，就必须有传统资源接引。清末国人在引进政党概念的时候，分别从公私角度、君子与小人、朋党与徒党等方面进行观察，力图将政党与中国的君子相嫁接，同时，尽力把政党与小人、朋党、徒党相剥离。

一、对政党的早期认识

1897年，唐才常在《湘学报》上发文说：“有议院必有党，有党必有公私。”[①] 中国传统上的小人之党是私党，但西方的政党是公党。“有党党，有党国，小人党党，君子党国。”[②] 党是小团体的利益，国是所有人的公事，为党而存在的党是小人党，为国存在的党是君子党。严复曾经比较说：“中国之所谓党者，其始由于意气之私，其继成为报复之势，其终则君子败而小人胜，而国亦随之，其党也均以事势成之，不必以学识成之也，故终有一败而不能并存。西人之党则各有所学，即各有所见，既有所见，则无事之时足以相安，及有所藉手，则不能不各行其意，而有所争于其间。其所执者两是则足以并立，而不能相灭，此中西各党之不同也。”[③]

1897 年，《时务报》专门刊登日本人古城贞吉的《政党论》说：“朋党者，本小人之事，每以阴险为手段，在牵制君主之肘，以营利于其间。偶有民人，结作一党而反抗君主之权，以强逼君主，是革命党耳，非我所谓政党也。”[④] 政党不是中国的小人之党，而类似于中国的君子之党。它堂堂正正，光明磊落，政党虽然志在国家政权，然其“光明正大，如日月之光昭”。当它争夺政权的时候，“必先广示政纲于天下，使国民知宗旨所在，而后与天下同人，相争于宙合也”。“盖政党者，必具有大宗旨，又怀抱大经纶之策。故一旦得志，则入政府，将施其经纶于天下也。”[⑤] 政党之公，体现在它争夺政权是公开的，其政纲和宗旨也是光明正大的。

1898 年戊戌变法失败后，启蒙思想家何启、胡礼垣立即写成《新政安行》公开为变法辩护。该文用“新党”与“旧党”分析维新变法中的斗争。“正谊明道，则党而非党；迩言是争，则不党亦党。泰西之为政也，有守经之党，

---

① 唐才常：《各国政教总理公论》，《唐才常集》，刘泱泱审定，北京：中华书局，2013 年版，第 43 页。

② 唐才常：《各国政教总理公论》，《唐才常集》，刘泱泱审定，北京：中华书局，2013 年版，第 44 页。

③ 严复：《论中国分党》，杨德山编：《中国政党学说文献汇编》第 1 卷，北京：中国人民大学出版社，2014 年版，第 24 页。

④ 〔日〕古城贞吉：《政党论》，杨德山编：《中国政党学说文献汇编》第 1 卷，北京：中国人民大学出版社，2014 年版，第 14 页。

⑤ 〔日〕古城贞吉：《政党论》，杨德山编：《中国政党学说文献汇编》第 1 卷，北京：中国人民大学出版社，2014 年版，第 14 页。

有达权之党，而近今数十年来未尝有党祸者，由其正谊明道而非迩言是争也。”[①] 中国的党派在政治过程中，“始犹所争在理，其继则所争在气，由是是非不顾，颠倒妄为”[②]，不仅如此，他们还会以势力相结合，虚声附和恫吓，以各种手段结党营私。这样的例子在中国历史上比比皆是，最后蔓延以至亡国。但是，该文在批评中国历史上的党祸之后，仍然为中国未来的政党辩护说：“吾欲保国，而保国非一人之所能为功也；吾欲利民，而利民非一人之所能为力也。非一人之所能为功，则必有兴吾同功之人而后可；非一人之所能为力，则必有兴吾合力之人而后可，此党之所以成也。”[③] 这就道出了政党成立的原因。

政党不同于中国历史上的“士党”。士党是什么？从其性质上看，士党“仅能为旁观之批判，未能为正面之攻击；仅能为声气之契投，未能为主义之结合故也。质而言之，则士党者，无直接之影响于政治，而政党者，且有根本之关系于国家者也”[④]。虽然士党不是政党，但政党却有类似士党的节操，即政党具有党德。政党的党德实际上包含着三个方面，即“对于国家之道德”“对于他党之道德”“对于政府之道德”。[⑤] 进一步说，政党以国家为目的，“有国家始有政治，政治之成立既以国家为前提，而政党之发生亦必以国家为前提也”[⑥]。政党对于他党光明磊落，政党对于政府始终立于监督之地位。

政党不同于“徒党”。“有与政党相似而非者，徒党是也。”政党是君子之党，是以一定的政治主义结成的政治团体，徒党是小人之党，一个以“道”

① 何启、胡礼垣：《新政安行》，《新政真诠》（二），桂林：广西师范大学出版社，2015年版，第512页。

② 何启、胡礼垣：《新政安行》，《新政真诠》（二），桂林：广西师范大学出版社，2015年版，第513页。

③ 何启、胡礼垣：《新政安行》，《新政真诠》（二），桂林：广西师范大学出版社，2015年版，第514页。

④ 吴渊民：《立宪党与道德》，杨德山编：《中国政党学说文献汇编》第1卷，北京：中国人民大学出版社，2014年版，第207页。

⑤ 吴渊民：《立宪党与道德》，杨德山编：《中国政党学说文献汇编》第1卷，北京：中国人民大学出版社，2014年版，第208页。

⑥ 思群：《论政党与国家的关系》，杨德山编：《中国政党学说文献汇编》第1卷，北京：中国人民大学出版社，2014年版，第226页。

成党，一个以“利”结党。“政党者，政治上之公党，因公共之利害而出者也。”“意见由于公共之利害者，谓之公党（亦曰政党）。意见由于个人之利害者，谓之私党（亦曰徒党）。”[①]1903 年，《新民丛报》刊载罗普的文章说：“政党者，代表国民一部之同意，以求达其政治之目的，与他种之党派自殊异者也。”[②]1907 年，《政论》第 1 号刊登蒋智由的《政党论》说：“政党者，为一国不为一人。若为一人而利用其党，是结党而营私者也。”[③]

《中国新报》第 9 号发表徐敬熙的《政党论》：“所贵乎政党者，为其能统筹全局，委身国家，以尽力于公共事业也。若计一身之私利，或一党之私益，是私党也，非政党也。”[④]1907 年 4 月中旬，杨度复函梁启超专论政党：“将使一党之人，无不以地位权利为先，而以国事为后，则吾辈何所为而组织政党者！”显然，杨度反对党员个人的私利，要求政党一旦成立，就应该不问祸福，不问浮沉，“以青天白日之心，求天下贤者之赞助，尽吾一身之责任而已”。“故于此党，决意使成一公党，扫除一切地位权力问题，而求共患难之友。”[⑤]这些思想观点，都将政党与私党的界限划清了，为后来中国共产党的立党为公、执政为民提供了思想资源。

1910 年 5 月，《政论》第 4 号发表郑浩的《政党论》一文，从政党与政府、国民的关系角度看问题：政党在政治过程中能够发挥监督作用，同时，国民也通过监督来促使政党健康发展。“政党之地位，对于政府，则监督者也；对于他党，则互相监督者也。若其监督政党者谁乎？则国民是也。”“政党者，政府之敌也，以其立于攻击之地也。政党者，政府之友也，以其时进

---

① 思群：《论政党与国家之关系》，杨德山编：《中国政党学说文献汇编》第 1 卷，北京：中国人民大学出版社，2014 年版，第 227 页。

② 罗普：《政党论》，杨德山编：《中国政党学说文献汇编》第 1 卷，北京：中国人民大学出版社，2014 年版，第 45 页。

③ 蒋智由：《政党论》，杨德山编：《中国政党学说文献汇编》第 1 卷，北京：中国人民大学出版社，2014 年版，第 194 页。

④ 徐敬熙：《政党论》，杨德山编：《中国政党学说文献汇编》第 1 卷，北京：中国人民大学出版社，2014 年版，第 173 页。

⑤ 杨度：《复梁启超函》，刘晴波主编：《杨度集》，长沙：湖南人民出版社，2008 年版，第 404 页。

忠告之言也。”[①] 政党虽然经常攻击政府，但实际上是在拥护政府，只要政党存在并发挥作用，国民就不会揭竿而起，这在无形之中保护政府。“政党集国民之秀者，专门而研究焉，国如何利，民如何福，害未至而豫为防事，未来而豫为备，是政党所日夕营求者也。虽曰代表舆论，而同时即为舆论之导师。故政党者，虽与国民共立于当事者之列，而同时即国民之辩护士也，代理人也，国民之耳目也，喉舌也，脑筋系也。”[②]

二、政党发挥作用的方式

清末民初，政党与革命党是不同的概念。从 1902 年开始，海外革命思潮已经激流汹涌，这时候的维新派面对革命党不得不做出思考和判断。“盖革命主动性而立宪主静性，革命主感情而立宪主辩理。凡人性情之弱点，莫不富于动性而缺于静性，流于感情而疏于辩理，是革命党之在今日者，虽非必要之党派，而实必发生之党派。”[③]“乃革命党者，必不认立宪党为救国，且不许其同时生存，凡有可以倾陷污蔑之者，不惜用种种卑劣之手段，以扑灭立宪党，为唯一之方针。”[④] 这时候，把政党与革命党严格区分开来，但随着形势的发展，改良派在对待清朝顽固派上又有与革命派惺惺相惜之意。

1905 年 7 月，革命派的首领孙中山与立宪派的代表人物杨度在日本“聚议三日夜不歇，满汉中外，靡不备论，革保利病，畅言无隐”。杨度执手孙中山起誓说：“吾主张君主立宪，吾事成，愿先生助我。先生号召国民革命，先生功成，度当尽弃其主张，以助先生。努力国事，期在后日，勿相妨也。”杨

① 郑浩：《政党论》，杨德山编：《中国政党学说文献汇编》第 1 卷，北京：中国人民大学出版社，2014 年版，第 235 页。

② 郑浩：《政党论》，杨德山编：《中国政党学说文献汇编》第 1 卷，北京：中国人民大学出版社，2014 年版，第 236 页。

③ 与之：《论中国现在之党派及将来之政党》，杨德山编：《中国政党学说文献汇编》第 1 卷，北京：中国人民大学出版社，2014 年版，第 155 页。

④ 与之：《论中国现在之党派及将来之政党》，杨德山编：《中国政党学说文献汇编》第 1 卷，北京：中国人民大学出版社，2014 年版，第 162 页。

度对孙中山十分佩服，叹其“渊渊作万山之响，汪汪若千顷之波”[①]。

1907 年 1 月，《中国新报》发行，杨度借此劝告《新民丛报》的梁启超“不要以人民程度不足的说法来反对民主立宪”[②]。杨度把革命者视为民主立宪，把己方视为君主立宪，认为双方在立宪上存在某种一致性。立宪派与革命派有共同反对清王朝的合流之势。杨度在《中国新报》的《金铁主义说》中坚持“政治革命”的既定立场，“夫以责任之人民，改造责任之政府，是之谓政治革命”[③]。1907 年，立宪派的刊物《政论》第 1 号发表文章称：“人人皆革命党，人人非革命党。政治恶，则非革命党皆化而为革命党；政治良，则革命党皆化为非革命党。”[④] 事实上，在立宪党与革命党激烈交战的同时，二者在对待清政府的反动统治上，仍然有着相当的共识。

在政党自身建设上，国人开始关注党员与党魁的组织关系。《新民丛报》发表文章称，党员以政见为基础，党员与党魁同处“主义”之下。“政党必出现于民智发达之时，凡为党员者，殆莫不挟一政见，而且自信甚力，断不易为他人之所转移。故政党犹一小共和国然，其党魁在于党中，仍当为主义所曲，而不能滥用其权力，以专制一党。”罗普提出了防止出现专制政党的问题，明确声明：“盖党魁乃政党之党魁，而政党非党魁之政党也。”[⑤] 罗普在《新民丛报》上发表《政党论》，其立论显然以民智、民权为出发点，明确要求在承认党魁重要作用的同时，必须警惕党魁的负面效应。

随着形势的发展，组织一个有力的政党迅速提上日程。1910 年 5 月，《政论》第 4 号发表《政党论》一文，开始宣传党魁的重要作用。“党魁者，政党

① 杨度：《与孙中山的谈话》，刘晴波主编：《杨度集》，长沙：湖南人民出版社，2008 年版，第 188—189 页。

② 杨度：《致〈新民丛报〉记者》，刘晴波主编：《杨度集》，长沙：湖南人民出版社，2008 年版，第 397 页。

③ 杨度：《〈中国新报〉叙》，刘晴波主编：《杨度集》，长沙：湖南人民出版社，2008 年版，第 211 页。

④ 观云：《人人皆革命党，人人非革命党》，杨德山编：《中国政党学说文献汇编》第 1 卷，北京：中国人民大学出版社，2014 年版，第 197 页。

⑤ 罗普：《政党论》，杨德山编：《中国政党学说文献汇编》第 1 卷，北京：中国人民大学出版社，2014 年版，第 56 页。

之中心也，精神也。而党魁之资格，必兼有才德气之三者，又必有以政治为性命之热诚，乃能感服党员，而干城党势。”[①]1910年1月，立宪派在上海创办《国风报》，梁启超撰文指出：“政党之结集，其最要之条件，在得领袖一党之人物。而凡能领袖一党者，其人必须具有若干之资格。若德量也，学识也，才气也，地位也，名誉也，皆其不可缺者也。”[②]

作为党员，应该具备高出一般国民的政治品格、政治知识和政治能力。在党员的诸多素质中，最重要的是政治品格。党员既然以政党为自己的政治归属，就应当视政党为自己的生命，忠诚于政党的事业，与政党荣辱与共。在组织关系上，提出了少数服从多数、个人服从集体的思想。“党员者，集于同一之主义目的下者，苟其党之主义目的不变，则虽有与其意见小差异之处，而舍小以从大，弃寡以就众，正组合团体共通之义。”进一步讲，这种服从是对“共通之义”的服从，是对其信守的主义的服从，是对国利民福的服从。政党虽然追求的政治目标不同，但其最终目的都是为了国利民福。“政党目的之终点，在于国利民福，故其主义与国利民福不兼容时，则宁可牺牲旧见，以就国利民福。”[③]不同的党员，不同的政党，虽然会有各种分歧，但都应该服从国利民福的最终目的。

政党的根本点在于政纲。不同政党的区别在于政纲而不在其他，同理，了解任何一个政党都应该从其政纲入手。“政党者乃一实行政纲之团体，而政纲又必不与人同者也。”“一党之党纲，必异于他党之政纲也。”从理论上来讲，党争的本质是政纲之争，而不是个人利益的争夺。“党争者，为国利民福而争，非为个人私利而争也。以政治上用语言之，则党争者乃为政策而争，非为人而争也。”“欲组织政党，则党志在重政策不重人之党，不当使为重人

① 郑浩：《政党论》，杨德山编：《中国政党学说文献汇编》第1卷，北京：中国人民大学出版社，2014年版，第234页。

② 沧江：《中国政党之将来》，杨德山编：《中国政党学说文献汇编》第1卷，北京：中国人民大学出版社，2014年版，第307页。

③ 郑浩：《政党论》，杨德山编：《中国政党学说文献汇编》第1卷，北京：中国人民大学出版社，2014年版，第234—235页。

不重政策之党。”[①]不同政党的政纲反映为不同的政策。“于是每一政策，一党守其正，一党守其负。谁得国民多数之拥护，即谁胜利。”在文明国家，人们根据政纲区别政党，并加入不同的政党，政党的多数与少数在于其政纲。政党必须“旗帜鲜明”，让人“一见而知”。“故组织政党，首当谋保持其党真正之多少数。而欲保持真正之多少数，首当制定特异之党纲。”[②]

三、政党政治的内部关系

人们对政党的认识不断深化。到世纪之交，“政党政治”概念业已成型。1897年，《时务报》在介绍各国政党的时候，就提出了英国、法国和美国的两大政党。“英为一帝之国，美法为二共和之国，皆地球之雄邦，文明之中枢也。然观其所以能转大政，理国务者，未尝不因二大政党之力也。”[③]“不问其在朝与在野，宜合成二大政党人，以臻政党内阁，是为可尚耳。否则宪政之美，恐不能冀也。”[④]

1902年，梁启超在《新民丛报》第2期中借新民之说专门介绍“立宪国之政党政治”。首先，立宪国的政党政治对人民有利，这是由其制度的特性决定的。“善夫立宪国之政党政治也，彼其党人，固非必皆秉公心、秉公德也，固未尝不自为私名私利计也。虽然，专制国之求势利者，则媚于一人，立宪国之求势利者，则媚于庶人。”[⑤]虽然人性都是自私的，但献媚于一人还是多人，将决定能否促进公益。其次，立宪国的政党政治就是两党政治，就是轮

---

① 章士钊：《政党与党纲》，杨德山编：《中国政党学说文献汇编》第1卷，北京：中国人民大学出版社，2014年版，第339页。

② 章士钊：《政党与党纲》，杨德山编：《中国政党学说文献汇编》第1卷，北京：中国人民大学出版社，2014年版，第340页。

③〔日〕古城贞吉：《政党论》，杨德山编：《中国政党学说文献汇编》第1卷，北京：中国人民大学出版社，2014年版，第13页。

④〔日〕古城贞吉：《政党论》，杨德山编：《中国政党学说文献汇编》第1卷，北京：中国人民大学出版社，2014年版，第15页。

⑤ 梁启超：《新民说》，李华兴、吴嘉勋编：《梁启超选集》，上海：上海人民出版社，1984年版，第237页。

流执政。“政党之治，凡国必有两党以上，其一在朝，其他在野。在野党欲倾在朝党而代之也，于是自布其政策，以掊击在朝党之政策，曰使吾党得政，则吾所施舍者如是如是，某事为民除公害，某事为民增公益，民悦之也，而得占多数于议院，而果于前此之在朝党易位，则不得不实行其所布之政策，以副民望而保大权，而群治进一级焉矣。”[①]政党政治不同于官僚政治和武人政治。“吾近年以来，默察时势，窃以天若相中国，使得举立宪之实者，则将来政权所趋，其必成为英国式之政党政治，而非复德国日本式之官僚政治焉矣。”认为中国的官僚政治不可能永远盘踞政权，“吾国将来之政治现象，必变为英国式之政党政治，势则然也”[②]。

立宪派著名人物杨度对政党政治的认识颇有代表性。“在立宪派人士中，杨度对资产阶级宪政理论的理解是比较透彻的一个。”[③]杨度认为，君主立宪的三个要素是制定宪法、建立责任内阁和召开国会，三者之中，召开国会最为紧要。杨度首创和平请愿，为了促成国会，要求天下贤者起来组织政党，发动人民起来请愿。当然，杨度心中的“人民”并不是所有国民，甚至都不是多数国民，而是上流和中流社会的人士，只要有足够数量的人民起来和平请愿，就能迫使清政府让步。杨度在东京组织宪政讲习会，积极从事和平请愿国会活动，鼓励国民“接踵而起，与政府为再度、三度、十度、百度之宣战，非得勿休，非获莫止”[④]。政党政治就是依靠人民的力量，以和平渐进的方式达到立宪的目的。

1907年，杨度在《中国新报》上介绍政党内阁、不党内阁和半党内阁。“何谓政党内阁？乃政党势盛之国，非在议会制多数之党魁，则无组织内阁之资格，惟命党魁为总理大臣，而任其组织党员以为各部大臣，使内阁与议会联为一致。”“何谓不党内阁？总理大臣及其所组织之各部大臣，皆为官吏而

① 梁启超：《新民说》，李华兴、吴嘉勋编：《梁启超选集》，上海：上海人民出版社，1984年版，第237—238页。

② 沧江：《政党政治与官僚政治》，杨德山编：《中国政党学说文献汇编》第1卷，北京：中国人民大学出版社，2014年版，第259—260页。

③ 侯宜杰：《清末立宪运动史》，北京：中国人民大学出版社，2011年版，第127页。

④ 侯宜杰：《清末立宪运动史》，北京：中国人民大学出版社，2011年版，第128页。

非政党中人，此于立宪未久、政党未盛之国必有之。”国民程度稍高，政党势力增大，则这样的不党内阁就无法存在了。这时候，半党内阁就出现了。“何谓半党内阁？乃以政党与官僚杂组而成者。”[①] 杨度把政党政治看作从不党内阁向政党内阁的过渡。日本从不党内阁走向半党内阁，政党正处于一种“欲盛未盛”的时候，其作用必定会越来越大。

秋桐（章士钊）是革命党中力倡政党内阁的重要代表人物。内阁与官僚是不能兼容的两个事物，因为内阁有一定的政策，但官僚从来不知道政策为何物，当然就不能以道义相约束。“以吾国只知利欲之朝臣，能以公义约束之乎？”官僚表面上是一个阶级，但在实际上“乃形式的阶级，非精神的阶级也”[②]。我国的官僚只知营利，腐朽不堪，不具备政治的追求，一旦官僚内阁倒去，其朝臣很快为之一空。官僚缺乏政治追求和精神追求，显然落后于时代的发展。若干年后，国民逐渐习惯于宪政，舆论也逐渐发达，专制毒汁逐渐洗去几分，君主与议院的关系逐步密切，那么，一旦议院中出现政党，必然将官僚内阁逐去。“政党内阁之必应时发生，此记者之所深信不疑者也。”[③]

秋桐对政党政治充满激情和希望。1911 年 5 月、6 月、8 月，他在《帝国日报》上专门撰文，长篇连载，专论政党政治。“政党政治近渐居舆论之中心，国民之进征莫此若也。”文章直指政党政治的要害在于取代和改造现政府——“政党政治，即所以对现政府之弱病而针之者也。”中国当时最大的问题是政府“脆弱无能力”，而政党政治是医治弱政府的“最捷之救治法”。从强政府的角度看，中国不得不实行政党政治。“生当二十世纪，非有绝强之政府，不足以立国，而绝强之政府，非有政党政治直不可得。此求之欧美政治史而不爽者也。是故，吾人不欲得强政府而已，欲得强政府，则请从事政

① 杨度：《金铁主义说》，刘晴波主编：《杨度集》（一），长沙：湖南人民出版社，2008 年版，第 312 页。

② 秋桐：《论中国政党内阁当应时发生》，杨德山编：《中国政党学说文献汇编》第 1 卷，北京：中国人民大学出版社，2014 年版，第 271 页。

③ 秋桐：《论中国政党内阁当应时发生》，杨德山编：《中国政党学说文献汇编》第 1 卷，北京：中国人民大学出版社，2014 年版，第 272 页。

党政治。”[①]

这里的逻辑链条十分明显，中国要转危为安，就需要强政府，而强政府不得不需要政党政治。换句话说，政党政治才能造成强政府，强政府才能造成强中国。这时候，美国政府的三权分立和英国政府的强大则成为论证这一观点的实践证据。“美国中央政府之所以弱者，以其不适用政党政治也。盖美国墨守三权分立之说，行政部与立法部打成两橛，政局异常散漫。”十分有意思的是，清末民初，美国的政治制度几乎一直是一种反面教材，这可能与当时美国在世界上的国际力量对比有关，或许更重要的是美国普遍的选举制度使得中央与地方的权力十分涣散，从而与中国习惯中央集权、层层任命官吏的现实有着巨大反差。作者援引英国宪法学泰斗戴雪的话说：政治之神髓和功用在于“置立法、行政两部之邮，使两部之作用互相联贯，关系日以密，而又各尽其当然之职份者也”[②]。这位在英国留学的秋桐信奉，英国的政党政治是英国发达的秘密所在。

政党政治的本质是政党内阁。政党内阁的本质就是立法机关控制行政机关，全体国民控制立法机关。“盖以立法部之人出掌行政部，则其人之为立法部所推，而徒党之占议席多数者，断无疑义。夫政党何以得占多数，是亦其政策为国民所信任耳。然则，政党内阁之得久持与否，全视全国民之信任心如何以为衡。”政党内阁的特点包括以下六点：“政党内阁必成于议会议员”，“政党内阁必控制多数党于议会者”，“政党内阁必成于一党”，“政党内阁当负连带责任”，“政党内阁当在一首领指挥之下，而亦仅在一首领指挥之下”。[③]政党内阁的优点是保证立法部与行政部之间没有冲突，而非政党内阁则一定存在种种冲突。“三权分立之结果，必至国中无一部拥有用事之权”，像美国这样的国家能够幸存下来，“以无强邻逼处其侧也”，联邦政府就是“弱行政

① 秋桐：《政党政治论》，杨德山编：《中国政党学说文献汇编》第1卷，北京：中国人民大学出版社，2014年版，第289页。

② 秋桐：《政党政治论》，杨德山编：《中国政党学说文献汇编》第1卷，北京：中国人民大学出版社，2014年版，第290页。

③ 秋桐：《政党政治论》，杨德山编：《中国政党学说文献汇编》第1卷，北京：中国人民大学出版社，2014年版，第294页。

部”，“二十世纪之国，非拥有绝强之行政部，不足以图存”。[①] 秋桐作为革命党的代表者，其政治立场十分明显，就是以政党内阁夺取政权。

1911 年 3 月，杜亚泉在《东方杂志》发表《政党论》一文。政党是政治的产物，没有政治思想就不会有政党。有一点需要说明的是，清末民初，“政治”一词刚刚引入，维新派从“人是天生的政治动物”这一点开讲，认为政治就是光明正大地参与政权，就是以和平渐进的方式改良社会，政治是人类社会中广泛存在的一种普遍现象，它影响到人类生活的各个方面。立宪派要搞政治革命但反对暴力革命，企图效法日本“无血之破坏”，反对法国“有血之破坏”。在此背景下，杜亚泉说：“立宪政治，重视舆论，国民渐自知其与政治之关系。于是由政治上之关系，而生政治上之研究，由政治上之研究，而生政治上之欲望。”[②] 在杜亚泉这里，立宪、政党、政治本为一物，立宪政治就是政党政治，政党政治就是立宪政治，组织政党活动，就是要搞政党政治。

杜亚泉认为，政党政治就是两党政治。将来我国的政党，不外乎保守党与进步党两个政党，“进步党之主义，不惜牺牲国民之幸福，努力于政治之改革，与国势之振兴。保守党之主义，孰优孰劣，孰利孰害，非一时之所能论定。予以谓此二党者，如车之两轮，鸟之两翼，相扶相助而皆不可缺。进步过骤，则不免流于危险，当以保守主义维持之；保守过甚，则不免流于退弱，当以进步主义调和之。若二党不失其平衡，则宪政愈形其圆满”[③]。杜亚泉的两党政治理论不免过于理想，中国政党的百年实践也一再证明，两党制不符合中国国情。

总体而言，清末政党概念随着形势的发展而不断变化。因而，理清政党政治的内部脉络，就必须紧密结合当时的国内国外形势发展而加以分析。清末政党政治提出的很多问题在今天仍然极具意义。

---

① 秋桐：《政党政治论》，杨德山编：《中国政党学说文献汇编》第 1 卷，北京：中国人民大学出版社，2014 年版，第 300 页。

② 杜亚泉：《政党论》，杨德山编：《中国政党学说文献汇编》第 1 卷，北京：中国人民大学出版社，2014 年版，第 264 页。

③ 杜亚泉：《政党论》，杨德山编：《中国政党学说文献汇编》第 1 卷，北京：中国人民大学出版社，2014 年版，第 266 页。

第三节 政党政治的逻辑关系

国家、立宪、革命、政党、国会、君主、国民、政府是清末政党政治中经常出现的一些基本概念。换言之，这些要素之间构成一个复杂的逻辑链条，它们互相穿插、互相联系、互相作用、互相影响，形成一幅有机的“辩证图景”。

一、政党与国家的关系

国家是政党政治的基本框架。需要说明的是，改良派代表人物心目中的国家是奉大清皇帝为首的五大民族为主体的国家，而革命者心目中的国家是革除了满族统治者的国家。革命者首先要进行民族革命，其次才是政治革命；而改良派反对民族革命，它只承认政治革命。杨度、梁启超第一次提出以汉、满、蒙、回、藏五大民族为主体的“中华民族”的概念，与革命派“反清排满”的民族主义有明显不同。

政党与国家何者为先？只有先搞清国家的内涵，才能区分政党与国家的关系。中国历来“一曰知有天下而不知有国家，二曰知有一己而不知有国家”[①]。在改良派看来，中国历史上只有天下观念和自己的观念，没有国家观念，因而谈不上区分家与国的关系，统治者或者以家为国，或者以国为家，没有起码的公私观念。“国家思想者何？一曰对于一身而知有国家，二曰对于朝廷而知有国家，三曰对于外族而知有国家，四曰对于世界而知有国家。”国家是一个区别于自身、朝廷、外族和世界的东西。“国家如一公司，朝廷则公司之事务所，而握朝廷之权者，则事务所之总办也。”[②] 这就把掌权者与国家区

① 梁启超：《新民说》，李华兴、吴嘉勋编：《梁启超选集》，上海：上海人民出版社，1984年版，第221页。

② 梁启超：《新民说》，李华兴、吴嘉勋编：《梁启超选集》，上海：上海人民出版社，1984年版，第218页。

分开来。不难看出，改良派只有提出国家观念才能把立宪置于一个可靠的基础之上，才能区分出政府、人民的关系，为自己的政治活动提供一个可靠的基础。改良派旗帜鲜明。国家具有独立的主权，高于政府与人民，当然高于政党，这是立宪派的基本立足点。

1902年3月，《新民丛报》第3号发表梁启超的文章《论政府与人民之权限》。“政府与人民，皆构造国家之要具也。”改良派眼中的政府与人民虽然互不统属，但却统一在国家之内。“故谓政府为人民所有也不可，谓人民为政府所有也尤不可。盖政府、人民之上，别有所谓人格之国家者，以团之统之。国家握独一最高之主权，而政府、人民皆生息于其下者也。”[①] 换而言之，国家高于政府与人民任何一方，是一个具有独立人格的主体。这一思想不仅划清了政党与国家之间的关系，确立了国家至高无上的地位，而且为利用政党沟通人民与政府提供了理由。

政党从属于国家，而不是国家属于政党；政党只是全体国民中的一部分，不是凌驾于国民之上的特权贵族阶层；政党所奉行的主义，以及以此制定的党纲、党策，只是部分国民——哪怕是他们自认为是绝大多数国民的愿望、思想的反映，并不能自以为是地认为代表了国民全体的意志。“政党直立于全国民之前，则乃为国民一人之资格，非以加盟于政党，而遂变化。故知党外尚有国家，党员之外尚有国民，党义之外尚有正当舆论。如是则为党员者，自不至利用多数党员野心，专恣横暴，咆哮于政治界。夫视政党为国家，据政党揽有特权之贵族社会者，非惟背正义，欺公理。其管窥蠡测，所见亦漏耳。社会之大，故兼容并包也。”[②] 政党的最高追求就是国利民福。在立宪国家，政党因“政”而“党”，并非因“党”而“政”，政党的所作所为必须以国民和国家的利害关系为依归。

改良派言之凿凿旗帜鲜明地强调政党属于国家，实际上包含着反对革命

① 梁启超：《论政府与人民之权限》，李华兴、吴嘉勋编：《梁启超选集》，上海：上海人民出版社，1984年版，第315页。

② 徐敬熙：《政党论》，杨德山编：《中国政党学说文献汇编》第1卷，北京：中国人民大学出版社，2014年版，第173—174页。

党进行革命的动机，因为他们认为革命一定会破坏国家。不仅如此，改良派认为政党是人民与政府之间的桥梁，具有避免和消灭革命的重要功能。这是因为，政党既是政府的敌人，也是政府的朋友，当人民与政府之间发生矛盾的时候，“有政党于中间以宣泄之，联通之，国民乃知我人所不平者，已有代为表示之人，则不至于蓄怒积怨。而政府苟有不得已之故，亦因政党得以表曝于天下。故我未见有议会有政党之国，而国民有揭竿之事者，是政党之拥护政府于无形也”[①]。

二、政党的目的就是改造政府

改良派组建政党的根本目的是在中国实行宪治，认为只有实行宪治，才是挽救国家面临的民族危亡和政治危机的唯一出路。宪治的实质是“限政”，即限制、规范和改造政府。改良派企图通过政党来改造政府，打通君主与国民的内部联系通道。康有为在帝国宪政会成立时明确指出，“我国不强，皆由政府失政之故。国民当起而督责之”。“国以民为本，宪政者，公权公议之政也。我国民权未张，当力图扩张，以成国会而参国政。”“本会以讲求宪政为事。……若不讲求，则口慕宪政，而身背宪理，是无由成政党，即无以强中国。”[②]因此，中国只有实行立宪政治，君民共主，中国才能强大，而宪治的实现必须以政党为向导。

改良派一直口口声声呼吁的宪治实际上就是改造政府，它始终把矛头对准政府，但是从来不反皇帝。进一步说，立宪的实质就是重新架构君主、官员与人民之间的政治关系。传统的政治是君主通过官员来对人民实施统治，这是一种上下有别、等级森严的层级官僚制度，但在浩浩荡荡的民主潮流面前，这一曾经有效的金字塔式的官僚制度无法应对西方强国的冲击，于是焕

---

① 郑浩：《政党论》，杨德山编：《中国政党学说文献汇编》第1卷，北京：中国人民大学出版社，2014年版，第235页。

② 上海市文物保管委员会编：《康有为与保皇会》，上海：上海人民出版社，1982年版，第489页。

发人民活力的立宪追求随之出现。1907 年 12 月，杨度在《湖南全体人民民选议院请愿书》中指出："今惟有利用代议制度，使人民与国家发生关系，以培养其国家观念而唤起政治思想，俾上下一心，君臣一德，然后宪政之基础确立，富强之功效可期。否则，政府独裁于上，人民漠视于下，国家成为孤立，君主视若路人，虽日言立宪，亦安有济乎？"[①]

改良派一直严格区分君主与政府的关系，认为腐败的政府隔断了人民与君主的联系，导致了国家的衰败。改良派在保皇的旗帜下争夺权力，有其策略性的考虑。他们认为，由于立宪的敌人是政府不是君主，这样操作起来君主的阻力就会小一些，甚至在舆论的压力下，君主会转而支持立宪。立宪可以依靠民心和舆论的力量实现，这是一条代价小容易实现的改革路子。而革命者不仅推翻政府，而且推翻君主；革命者不仅需要舆论支持，而且需要军事力量，这样的革命阻力极大，代价甚高。有些时候，它虽然也赞成"扑灭现政府"和"促使政府倒台"，但是这与革命党的推翻政府完全不同，革命党主张的"扑灭现政府"和"促使政府倒台"，不仅要推翻包括军机处在内的一大批政府机构，而且包括君主本身。[②] 杨度常常把革命者称为民主立宪，但革命者现在的重点显然已经不是立宪，而是革命。

1903 年 10 月，梁启超从美洲返回日本横滨，史学界一向关注的"1903 年转型"呈现出来。[③] 美洲之行对梁启超影响甚大，其政治思想发生重要转变，即从"排满革命"和"破坏主义"退回到君主立宪。实际上，这一转变不仅与其美洲之行中对华侨的劣根性认识有关，更重要的是，这时候革命派与保皇派有关革命的分歧日益激烈。

梁启超认为，中国目前的危机是由君主专制造成的，要挽救国家的危机，必须由一批先觉者组织政治团体，对国民进行开化、启蒙，对政府进行改造，建设立宪政治，即国民政治。"今日之恶果，皆政府艺之，改造政府，则恶根

---

① 杨度：《湖南全体人民民选议院请愿书》，刘晴波主编：《杨度集》(一)，长沙：湖南人民出版社，2008 年版，第 490 页。

② 侯宜杰：《清末预备立宪时期的杨度》，《近代史研究》，1988 年第 1 期，第 90 页。

③ 丁文江、赵丰田：《梁启超年谱长编》，上海：上海人民出版社，2009 年版，第 218 页。

拔而恶果遂取次以消除矣。”[①] 改造政府的基础和动力存在于国民之中，翻遍世界历史，都是“国民的运动”改造“国民的政府”，国民的政府最终能不能成立，其“枢机全不在君主而在国民”。“又知改造之业，非可以责望于君主矣，然则负荷此艰巨者，非国民而谁。吾党同人，既为国民一分子，责任所在，不敢不勉，而更愿凡为国民之一分子者，咸任此责任而共勉焉。此政闻社之所由发生也。”[②] 从创办《新民丛报》到《政论》出炉，从倡导新民到组建政闻社，梁启超的思想又一次发生重要转变，过去呼吁新民去创立政党和改造国家，现在则是利用政党以实际行动去启蒙国民并促进立宪。

1906 年 1 月，梁启超在《新民丛报》发表《开明专制论》一文，更加系统和明确地提出改良派与革命党人之间的区别。他认为，革命党人将政治革命、社会革命、民族革命三者并行，对中国社会来说这是一种“至剧烈至危险之药”[③]，指责这种全方位的革命“欲以野蛮之力杀四万万人之半”，并激烈呼吁：“敢有言以社会革命（即土地国有制）与他种革命同时并行者，其人即黄帝之逆子，中国之罪人也，虽与四万万人共诛之可也！”[④] 与此相比较，改良派坚决拒绝满汉分界的种族革命和主张土地国有的社会革命，仅进行变革政体的政治革命，即革政府之命而不涉及其他。在改良派看来，这是一种代价最小，最为快捷和稳妥的路子。

三、政党与国会的关系

国会与政党的关系是清末政党思想中的关键内容。君主立宪派著名代表

---

① 梁启超：《政闻社宣言书》，李华兴、吴嘉勋编：《梁启超选集》，上海：上海人民出版社，1984 年版，第 537 页。

② 梁启超：《政闻社宣言书》，李华兴、吴嘉勋编：《梁启超选集》，上海：上海人民出版社，1984 年版，第 539 页。

③ 梁启超：《开明专制论（节录）》，李华兴、吴嘉勋编：《梁启超选集》，上海：上海人民出版社，1984 年版，第 468 页。

④ 梁启超：《开明专制论（节录）》，李华兴、吴嘉勋编：《梁启超选集》，上海：上海人民出版社，1984 年版，第 485 页。

人物杨度与梁启超的观点有所不同。梁启超一度把开国会看作国民程度提高后10年、15年或者20年之后的事情，但杨度反其道而行之，他把国会放置在首要位置，大力主张先期召开国会。

主张金铁主义的杨度力主通过立宪实现富民与民权，通过国会实现军事强国。他看到了清政府预备立宪的骗局，专门于1907年4月上旬致信《新民丛报》，与梁启超统一认识。“盖政府宁肯与人民以一尺之空文，不肯与人民一寸之实事。人民与之争者，宜与争实事，而不与争空文。”[①] 杨度将矛头对准清政府，主张在“立宪之广范围中，而抽出其最重之一事，易其名曰开国会而已”。要求梁启超“合力鼓吹”并“偏重于此”，迅速推动国会运动。[②] 梁启超欣然同意，立即复书表示完全赞成：“至专提倡开国会，以简单直捷之主义，求约束国民心理于一途，以收一针见血之效，诚为良策。弟当遵此行之。”[③]

1907年4月中旬，杨度再次致信梁启超，说明国会、立宪、革命、政党之间的复杂关系，指出开国会可以最大限度地凝聚人心，反对革命，团结各种不同的势力，推进政党发展。“其所以必以国会号召而不可以他者，因社会上明者甚少，一切法理论、政治论之复杂，终非人所能尽知，必其操术简单，而后人人能喻。此‘排满革命’四字，所以应于社会程度，而几成为无理由之宗教也。吾辈若欲胜之，则亦宜放下一切，而专标一义，不仅使脑筋简单者易知易从，并使脑筋复杂者去其游思，而专心于此事。……以此为宗教，与敌党竞争势力，彼虽欲攻我，亦但能曰办不到，而不能曰不能不用办也。……凡理由甚简单而办法甚复杂者，虽智者不易寻其条理。凡理由甚复杂而办法甚简单者，虽愚者亦能知之，能言之，能行之，范围反较为大，势力反较易增也。”[④]

---

① 杨度：《致〈新民丛报〉记者》，刘晴波主编：《杨度集》（一），长沙：湖南人民出版社，2008年版，第400页。

② 杨度：《致〈新民丛报〉记者》，刘晴波主编：《杨度集》（一），长沙：湖南人民出版社，2008年版，第401页。

③ 丁文江、赵丰田编：《梁启超年谱长编》，上海：上海人民出版社，2009年版，第259页。

④ 杨度：《复梁启超函》，刘晴波主编：《杨度集》（一），长沙：湖南人民出版社，2008年版，第403页。

杨度把国会、政党、人民、立宪紧密联系在一起，他不仅反对国民程度不足的观点，而且把开国会当作解决一切问题的先决条件。1908年6月，到京运动国会的杨度与军机大臣专门讨论国会问题，杨度论述国民程度说：“程度本因比较而生高低，若以中国之民与英、德之政府对待，则程度诚低；若与本国之政府对待，则今日之军机大臣多八股出身。今日士大夫亦强半八股出身，不见其贯三光而洞九泉也。”杨度对诸位大臣宣称：“政府如不允开设民选议院，则不能为利禄羁縻，仍当出京运动各省人民，专办要求开设民选议院之事，生死祸福，皆所不计，即以此拿交法部，仍当主张到底。”① 杨度的立场和观点在当时引起极大反响。

杨度大力呼吁开国会的背后，是对政党与国会关系的深刻认识。他在《复梁启超函》中专论政党。政党要形成势力，就必须“社会上结党之观念大盛”，但现实是，目前只有少数人有结党观念，而大多数人不以为然。不仅如此，很多人还不知道“结党之起欲何行动，何所经营，疑惧而不敢发也”。“夫政党之事万端，其中条理非可尽人而喻，必有一简单之事物以号召之，使人一听而知，则其心反易于摇动而可与言结党共谋。以弟思之，所谓简单之事物，莫开国会若也。”② 杨度对梁启超专重政党的做法提出异议，并指出国会与政党的密切关系。“然鼓吹之法，仍不必专重政党，但宜专重国会。若专重政党，人犹不知结此政党将何所为，虽鼓吹而仍无效，但使国会舆论将成，人人皆欲得此而无其法，则一言结党，而须臾立成矣。”③ 一旦社会上形成开国会的强大舆论，则政党必然乘势而起。杨度预言：“先谋开国会为结党之第一要事，斯其党势必能大张。”④

---

① 杨度：《致〈新民丛报〉记者》，刘晴波主编：《杨度集》（二），长沙：湖南人民出版社，2008年版，第501页。

② 杨度：《复梁启超函》，刘晴波主编：《杨度集》（一），长沙：湖南人民出版社，2008年版，第402页。

③ 杨度：《复梁启超函》，刘晴波主编：《杨度集》（一），长沙：湖南人民出版社，2008年版，第403页。

④ 杨度：《复梁启超函》，刘晴波主编：《杨度集》（一），长沙：湖南人民出版社，2008年版，第402页。

在杨度的政治设计方案中，君主立宪的突破口在于国会，他不仅反对将国民程度作为君主立宪的前提条件，而且认为利用政党推进君主立宪缓不济急。这种观点与梁启超等人的政治设计方案有重要不同。实际上，杨度的国会方案显示出一种快速进入权力架构的企图，国会方案实际上是利用政治权力的优势推进政党发展的一种策略，它透露出从上到下的努力方向。而梁启超的新民、政党、立宪是一种从下到上的努力方向。这一点，很快就能从杨度的个人际遇上看出来。杨度为清五大臣出国考察写过著名的考察报告《中国宪政大纲应吸收东西各国之所长》和《实行宪政程序》，并且因此而得大名，成为著名的宪政专家。1908 年，袁世凯、张之洞联合保荐杨度，说他"精通宪法，才堪大用"，这位仅有举人功名的杨度因此而以四品京堂充宪政编查馆提调。杨度在晚清政局变幻中处于权力舞台的重要位置上。

1911 年，民政部准许帝国统一党注册为公开政党，康有为随即解释政党、国会、立宪之间的关系。当时的资政院不能够成为国会，主要是因为其中不存在政党。资政院各议员如"散人独立"，中间没有政党维持，如果有了政党，议员根据党议行动，自然就有了力量。公决上奏，可以一而再，再而三，甚至以解散作为最后手段迫使皇上接受资政院的公议。"故有党者，如兵法之有布勒，局阵严明，步伐整齐，其进如山立，其行如水涌。无党者，如团沙之易散，不待大风也。"不仅如此，康有为还把宪法与国会、政党联系起来。宪法为什么会成为一纸空文，这是因为没有国会从中维持；资政院为什么不是国会？其决议为什么无效？是因为没有政党主持的缘故。"立宪者，犹世爵之封号门第也。国会者，犹府第之堂室园庭也。主持无人则封号革而门第微，堂室虚而园庭芜矣。"[①] 总之，政党是推动国会和宪法的根本所在。

四、政党与立宪的关系

1905 年，受到日俄战争的刺激，举国上下都在主张立宪。1906 年 1 月，

① 《民政部准帝国统一党注册论》，上海市文物保管委员会编：《康有为与保皇会》，上海：上海人民出版社，1982 年版，第 315 页。

梁启超提出以开明专制替代共和立宪和君主立宪的中间方案，引起改良派与革命派的一场激烈鏖战。在革命派的激烈攻击下，主张开明专制论的《新民丛报》被迫关闭，开明专制论铩羽而归，草草收场，改良派再次回到君主立宪的立场上来。

立宪与政党的关系是清末政党理论的核心问题。改良派坚持解决君民相隔这一积重难返的历史问题，它提供的方案就是君主立宪。而推动君主立宪，就需要有积极可行的方法。改良派虽然在立党与政党的先后次序上几度游移，但对立宪与政党的亲密关系逐渐达成共识。

1905年五大臣考察东西洋各国政治后，清廷于1906年9月发布上谕预备立宪。从此，朝野上下在立宪问题上取得共识。1906年10月，郑孝胥、张謇领衔为在上海设立预备立宪公会向民政部申请备案，宣称“愿为中国立宪国民之前导”[①]。会长郑孝胥，副会长张謇、汤寿潜。会员主要为江苏、浙江、福建的官绅和上层资产阶级分子，270余人。预备立宪公会的出现，标志着国内改良派已经有组织地行动起来了。与这一形势相对应，在立宪与政党的关系上，海外改良派的认识获得突破性进展，即先政党后立宪的主张开始占据上风。

1907年1月，《中国新报》出刊，君主立宪派著名代表人物杨度的《金铁主义》横空出世。杨度解释立宪与国会、政党的关系。“予之主张开国会，与要求立宪诚无以异。”杨度避去立宪之名，有着策略上的考虑。“与其求形式上之宪法，不如求实质上之国会；与其言广漠之范围而云立宪，不如举简单之事实而言开国会。”[②] 从立宪转入国会，再从国会转入政党，是杨度思想的重要逻辑线索。“无论东西洋，其开国会后，得力之政党，未有不起于国会未设之先者。此其故无他，非有得力之政党活动于民间，则国会直无自发生。”杨度直指“非有国会不能有政党”的观点乃是“大误”。[③] 这就把政党提到了国

① 张謇：《郑孝胥张謇等为在上海设预备立宪公会致民政部禀》，中国第二历史档案馆编：《中华民国史档案资料汇编》第1辑，南京：凤凰出版社，1994年版，第100页。

② 杨度：《金铁主义说》，刘晴波主编：《杨度集》（一），长沙：湖南人民出版社，2008年版，第349页。

③ 杨度：《金铁主义说》，刘晴波主编：《杨度集》（一），长沙：湖南人民出版社，2008年版，第345页。

会之前。“政党内阁之所以发达，由于国会之发达；国会之所以发达，由于政党之发达；政党之所以发达，由于国民之发达。然则论政治者，亦惟求国民发达而已。”[①] 在这里，政府、国会、政党、国民是一个有机联系、不可分割的有机体。如果没有政党，就不可能有国会，没有国会，就不可能有立宪，而没有立宪，中国就会亡国灭种。因此，对于以天下为己任的先觉者来说，必须通过组建政党或政团组织，来启发、开化、培养民众，使他们成为健全的国民，为立宪创造必要的条件。

1907 年 10 月，《政论》第 1 号刊登《政闻社宣言书》，梁启超正式提出政党与立宪的关系问题：“谓国民程度不足，坐待其足然后立宪者妄也；但高谈立宪，而于国民程度不一厝意者，亦妄也。故各国无论在预备立宪时，在实行立宪后，莫不汲汲焉务所以进其国民程度而助长之者。然此事业谁任之？则惟政治团体用力常最勤，而收效常最捷也。”[②] 这就正式宣布了利用政党推进立宪的政治主张。《政论》第 2 号发表清末著名改良派人物张嘉森的文章进一步说明：“世有恒言政党者，立宪政治之产物。呜呼！夫岂其然。吾闻以政党产出立宪政治，不闻以立宪政治产出政党。”[③] 张嘉森等人以法国、日本“外生”政党产生为事实依据，认为政党是专制政治压迫的产物，它的目标是反对专制政治，建立立宪政治。政党是在国民追求政治参与的过程中产生的。在帝王专制时代，国民在政治上处于被动地位，无权表达自己的意愿，政党也无从诞生。到了近世，国民政治主体意识形成，参与欲望日益强烈，而专制政体又压制国民意志。为了建立宪政，推翻专制，国民才结成了政党。政党为花，立宪为果。这就把政党与立宪的关系颠倒过来了。

1910 年 4 月，《申报》刊登《论今日亟宜组织政党以促宪政之进行》一文：“立宪之国，无论君主民主，其人民必以政治上之意见，结合政党，广植

---

① 杨度：《金铁主义说》，刘晴波主编：《杨度集》（一），长沙：湖南人民出版社，2008 年版，第 383 页。

② 梁启超：《政闻社宣言书》，李华兴、吴嘉勋编：《梁启超选集》，上海：上海人民出版社，1984 年版，第 41 页。

③ 张嘉森：《国会与政党》，杨德山编：《中国政党学说文献汇编》第 1 卷，北京：中国人民大学出版社，2014 年版，第 205 页。

势力。或组织政党内阁，或于国会中谋占多数之议员，以冀实行其所主张之政略而策国运进步者也。”该文认为，如果没有政党，仅靠政府和国会少数人主持政治，那么与过去的君主大臣并没有两样。“我国政府筹备立宪，人民要求国会之际，若不组织政党，分途鼓吹于下，吾恐宪政不能实行，国会难望速开。”[①]进一步说，如果没有政党，国会、报刊、学堂都无法对抗政府的强横。政党是开通民智的重要手段，政党的宣言、主义、演说、报刊等等都是开民智的重要途径，只有政党建立起来，国会才能召开，立宪才能实行。

实际上，清朝末年，无论是主张先立宪后政党者，还是主张先政党后立宪者，都没有否认政党与立宪政体之间的依存关系，他们都认为立宪与政党政治相伴随。他们对立宪和政党的含义、特征、功能等的认识基本上是一致的。《中国新报》刊文：“国家者，政党之拓本也；政党者，国家之缩影也。”[②]《政论》刊文：“政党之于宪政，犹舟之必有舵也，无舵，则舟将东西不知所适。犹四肢百骸之必有神经系也，无神经系，则四肢百骸，将失其知觉运动之能力。”[③]这种观点的意思非常明确，政党与立宪实际上不分先后，而是一体同源，根本不可能完全区分开来。康有为在帝国统一党注册成立之时公开宣布：“盖政党者，立宪之产物也。”“故夫立宪者，政党之父。国会者，政党之母。多数取决者，政党之胎也。立宪国会合，欲不生政党而不能矣。”[④]

从改良派建立政治组织的内部机构设置和运作原则也可以看出二者之间的关系。宪友会成立以后，梁启超要求各政党和即将成立的内阁政府遵守政治上的信条。所谓政治上的信条，即“国人对于政治上所公共信仰之条件”，梁启超根据西方的三权分立、权力制衡的政治制度，列举了十项信条，主要涉及国会和政府权限等。在梁启超看来，立宪政治指日可待，而运用好立宪

---

① 《论今日亟宜组织政党以促宪政之进行》，《申报》，1910年4月27日，第1张第2页。

② 徐敬熙：《政党论》，杨德山编：《中国政党学说文献汇编》第1卷，北京：中国人民大学出版社，2014年版，第174页。

③ 郑浩：《政党论》，杨德山编：《中国政党学说文献汇编》第1卷，北京：中国人民大学出版社，2014年版，第229页。

④ 《民政部准帝国统一党注册论》，上海市文物保管委员会编：《康有为与保皇会》，上海：上海人民出版社，1982年版，第314页。

政治，非有政党不可。

在理解立宪与政党的关系时，还必须将其与革命放在一起进行比较。在清末民初，革命党不是政党，政党不能从事革命活动，这是革命派与改良派都承认的。政党必然与立宪相联系，而革命必然与立宪相隔绝。那时候的革命与立宪是对立的两极，要么革命，要么立宪，二者必居其一。

改良派主张用“立宪”来解决中国问题，根本就是一种天真的幻想。“立宪”“行宪”“用宪”是一个整体，在缺少“行宪”和“用宪”意识和能力的国家强行“立宪”，根本就不会成功。一百多年后的今天，我们要依宪执政、依宪治国，一体推进依法治国、依法执政和依法行政，建设法治国家、法治政府和法治社会，仍然是一场极为深刻的革命，绝不可能仅仅依靠立法就能解决。一百多年前的改良派根本无法预料，没有革命就无法为振兴中华创造根本社会条件，无法为振兴中华奠定根本政治前提和制度基础，更谈不上建设立宪意义上的法治国家。依法治国的艰巨任务只有通过深刻的政治革命、社会革命和思想革命才能完成。

第三章　民初政党政治的病理分析

政党政治本身是一个颇为复杂的有机体。民初政党政治在其运行过程中，内部的诸要素之间隐含着一种自变量与因变量的函数关系，因而它们之间常常呈现出一种复杂的多变性与关联性。如果把民初政局中的士人阶层、派系政治、国民程度等多种要素放置于一个几何坐标之上，进行一个政治光谱式的扫描，或许我们能更清楚地看到民初政党政治的真正病理。

第一节　士绅阶层

传统中国有一个士农工商的社会结构，士居于社会的首位，对于国家治理负有最重要的责任。对于最高统治者而言，士绅阶层一直是其治理质量的直接决定因素，任何政治决策只有通过士绅阶层才能得以贯彻，农、工、商等百姓的要求也只有通过士绅阶层才能得到体现和呼应。然而，清末民初，士绅阶层发生了重要的突变，士绅阶层维护中央集权的功能和作用一步步丧失，这种根本性质的蜕变必然导致民初政局的崩坏。

一、士绅阶层的质变

自隋唐确立科举制以来，士绅阶层便与科举制度产生了密切的关联。科举制一方面在制度上规定着士绅阶层的身份和地位，另一方面又在意识形态上同化着士绅阶层的思想。2000多年来封建皇权的稳定性实际上在很大程度上依赖于科举制的存在和运行。1905年9月2日，清政府正式下诏宣布废除科举，延续上千年的科举制度走到了历史的尽头。严复当即敏感地指出："此事乃吾国数千年中莫大之举动，言其重要，直无异古者之废封建、开阡陌。造因如何，结果如何，非吾党浅学微识者所敢妄道。"[①] 美国来华传教士林乐知称："停科举一事，直取汉唐以后腐败全国之根株，而一朝断绝之，其影响之大，于将来中国前途当有可惊可骇之奇效。"[②] 艾尔斯发表评论："一个自唐以来就存在的制度被推翻了，它是近代中国史上最有意义的变革之一。"[③] 科举制度的存废对清朝的影响是深远的，因为科举制度实际上担负着制度化产生士绅阶层以维护自己统治基础的重任。科举制寿终正寝，清王朝的统治基础立即面临着危机。

实际上，新政开始之后，科举制度停废之前，清王朝就已经开始考虑士绅阶层的出路。1903年4月，由袁世凯领衔与张之洞等会奏的《请递减科举中额专注学校折》明确提出："至旧日举、贡、生员，三十岁以下者易于改业，皆可令入学堂。三十至五十可入仕学、师范速成两途。其五十至六十与夫三十以上不能入速成科者，应为宽筹出路……六十以上者，酌给职衔。"[④]1906年，清政府颁布预备立宪诏令，正式推进官制改革。清政府在制定相关章程时，继续为士人提供新的登进机会。官制改革前后，政府部门虽有

---

① 严复：《论教育与国家之关系》，《严复集》第1册，北京：中华书局，1986年版，第166页。

② 林乐知：《中国教育之前途》，《万国公报》第39本，台北：华文书局，1985年版，第24014页。

③ 罗兹曼主编：《中国现代化》，南京：江苏人民出版社，1988年版，第335页。

④ 袁世凯：《请递减科举中额专注学校折》，《袁世凯奏议》中册，天津：天津古籍出版社，1987年版，第738页。

调整，官僚制度虽有变化，但主要成员的出身并无根本性改变，任用人员仍以拥有功名者为主。

更为引人注目的是各省谘议局中士绅的比例。出于延续封建专制集权统治的需要，清政府明文规定谘议局要由封建科举功名出身的士绅来筹办：“着各省督抚均在省会速设谘议局，慎选公正明达官绅创办其事，即由各属合格绅民公举贤能作为该局议员，断不可使品行悖谬营私武断之人滥厕其间。”[①]各省谘议局筹办处基本上是政府官员任总办，士绅任会办。宣统元年，各省举行第一届谘议局议员选举。从选举结果看，各省谘议局议长、副议长63人中，进士30人、举人18人、贡生5人、生员3人，科举出身者接近总数的90%。在广西谘议局初选的570人中，士人占84.8%，而复选的64名议员，几乎全部为有功名的士人。其他各省士绅在谘议局中所占的名额也多在百分之八九十以上。[②]

清廷在废除科举制度之后，断绝了士人通过科举进入仕途的道路。虽然设立谘议局以招揽吸收士人不失为另外一种补救，但议员与掌权者之间有着明确的界限。清廷界定谘议局的性质“仅为一省言论之汇归”，只是人民练习议政的机构，既不是监督机关，更不是权力机关，而只是一个“清谈馆”，甚至就是一个“牢骚机关”。这显然与士绅们希望在新体制下确保乃至提高自身社会地位的愿望背道而驰。在谘议局首次正式开议的前一天，清政府就明令指出，“至事关君上大权及凡属国家行政者，自非谘议局所得参与”，对于地方事务，“裁夺之权仍统诸督抚”，督抚与谘议局是主从关系。[③]这一谕旨被抄录悬挂在各省谘议局会场，告诫议员们要守规矩，不得有半点逾越权限之处，并明确要求各省督抚加强对谘议局的监督。士绅们意识到，只有竭力催促朝廷尽快召开国会，结束谘议局“临时议会”的身份，使之成为真正意义上的地方议会，才能保障和提高议员的社会地位。

---

① 《着各省速设谘议局谕》，《清末筹备立宪档案史料》下册，北京：中华书局，1979年版，第667页。

② 王先明：《近代绅士》，天津：天津人民出版社，1997年版，第299—300页。

③ 转引自于伯铭、冯士钵：《清末的谘议局》，《社会科学战线》，1983年第1期，第154页。

从1907年秋天起，由士绅组成的各地立宪派纷纷上书清廷，要求速开国会。1909年10月，各省谘议局第一次开会时，江苏谘议局议长张謇通电各省谘议局，建议组织国会请愿同志会。经过一个多月的多方联络，各省代表于12月18日陆续抵达上海，开会商议请愿速开国会之事。1910年1月，各省请愿代表团代表到北京后，向都察院呈递了由直隶谘议局议员孙洪伊领衔的“速开国会”请愿书，“期以一年之内召开国会，则天下幸甚”！由此拉开了由立宪派领导的三次要求召开国会的大规模请愿运动。但国会请愿运动不但没有达到预期的效果，反而进一步激化了士绅阶层与清政府的矛盾。尤其是对奉天、天津发起的第四次请愿运动，清政府予以严厉镇压，命令官员对坚持请愿活动的群众予以制裁，东三省三十余人被押解回籍，天津学界请愿会负责人温世霖被以“无赖”“意图煽惑”等罪名发配新疆。国会请愿运动的历史影响相当深远，它标志着士绅阶层已经与清廷渐行渐远，士绅从“清廷的忠诚拥护者”迅速成为与朝廷离心离德的反对派。

士绅阶层在与中央政权的关系发生本质性变化的同时，其自身成分以及与民众的关系也在发生着深刻变革。由科举考试决定的“学品功名”是士人阶层结构中最稳定也是最为核心的要素，这些要素规定着士人阶层成分来源的纯洁性，产生出维护封建制度的特殊功能。但清朝末年，捐纳保举滥行，已经造成异途对正途的冲击，尤其是经过科举制度废除等一系列剧烈的社会变革和政治变革之后，士人阶层的范围已经变得十分广泛而庞杂，包括地方官吏、学者名流、社团领袖、地方武装头面人物、大商人、大地主甚至富农等等庞杂的群体都已经进入这个阶层。传统的士绅阶层已经蜕变为掌握实权的士绅阶层，权力的占有和使用是新的士绅阶层最为显著的特征。

“传统士绅是一个社会地位群体，他们赖以成为地方社会上层和名流的资本，是他们的科举功名和作为致仕官僚的声望；而新的士绅则更多的是一个权力群体，他们的基本身份特征是在现行公共组织机构中的职权而不再是功名。”[①] 这些新官绅的传统功名不再占据优势，新学出身以及控制地方公权和公

① 王先明：《历史记忆与社会重构——以清末民初绅权变异为中心的考察》，《历史研究》，2010年第3期，第15页。

共事务才是其权势构成的重要因素。新官绅阶层缺乏被认同的文化背景，他们就是一个权力群体，占有权力乃是其本质所在。民众对传统士绅与新官绅持不同的态度："乡间子弟得一秀才，初次到家，不特一家人欢忭异常，即一村和邻村人皆欢迎数里外。从此每一事项，惟先生之命是从。即先生有不法事项，亦无敢与抗者。至一般新界人，其自命亦颇与旧功名人相抗，然其敬心终不若。盖一般乡民皆不知其读书与否，故其心常不信服也。然老民常畏势力，故虽心不甚敬之，而未尝不畏之。"[①] 民众的态度说明，新官绅褪去了传统士人的权威性，"士"之特征已经大大弱化了。

这种蜕变是通过新政之后的连锁性制度变革、社会利益和关系结构重构实现的。在晚清以来的制度变迁中，凡警察、保卫、学校、农工、道路、桥梁、土木堤堰、消防、卫生、救贫、医院以及一切庶务，皆为地方自治范围，当然地落入地方绅权控制范围。在以后县域政制序列中不断更易的各种局所也成为绅权形成的主要制度依托。地方公共资源及其事务也一向由乡绅管理，如学田类、善堂田类、祠田类、义仓田类的公田及公款。新政的一个重要作用是将绅权纳入体制内。传统士绅参与地方事务是经由官府邀请，而不是通过正式制度或他们所在地方村社的固有政治机制来实现的。传统绅权的特征即在于其乡土性、地方性，然而各级议事机构的成立，却大大拓展了乡绅们的活动空间，使其由乡村社区走向全省范围，由非正式权势走向正式立法机构。地方绅士的权力空间获得了新的拓展。

在地方绅权迅速扩张的同时，绅与民众的关系发生了重要的变化。在近代中国民权倡行之际，绅权曾经是民权的重要内容，在官、绅、民三方利益关系结构中，绅士为"官民之中介"，熊希龄曾经表示，"绅为人民之代表"[②]，至少在社区公共利益方面，绅与民之间有着更多的一致性。但在清政府推行新政实行地方自治三年之后，出人意料的社会变化出现了，绅与民众之间的冲突即绅民冲突进入了一个从未出现的高发期。

---

① 转引自魏光奇：《官治与自治——20世纪上半期的中国县制》，北京：商务印书馆，2004年版，第36页。

② 周秋光编：《熊希龄集》上册，长沙：湖南出版社，1996年版，第349页。

或许魏光奇的研究能够直观地揭示绅民冲突与新政之间的变化和关联。“由新官绅把持的地方机构借办理‘新政’和各种自治性事务而向农民、小商贩滥征税捐、强行摊派财物，并从中贪污中饱，是清末至20世纪30年代初的普遍现象。因而，对于绅权膨胀的最早社会反抗，乃是清末民初由下层群众发动的大大小小的民变。”[①] 据《清末民变年表》统计，绅民冲突数量在1906年后持续增高，至1910年时达到最高点。这一演进态势与新政的发展进程如影随形。在1901年后的新政建构中，新旧体制的更易一方面导致绅士阶层内在结构的变化与重构，打破了原有的官、绅、民之间的权力制衡关系，最终引发了基层社会中绅民关系的急剧逆转，基层社会民变风潮迭起，社会生活已经处于严重失序之中，其中绅民冲突骤然升高的趋向成为清末民初的时代特征。

大量民变和绅民冲突背后的原因其实并不神秘。传统士绅只是在各种临时性地方公共事务中起主导作用，却不主持和参与州县的税收、诉讼、治安、农工商、教育等经常性活动，也没有经常性组织，或者说没有通过某种常设性的机构来实现自己的组织化。然而，这一切在清末民初发生了巨大变化，尤其是清政府决定推行地方自治后，绅不仅可以涉足于地方社会的经济和文化领域，而且可以进一步涉足其政治领域，公然在官治之旁形成另一种公共权力。地方乡绅、官绅以组织化、制度化的形式参与地方政治，主导地方教育、实业、财务和其他公共事务。正是在此制度变迁进程中，形成了“今之称地方自治者，不曰自治，而曰官治；吾则曰非惟官治，亦绅治也”的社会现状。[②] 事实说明，虽然绅民冲突与新政有关，但绅民冲突并不在于新政本身，而在于绅权扩张对于民众利益的过度侵害，已经危及民众基本的生存条件。乡民们的切身感受是，“以前不办新政，百姓尚可安身，今办自治巡警学

① 魏光奇：《官治与自治——20世纪上半期的中国县制》，北京：商务印书馆，2004年版，第369页。

② 茗荪：《地方自治博议》，张枏、王忍之：《辛亥革命前十年间时论选集》第3卷，北京：生活·读书·新知三联书店，1977年版，第413页。

堂，无一不在百姓身上设法”[①]。

伴随着新绅在政治权力上的扩大，地方自治的逐步深入，以及民初经济社会的快速发展，一大批新兴城市不断出现和扩大，士人在过去时代的城乡互动格局被打破。传统的科举制度推动着士人在古代城乡格局中互动，士人从乡村流入城镇最后又回到乡村，维系着乡村文化的传承与发展。科举制度废除后，尤其是进入民国后，读书人更多地留居城市而不再返回乡村，城乡互动格局被破坏了，这不但使乡村文化的发展缺少后劲与活力，而且也使乡村道义约束松懈，土豪劣绅人数大增。“向之所谓绅权者，遂尽归诸小人之掌握。”[②]“乡村中绅士非是劣衿、土棍，即为败商、村蠹，而够绅士之资格者各县皆寥寥无几，即现在之绅士，多为县长之走狗。”[③]这说明，士绅已经分裂为“正绅”与“劣绅”，并进一步向劣绅转变。“正绅”之势力与影响力却处于大幅消退的进程之中，“原来应该继承绅士地位的人都纷纷离去，结果便只好听任滥竽者充数，绅士的人选质量自必随之降低，昔日的神圣威望乃日渐动摇”[④]。整个社会境况也呈江河日下之颓势。

清末民初的士绅已经发生了质的变化，此绅与彼绅的内容已经完全不同。但“绅士是一个久已存在且被广泛认同的社会文化符号，已经成为一种相对稳定的历史记忆。虽然清末民初基层社会权力结构发生了时代性变迁，权力主体已经由传统士绅转化为权绅，但作为历史记忆的绅士称谓却嵌入重构的社会权力体系之中，将变异了的权绅仍以绅士而加以认同”[⑤]。“一个传统的比较正直的绅士，他明白自己已成为这个时代的落伍分子，在政治上又遭

---

① 《河南叶县因乡民聚众请兵》，中国史学会主编：《辛亥革命》第3册，上海：上海人民出版社，1957年版，第435页。

② 熊希龄：《指责前抚岑治理不力致新任湘抚杨文鼎函》，周秋光：《熊希龄集》上，长沙：湖南人民出版社，1985年版，第352页。

③ 刘大鹏：《退想斋日记》，太原：山西人民出版社，1990年版，第322页。

④ 吴晗、费孝通等：《皇权与绅权》，《民国丛书》第3编第14册，上海：上海书店出版社，1991年版，第171页。

⑤ 王先明：《历史记忆与社会重构——以清末民初绅权变异为中心的考察》，《历史研究》，2010年第3期，第19页。

受了前所未闻的压迫，若是他真能以社区人民的利益为重，为了不愿意得罪农民，或者甚于慈善的心肠，他就宁愿洁身隐退。”[①] 这是传统士人在社会结构和政治格局变化后不得不做出的无奈选择。士绅阶层的这一变化，可以从下表中进一步得到观察。

集体记忆中的“绅士”形象与社会变迁

时代	戊戌变法（科举制度废除以前）	清末民初（科举制度废除以后，地方自治开始兴起）	北洋政府后期（1920年前后）
评价	绅士为人民之代表	绅士的成分迅速变化，绅权与民权逐渐分离	绅士为全民之公敌
地位	绅士为救亡图存之中坚	绅士的权威在消减，但是权力在增长，士绅变成了权绅	绅士为列强、军阀之基础
作用	绅士为社会进步之动力	绅士逐渐成为社会混乱的渊薮	绅士为革命之障碍
目标	兴绅权以兴民权	绅士的地位在下降，学客、商客、政客混迹其间并逐步沦落为“高等流氓”	打倒绅权以实现民权

此表形象地说明了为什么民初士绅阶层无法支撑政党政治的存在和发展、并一步步沦为革命对象的个中原因。学者王先明认为：“地方权力结构发生了由士绅（Scholar-gentry）向权绅（Power-gentry）的历史性转变。新政及其此后一系列制度性变革为绅权的扩张带来更多的合法性依据，使相对隐蔽操持地方公权的传统士绅变为了公然的权绅。”[②] 新绅对权力的过度攫取和占有产生了一个严重的后果，这就是它从一个引领时代的进步者的角色逐步蜕变为阻挡社会发展的落后力量。

---

① 吴晗、费孝通等：《皇权与绅权》，《民国丛书》第 3 编第 14 册，上海：上海书店出版社，1991 年版，第 128 页。

② 王先明：《历史记忆与社会重构——以清末民初绅权变异为中心的考察》，《历史研究》，2010 年第 3 期，第 19 页。

二、士绅阶层的流变

士绅阶层在发生质变的同时，也在寻找着自己的出路。1905年科举制度被废除后，道统与政统逐步分离，“学而优则仕”之间的必然联系被打破，士人的政治地位不可避免地下降了。原有上升管道的制度性解体，往往同时意味着经济保障也丧失了，许多士绅不得不另谋生路。许纪霖在评说这段历史时说：“普遍王权的崩溃和宗法家族的衰落，使得旧派士绅们失去了与国家和社会的有机联系，他们成为一个依附性的阶层，或者依附于某路军阀，或者依靠某种地方势力。在其内部，原来作为士大夫阶级共同信仰的儒家开始式微。”① 士绅阶层的分化进一步加剧，士人开始转向工商、军人、教育等行业，传统的士农工商结构开始解体，中国社会处于大革命的前夜。

当时思想保守的山西士人刘大鹏感叹：“当此之时，四民失业者多，士为四民之首，现在穷困者十之七八，故凡聪慧子弟悉为商贾，不令读书。古今来读书为人生第一要务，乃视为畏途，人情风俗，不知迁流伊于胡底耳。”② 士人向商人的转变，一方面是生计的需要，一方面也是政府奖励的结果。清政府根据企业的规模、投资金额和雇佣工人人数确立奖励幅度，倡办者最高可获加头品顶戴双龙金牌，世袭四等顾问官至三代止；投资者最高可奖授一等子爵。这一政策体现了政府对商人地位的认可和提高。

但清政府始料未及的是，士人向商人流动所形成的绅商群体及政府支持下所成立的各级商会，未能对清朝专制政权起到培根固本的作用，相反，他们日益成长为一股离异的力量。这是由资本主义发展的本性与皇权专制的内在矛盾所决定的。商人的社会地位迅速上升，“思出其位”的强烈政治参与感随之陡升。

杨荫杭在20世纪20年代初就敏锐地观察到，民国“政客”和“商客”的勾兑是民国政治每况愈下的重要原因。“中国真正之商人，皆朴实厚重，

---

① 许纪霖：《革命后的第二天——中国“魏玛时期”的思想与政治（1912—1927）》，《开放时代》，2014年第3期，第82页。

② 刘大鹏：《退想斋日记》，太原：山西人民出版社，1990年版，第131—132页。

守旧而不与外事。其周旋官场、长于奔走开会者，大率皆商客也。”“商客”又分为两种：即“一曰官僚式之商客，一曰流氓式之商客”。官僚政客和流氓政客交互作用，二者都借助于商人的名义干预政治。“民国以来，官之声价低，而商之声价增。于是巧黠之官僚皆加‘办实业’之虚名，犹之前清买办皆捐‘候补道’之虚衔也。”[①]这一类人都是“自官而商”，他们“盘剥重利”，加剧了政局的混乱。“流氓式之商客，为民国特产，在前清无发展之余地。此其人本与商业绝无联络，充其量，不过有数纸股票。”这些流氓政客的口才优于真正的商人，在选举中的运动能力强于真正的商人，他们经常用“商民公意”和“中国主权”的说辞干预政治。[②]“民国以来，有两机关最忙：一曰电报局，一曰商会。遇有问题发生，此两机关几无不效劳者，殆药中之甘草欤？”以前商人见面，则说本行之事。如今则“身为商人，偏喜谈官场之事；身为洁白之商人，偏欲干预官场龌龊之事”。“官吏之除授，与商人何干？偏欲商人为之挽留、为之拒绝。官职之设废，与商人何干？偏欲商人出而建议、出而攻击。”[③]政治成为商人的兴趣所在和投机之所。

由传统士绅转化而来的中国近代商人与原生型的资本主义商人不同，他们“脱胎于行将崩溃的封建社会，此种生态环境直接导致了和原生型资本主义国家不同的阶级变化”，他们中“直接由手工作坊主而上升的资本家为数极少，多的是既似官又似商，由似官而为官，因商力以谋官，由倾向于发展到利用官势以凌商的亦官亦商人物；或既享有封建功名职衔，又从事工商活动的人物；社会地位和财产都相当优厚的人物”[④]。在民国初年的政治活动中，由士人转化而成的“绅商”一般都更在意于秩序和稳定。士人向商界的流动与商人向政界的诉求作为两个极端，对清末民初的政局产生了复杂的影响。对

---

① 杨荫杭：《政客与商客》，《老圃遗文辑》（原刊于1921年9月27日《申报》），杨绛整理，武汉：长江文艺出版社，1993年版，第420页。

② 杨荫杭：《政客与商客》，《老圃遗文辑》（原刊于1921年9月27日《申报》），杨绛整理，武汉：长江文艺出版社，1993年版，第421页。

③ 杨荫杭：《说本行》，《老圃遗文辑》（原刊于1920年7月7日《申报》），杨绛整理，武汉：长江文艺出版社，1993年版，第49页。

④ 谷小水：《商人与袁世凯政权》，《史学月刊》，1999年第2期，第51页。

政治的过分热心与干涉已经严重干扰了资本主义的正常发展，也使得商人阶层在没有经历有效整合之前不大可能突显为一支独立的积极政治力量。在很多时候，绅商根本没有能够表现出对于政党政治的有效支持，这在袁世凯镇压二次革命之时商人表态支持一事上看得非常清楚。

士人从军是清末民初的一个重要社会现象。士人从军一方面说明士人地位的下降，另一方面又说明军人地位在上升。清朝末年，社会动荡，战祸连绵，军队的作用不断凸显，影响持续扩大。宣统元年（1909）颁布的文武官职对照表、法定收入比较表显示，武官的地位已明显高于文官。一边是军队较为丰厚的物质条件，一边是正途壅塞、学费昂贵的困境。光绪以来，进士放为知县，一般需要一二十年，“因县缺只有一千九百，而历科所积之人什倍于此，其势固不能不穷也”[①]。科举制度废除后，士人直接进入官僚阶层的希望更加渺茫。在这种情况下，贫民子弟当兵为糊口活命，士绅富家子弟则以选择军官为利禄捷径。据不完全统计，清末新式军队的军官中，新军第八镇有士人出身者479人，占该镇军官总数的72%；第九镇有272人，占总数的38%；第二十一协有73人，占总数的55%。其他各军也不乏士人出身的军官。[②]据蔡寄鸥对武昌新军的观察：“读书人没有出路，只有投笔从军，走上革命的路线，方才有出路。因而湖北新建的陆军，都是些秀才，或者是学堂毕业的莘莘学子。”[③]在辛亥革命胜利后，“在新政府的22个都督中，15个是军人，7个是绅士”，“在二十世纪二十年代，军队、团防、土匪等脱产的武装农民约有五百万以上，而同时期中国新式工业人口不过二百万”。[④]士绅军官化与军官士绅化，已经互为表里，相当普遍了。士绅从军对清朝统治者来说，其影响是复杂的，它非但没有能够强化其军队的忠心和战斗力，反而成为一种潜在的威胁。这其中不仅出现了像袁世凯这样从内部倒戈的奸雄，而且在

---

① 转引自张昭军：《科举制度改废与清末十年士人阶层的分流》，《史学月刊》，2008年第1期，第64页。

② 熊志勇：《从边缘走向中心——晚清社会变迁中的军人集团》，天津：天津人民出版社，1998年版，第89页。

③ 蔡寄鸥：《鄂州血史》，上海：龙门联合书局，1958年版，第30页。

④ 孙德鹏：《民初政治与军绅政权》，《读书》，2013年第7期，第78页。

辛亥革命的队伍中，士人出身的新军军官也赫然在列。据民国初年武昌起义档案资料，在一百多位“首义人物”中，“投笔从戎”者就占一半左右，而其中大多数人拥有功名。“读书人越是多，越爱读书，忠诚问题就越严重。”[①]这是清末民初的统治者无法解决的一个难题。

士人从军具有重要的优势。较高的社会地位和优良的文化素养，很快使他们出人头地。很多人进入军界后，身居要职，成为权倾一时的“军绅”。文武之道的结合，不仅改变了重文轻武的传统习俗，而且引起了士人价值观念的变化。与曾国藩编练湘军时相比，彼时军人更认同自己的士人身份，此时的军人则开始认同军人身份而抛弃士人身份，这种变化的后果是进一步破坏了四民社会秩序的平衡。从此，士人趋附于军人脚下，“出将入相”成为一种重要的官吏生成方式，军阀政治走上中国社会的中心舞台。军人在近代中国的兴起，似乎已成必然之势。“民国成立，军焰熏天”，“在科举已废的今天，三十岁以下能够成名成业的非军人，实不可多得”。[②]尽管军人阶层由社会边缘走向政治中心，一跃成为社会的主干和领导者，但由于绝大多数军人对其专业外的知识普遍缺乏，也不具备深邃、广阔的现代化目光，且又过分迷恋武力，因而不能承担对社会的整体领导作用，自然也不能成为定型社会基本制度的力量，反而最终发展成为割据一方、祸国殃民的军阀。

清朝末年，儒家学说对于士人的吸引力持续削弱，新学的影响力不断增强，而科举制度改革则加重了士人弃旧趋新的风气，一大批士人转化为新型的知识分子。清政府在改革和废除科举制度的同时，加大了对学堂学生、留学人员的奖励和支持，从制度上鼓励士人学习新学。新式学堂教育与传统的书院教育显著不同，它相对独立，并不依附于科举制度，不以选官入仕为唯一出路，目标是培养各类职业人才。士人大规模转入学堂，或到国外留学后，他们的知识结构发生了重要变化，这些新型的知识分子重点学习的是自然知识，而传统士人学习的是规范知识，这种以自然知识为重点的新学逐渐超越

---

① 张鸣：《辛亥：摇晃的中国》，桂林：广西师范大学出版社，2011 年版，第 258 页。

② 转引自罗志田：《清季科举制改革的社会影响》，《中国社会科学》，1998 年第 4 期，第 191 页。

以规范知识为核心的旧知而占据主导地位。由于自然知识（也就是近代西方思想文化、科学知识）具有天然的反封建性，这必然使得他们的思想发生很大的变化，有些人甚至走上了反对清政府的道路。不仅如此，学堂毕业生的流动性质与职业分工同时发生着翻天覆地的变化，他们逐步流向政治、经济、文化、教育、军事等不同行业，把一系列新的思想观点灌输到不同的行业中去，传统的四民社会已经悄悄发生着质变并逐渐解体。

民国时期，尤其是新文化运动之后，新型知识分子阶层日益壮大。从士人转化而来的知识分子对政治有一种割舍不断的情感，于是民国教育出现了一种高度政治化的倾向，知识界议政不断，直接参政渐成气候。从表面上看，这是学界地位上升及政治参与意识增强的表现，然实质上却不是如此简单。

杨荫杭一直关注民国知识界的变化。1920年12月20日，杨荫杭在《申报》发表《学荒》一文，直指中国"学荒"甚于"岁荒"。不要说中国现在的文明程度不如欧美，就是与清季相比，也"有青黄不接之势"。"他国学生出全力以求学问，尚恐不及。中国学生则纷心于政治，几无一事不劳学生之问津，而学殖安得不荒？"[①]1921年9月27日，《申报》刊登杨荫杭的《政客与学客》一文，直指学客蜕变为政客的荒谬。学客的表现是"无电不列名，无事不提议"，"乃在求学时代，竟无一事不通晓，无一事不干预，则其人固非学生，不过'学客'而已矣。论'国家兴亡，匹夫有责'之义，固非谓一办学务，一入学堂，即应不问国事。然教育家之义务，在教育后进以救国；学生之义务，在学成人才以救国，籍曰此事太缓，固不妨舍而就其急者。若挂学校之招牌，而自成一阶级，自创一政派，则学殖荒矣。若更为政客所利用，东设一机关，西设一事务所，终日不读书，但指天画地，作政客之生涯，则斯文扫地矣"。[②]学生作为未成年人，理应以学习为主，不应过多介入政治。1923年2月3日到6日，《申报》再次连续刊登杨荫杭《教育破产》的三篇文

---

① 杨荫杭：《学荒》，《老圃遗文辑》（原刊于1920年12月20日《申报》），杨绛整理，武汉：长江文艺出版社，1993年版，第163页。

② 杨荫杭：《政客与学客》，《老圃遗文辑》（原刊于1921年9月29日《申报》），杨绛整理，武汉：长江文艺出版社，1993年版，第422页。

章，直指中国教育破产的严重性：民国初年，政府可以破产，人格可以破产，代议政治可以破产，现在轮到教育破产了！“学生自视极尊，谓可以不必学；且谓处此时世，亦无暇言学。于是教育与政治并为一谈，而学生流为政客。”在学生沦为政客的形势下，民国竟然出现“学生太忙，学校可以不开”的局面。杨荫杭笔锋一转讽刺说：“若人人以为不必学，而学校改为政社，浸假而人人轻视学校，不敢令子弟入学”。杨荫杭哀叹说：“亡国，惨事也，然亦有惨于亡国者……则教育破产之惨，更甚于亡国。”[①] 国家亡，但只要有人就可以兴，但是人亡，则国何以兴？

历史上，士绅阶层作为封建统治的维护者长期占据着主流社会的舞台，但在清末民初，这一优势地位开始迅速丧失，士人阶层日益涣散。在清代所修的地方志中，户口职业项目常分为士、农、工、商四大类，士是一个独立的职业项目，但是在民国年间所编的地方志中，士已经不再能够成为一个单独的职业项目。如在《阜宁县新志》职业表中，职业已经划分为党务员、公务员、学生、律师、工程师、会计师、医生、记者、电务员、邮务员、路员、农人、商人、负贩、矿工、工人、劳工、警察、伶人、杂业等23项。这些职业基本上是从社会分工角度来划分的。“传统的身份等级结构已被近代职业功能结构所取代”，传统的四民社会已经难以为继，社会结构由严格的“士农工商”之别朝着“士官商民混无一别”的趋向发展。“士农工商皆平等也，无轻重贵贱之别”。[②]“绅士阶层的多向流动，不仅使它所拥有的功名、身份逐步失落而不再构成一个特定封建等级，它还被日趋细化的新兴社会职业所接纳而趋于分化。从而作为一个稳定的社会阶层的内在凝聚力已被变动的社会所消解。”[③]

士人阶层向其他社会阶层分途流动，直接造成了社会文化精英的断层，

---

① 杨荫杭：《教育破产（一）》，《老圃遗文辑》（原刊于1923年2月3日《申报》），杨绛整理，武汉：长江文艺出版社，1993年版，第711页。

② 杨齐福：《科举制度的废除与近代社会的转型》，《中州学刊》，2002年第4期，第134页。

③ 王先明：《历史记忆与社会重构——以清末民初绅权变异为中心的考察》，《历史研究》，2010年第3期，第15页。

出现“国无重心”的局面。士人阶层失去位居社会中心的制度保障，从思想和社会的中心一步步淡出，逐步被边缘化。“隋唐以来，读书人、地主、官员通过科举逐渐联为一体，地方精英通过建立在科举制基础上的官僚制度进行全国性流动，形成一个全国性的领导集团。然而，到了晚清，中国的社会精英生产机制就已陷入紊乱，与科举紧密结合的旧士绅的社会领导权已经动摇。”① 由士人阶层退出而造成的政治权力中心“空洞化”又必然刺激社会各阶层争夺权力的欲望。同时，士人阶层流入社会各个阶层并不意味着士人个体对权力兴趣的丧失。当士人流向社会各阶层后，不独士人从社会各界攫取资源，成为社会各界的代表人物，而且社会各界深受士人影响，介入政治的热情被一再激发，社会人士的革命激情日甚一日。辛亥革命之后，士绅、官僚、新军、海外留学生、海外华人、会党势力等种种力量都跃上了政治舞台，他们会利用在社会各界获取的资源重新展开对于权力的争夺。这种情况在民国时期表现得淋漓尽致。

三、士绅阶层与民初政党政治之间的内在关系

士绅阶层的突变已经严重打破了传统社会的秩序格局，深刻的社会变化悄悄孕育着中国大革命的到来。1911 年 10 月 10 日，辛亥革命爆发，第二天，武昌各界人士在谘议局选举鄂军都督，谘议局议员刘赓藻推荐黎元洪为都督，谘议局议长汤化龙力劝黎元洪就职，并自任民政部长，谘议局通电各省“当仁不让，立举义旗”。10 月 22 日，湖南谘议局议长谭延闿担任都督，广东谘议局抵制进攻革命党，促成和平独立；福建谘议局与革命党合作，宣布独立；浙江谘议局劝说当政满人和平交权；贵州谘议局迫使巡抚宣布独立……在清政府、立宪派、革命派三者的斗争中，立宪派对革命派的回应和支持，对辛亥革命的成功是至关重要的。武昌的枪声虽然激烈，但革命党在辛亥年的力量，其实相当薄弱，仅凭武力，远不足以推翻清廷，清廷灭亡和辛亥革

① 章永乐：《从“大妥协”到“大决裂”：重访 1913 年》，《华东政法大学学报》，2013 年第 5 期，第 15 页。

命成功，以士绅阶层为主体的各省谘议局发挥了关键作用。

清廷在改革中犯了两个致命的错误，没能维持与士绅的利益共同体。一是把自己原来的统治基础“士绅”，推到了自己的对立面；二是通过设立谘议局，把原本孤立分散的“士绅”，紧密地组织了起来。假使二者只具备一条，清廷的灭亡也许不会如此迅速，偏偏这两条它都同时做到了，日渐离心的士绅集团通过组织化的谘议局一下子壮大了起来，虽然人数未必很多，却已有足够的能量翻云覆雨，影响国家的政治走向。

辛亥革命胜利迎来了中华民国的建立，以巨大的震撼力和深刻的影响力推动中国社会变革，一场政党政治的广泛实验由此拉开。一大批士绅纷纷组织政党，进入国会和各省的议会以及其他国家机关。据张朋园统计，两院议员 499 人中，有 257 人（51.5%）获得传统功名，传统因素的深厚可见一斑。这 257 人当中有 58 人（11.66%）接受过国内新式教育，105 人（21.05%）曾到日本、英国、美国留学，剩余 94 人（18.84%）一直是传统功名保持者。这 499 人中有 242 人（48.5%）为完全新式教育出身，没有传统功名。其中 89 人（17.84%）为国内新式学堂毕业；153 人（30.66%）留学国外。[①] 这说明，民初国会是由一大批士绅阶层组成的。按理说，士绅阶层是社会的精英，是国家政治的主要支撑力量，然而，由士绅阶层构成的民初国会议员在国人眼中表现相当糟糕。

根据张朋园的有关研究，清末民初共有三次代议制议员选举，就选举的廉洁程度而言，一次不如一次。1909 年的各省谘议局选举，多是上层绅士参选，风气尚正。民国以后，人人欲显身手，进入政坛，只问目的，不择手段，士人阶层的道德迅速变质。1913 年的第一届国会选举，贿赂、舞弊比比皆是；1918 年的第二届国会选举在安福系把持之下，更是公然买票，丑闻百出。议员的腐败如溃堤一般，一发不可收拾。“民国人才多误于政客、议员两途。政客利用权术以为挑拨，议员利用党派以固势力，各为其私，而洁

① 张朋园：《从民初国会选举看政治参与》，张玉法主编：《中国现代史论集》第 4 辑，台北：联经出版事业公司，1980 年版，第 109 页。

身自爱之人，惟有退守蓬门匿迹不出而已。”[①]社会舆论对政治精英的失望之情，溢于言表。

为什么会出现这种士人风骨的断裂？其实，很重要的原因在于，新一代议员成长之时，科举已被废除，儒学的圣经贤传，不再是他们自小浸淫并进而内心服膺的东西。此一价值之源被抽空，儒家经典的地位迅速下降，已经沦为诸子百家中一成员地位，成为章句记诵之学，不复有往日安身立命之大用。本来，处于近代这个千年未有之大变局之中，包括价值系统在内的新陈代谢本就含有某种必然性，无可厚非。但代替儒学科举之新学问，也就是新式法政之学，主要是给修习者提供知识和技能，却无法为其在深层次上提供价值之源、安身立命之道。建立在统一价值观基础上社会最低限度的共识没有了，为人自然就缺乏底线，议员们又何能例外矣！

民国初年的人们还很难一下子认识到这一层面，但他们已经开始从各个不同的角度探讨士绅阶层与政治的关联。面对民初国会的日趋腐败，梁启超痛心疾首。他比较中国与欧洲近代的政治革命，认为，“凡一国之所以与立者，必以少数之上流社会为之中坚，而此少数人品性之高下，即为一国荣悴所关”。英国之所以能够实现立宪政治，其始作俑者为贵族，有追求自由的传统和道德上的士君子风。反观中国的士大夫，“其所谓上流社会，在国中固亦常占中坚之地位，然其人格之卑污下贱，则举国亦无出此辈之右，以最下流之人而当一国之中坚，国人共矜式焉，则天下事可知也”[②]。梁启超将振兴国家的希望全部押宝在士大夫阶级身上，认为“夫一国之命运，其枢纽全系于士大夫”，但严酷的现实却是腐败的士大夫已不堪重任。1915年，梁启超在《痛定罪言》中检讨民国政治失败时，痛心地说，今日国事败坏之大原，全因士大夫。“官僚蠹国，众所疾首也。谁为官僚，士大夫也。党人病国，众所切齿也。谁为党人，士大夫也。”梁启超甚至进一步指责士人：“大多数地位低微之人民，什九皆其善良者也；少数地位优越之人民，什九皆其不善良者也。

① 熊宾：《鄂北治略》下卷，襄阳道署印，1924年5月，湖北通志馆藏，第29页。

② 梁启超：《欧洲政治革进之原因》，《梁启超全集》第5册，北京：北京出版社，1999年版，第2601—2603页。

故中国将来一线之希望，孰维系之？则至朒瘁、至质直之老百姓即其人也，而此一线之希望，孰断送之？则如我辈之号称士大夫者即其人也。"[①]

1920 年 3 月，梁启超从欧洲考察回来，在中国公学发表演讲，认为西方代议政治之所以能够成功，是因为其社会、政治上有一个"固有基础"，这个"固有基础"就是有"一种阶级"。"盖必有贵族地主，方能立宪，以政权集中于少数贤人之手，以为交付于群众之过渡。如英国确有此种少数优秀之人，先由贵族扩至中产阶级，再扩至平民，以必有阶级始能次第下移，此少数人皆有自认心。日本亦然，以固有阶级之少数优秀代表全体人民。至于中国则不然。自秦以来，久无阶级，故欲效法英日，竟致失败，盖因社会根底完全不同故也。"[②]

实际上，早在 1913 年，梁启超就发表了《多数政治之试验》，提出了"中坚阶级"的主张，试图解决当时社会出现的问题。中坚阶级，实际上仍然是士绅阶层的当代翻版。在他看来，政治之本，无论是君主国、贵族国，还是民主国，都取决于参政者的政治素质。君主国以天事左右人事，民主国则取决于国民程度。国民程度低下者，国家永远流于恶道，无法自拔。但国民程度不可能短期内提高，如何解决多数政治的问题？梁启超以古希腊、罗马、欧洲、美国为例，提出要有一个能够领导多数人的"中坚阶级"："吾所谓中坚阶级者，非必名门族姓之谓。要之，国中必须有少数优秀名贵之辈，成为无形之一团体，其在社会上，公认为有一种特别资格，而其人又真与国家同休戚者也，以之董率多数国民，夫然后信从者众，而一举手一投足皆足以为轻重……是故理想上最圆满之多数政治，其实际必归宿于少数主政。然缘是而指其所谓多数者为虚伪得乎？曰不得也。主持者少数，而信众者多数，谓之多数，名实副也。"[③]梁启超看到，民国政治虽然是多数人政治，但在民智未

① 梁启超:《痛定罪言》,《梁启超全集》第 5 册，北京：北京出版社，1999 年版，第 2777—2778 页。

② 梁启超:《在中国公学之演说》，李华兴、吴嘉勋:《梁启超选集》，上海：上海人民出版社，1984 年版，第 738—739 页。

③ 梁启超:《多数政治之实验》,《梁启超全集》第 5 册，北京：北京出版社，1999 年版，第 2599—2600 页。

开的中国，大多数人对政治无一己之见，他们的选票往往被政客用金钱收买，而政客们在议会的表现，也非出于公心，多带着个人和政党的私利。因此，民主政治最重要的不是制度，而是人，要看是否形成了一个“中坚阶级”。

在民国初年，对“中坚阶级”有系统论述的，还属张东荪。在 1916 年至 1917 年之间，张东荪接连发表数万字的长文，主张当今中国不应实行民主政治，而应采取贤人政治。对于民主政治，张东荪称之为“庸众政治”。在他看来，政治的大忌，一是世袭的专制，二是无知的庸众干预国事，前者流为少数人专制，后者成为庸众政治。[①]民初的中国，实行的是“有限的庸众主义”，即代议民主制，由选民选出政治精英实行统治。但民初代议民主的实践结果令人失望。议会作为代表民意的机关，国会议员却以私利为前提，令国事腐败；而政党竞争依靠金钱运作，弊病不可胜数，信用严重破产；选举过程中出现的强迫和买卖现象，已经使得民德日益卑劣。因此，“庸众主义所有之诸制度，皆不免于有弊，其弊乃与制度俱存，无法除免”[②]。为了克服和解决代议制民主政治的弊端，张东荪提出了一个“贤人政治”的替代性方案。所谓“贤人政治”，便是由梁启超所说的“少数优秀名贵之辈”执掌政权，“此贤者起而为国家之重心，社会之斗南，国家之大命即托于此一部分人士之手”[③]。张东荪意识到，民主政治是不可逆的大趋势，问题在于如何与“贤人政治”调和，“用贤能主义提高效率，以庸众主义宣泄民意”。议会仅仅是沟通上下的民意机构，最重要的是让各种贤达才俊加入政府与军队，管理国家，形成政治的中心。[④]

20 世纪 40 年代后，张东荪又发表了讨论中国思想、文化和前途的系列论著，再次特别分析了士绅阶层的中坚作用。这一次，他的用词是“文明的托命者”。他批评说，有一些人只晓得高呼几句民主就可了事，殊不知要实现民

① 圣心（张东荪）:《国本》,《新中华》第 1 卷第 4 号，1916 年 1 月，第 20—21 页。

② 张东荪:《贤人政治》,《东方杂志》第 14 卷第 11 号，1917 年 11 月，第 25 页。

③ 圣心（张东荪）:《国本》,《新中华》第 1 卷第 4 号，1916 年 1 月，第 14 页。

④ 张东荪:《贤人政治》,《东方杂志》第 14 卷第 11 号，1917 年 11 月，第 38—39 页。

主，首先要有一批“文明之托命者”[①]。那么，谁有资格充当文明的托命者？张东荪逐一分析了现代农工商以及新崛起的军人各阶层，认为他们都不足以承担“国家之中坚”的使命，而唯有士阶级方可担此重任。在他看来，民国以后，由于皇帝的退位，国家的栋梁就自然落到中流阶级身上。他们像西方的清教徒那样，有理想，有担当，虽然从事的是世俗的政治事业，但其信仰的态度与律己对人都有宗教性，带有世俗的神圣使命。作为“文明的托命者”，一方面须维持社会的秩序；另一方面则主持社会的教化，维系中国文化之不堕。张东荪充满自信地说：“我以为中华民族数千年所以有文化，其文化所以不堕者，大部分是由士在那里负担之。到了今天，如果以为固有文化有缺点而另须搬来新文化，恐怕这个负担者仍不能舍士而另求。”[②]

在民国时期的一些精英们看来，民初政党政治的大规模实验之所以失败，一半是传统士绅阶层的衰败，一半是庸俗大众的过度介入。“现代政治本质上是一种精英政治，大众是政治的服务对象，也是政治的参与者，但不是政治的操盘手。政治之舵应该交给那些具有现代知识和管理能力的专家来把握。”[③]孙宝瑄在日记中写道：“今之所谓舆论，最不可恃之一物也，天下最普通人占多数，其所知大抵肤浅，故惟最粗最浅之说，弥足动听。而一唱百和，遂成牢不可破之舆论，可以横行于社会上，其力甚大，虽有贤智，心知不然，莫敢非之。”[④]自由主义者张佛泉20世纪30年代在《独立评论》上发表文章，引用英国保守主义思想家伯克的话：“在政治方面，一般民众至少要落后五十年。”他认为，一般的大众，很少有改造环境的能力，而多少是等待环境来改造他们。改造社会还是要靠天才的英雄人物。于是，张佛泉提出了一个观点：“英雄造时势，时势造大众。”[⑤]

在传统社会，民众习惯了士大夫精英的教化和引导，但到了一个由公共

① 张东荪：《理性与民主》，北京：商务印书馆，1946年版，第186页。

② 张东荪：《理性与民主》，北京：商务印书馆，1946年版，第177页。

③ 许纪霖：《“少数人的责任”近代中国知识分子的士大夫意识》，《近代史研究》，2010年第3期，第88页。

④ 孙宝瑄：《忘山庐日记》下册，上海：上海古籍出版社，1983年版，第1132—1133页。

⑤ 张佛泉：《从立宪谈到社会改造》，《独立评论》第101号，1934年5月20日，第5页。

舆论所主宰的大众社会，多数人的意见成为一种新的权威，形成一种超过传统精英声音的正当性。对此，中国知识分子感到非常忧虑，他们担心，由多数人意见形成的大众舆论会形成“多数的暴政”。而且，多数国民由于心智不成熟，容易受到少数人的操控。在他们看来，知识精英的意见和一般民众的看法是不等价的。徐复观指出：“政治投票是以量决定质，知识精英的一票与普通民众的一票是平等的。但在舆论之中，却是以质决定量，一万个普通人对于哲学的意见，很难赶上一个哲学家的意见。一万个普通人对于科学的知识，没有方法可以赶上一个科学家的知识。”① 在五四期间，罗加伦专门撰文讨论什么是公共舆论。他认为，舆论如果以大多数人的意见为转移，那就不成为公共舆论，而只是一种群众心理的表现。社会的进化，有赖于少数人的思想，特别是那些有科学头脑的少数优异者的意见。张君劢在《立国之道》中认为，一国政治上的运用，有时是靠少数人，而不能件件请教于议会或多数人。少数人之责任，如此重大，所以一国之内，要由多少人时刻把一国政治问题精心思索，权衡利害，仿佛剥竹笋一样，要剥到最后一层后已。这样事唯有靠以政治为专门职业的人来做，然后方有正当的解决。

培育和唤醒少数优秀人物起来匡救国难，挽救时局，成为民初政党政治失败后的一种潮流。1923 年，丁文江在燕京大学发表演讲，题目就叫《少数人的责任》。他以科学家的坦诚和明快，开宗明义地说，中国政治的混乱，不是因为国民程度幼稚，也不是官僚政客腐败，也不是武人军阀专横，而是少数人没有责任心，缺乏负责任的能力。谁是少数人？丁文江以达尔文主义的生物学观点论证说，那就是大自然抚育的超人，这样的超人在社会中永远主宰一切。他大声疾呼：“中国现在不怕外交失败，不怕北京政府的破产，不怕南北要战争，最可怕的是一种有知识有道德的人不肯向政治上去努力，中国晓得一点科学，看过几本外国书的，不过八万。我们不是少数的优秀分子，谁是少数的优秀分子？我们没有责任心，谁有责任心？我们没有负责任的能力，谁有负责任的能力？”②“辛亥革命后中国没有一个稳固的社会精英层。民

① 徐复观：《学术与政治之间》，《徐复观集》，北京：群言出版社，1993 年版，第 134 页。

② 丁文江：《少数人的责任》，《努力周报》第 67 期，1923 年 8 月 26 日。

国初社会长期动荡不定，从这里可以找到其原因。”[①]“政治转型的成功必须要有一个有能力的担当主体。这个能担当的主体阶级或力量必须拥有坚定的代表现代和未来社会发展方向的理念，而且在保持内部高度政治团结的同时还得注意协调社会各主要利益集团的利益冲突。”[②]培养一个有先进性和统治性的政治领导力量，已经成为振兴中华之必需。

四、结论

从士绅阶层、中坚阶级、文明的托命者、中流阶级，一直到少数人的责任，民国时期的先人们一直在苦苦寻找着主导中国社会发展的精英阶层。在他们看来，民初政党政治的失败，正是这种精英阶层的缺失而导致的。传统的士绅阶层在清末民初未能实现现代化转型，无法避免地走向没落，民初政党也同时找不到自己的坚定支持者，而走向衰败。孙中山先生后来转而建设一个有义、有德、有纲、有纪的政党团体，从而迎来中国政治的一个重要转折，中国政治走向另一个方向。实际上，这个被重新形塑的政党就是一种新型的精英阶层，从“士人”到“党人”的转变是中国政治发展的一个特殊逻辑。正是这种精英阶层的形成和发展，改变了中国政治的走向。

第二节　派系本质

民初政党政治对于国人来说是一个新生事物，当时各界人士都对其寄予厚望，然从其实践过程及其后果来看，民初政党始终没有找到解决中国前途命运的正确道路，更不能成为中国社会转型的领导力量。如果把这段悲怆的

---

① 迟云飞：《清末社会的裂变与各阶层分析——兼论清王朝的覆亡》，《史学集刊》，2003年第4期，第39页。

② 龙红飞：《晚清政治转型失败原因之历史考察》，《理论界》，2011年第4期，第115页。

政党政治失败单纯归咎于袁世凯等北洋军阀的破坏，就无法揭示民初政党政治失败的内因，不利于从中汲取真正的教训。基于此，本文拟以“派系政治”为分析工具，对民初政党政治进行内部剖析和梳理，以期从中挖掘民初议会政治失败的深层原因。

一、民初国会中的派系表现

民初政治中派系的形成有着特殊的自身原因。就各个不同的政党来说，它们都是由不同的派系组合而成的。1912 年 8 月 25 日，国民党成立，其中包含着同盟会、统一共和党、国民公党、国民共进会、共和实进会等 5 个不同的派系。改组而成的国民党内部意见分歧、成员庞杂、组织基础并不稳定，地域主义与小团体色彩颇为浓厚，有人就曾经把它分为孙系、黄系和宋系。这种浓厚的派系色彩为后来袁世凯的威逼利诱、收买分化留下的诱因。正如陈其美所批评的那样：改组后的国民党“分子复杂，薰莸同器，良莠不齐。腐败官僚，既朝秦而暮楚，龌龊败类，更覆雨而翻云。发言盈庭，谁执其咎；操戈同室，人则何尤？”[①]

国民党是这样，与其同时在国会运作的共和党同样好不到哪里去。共和党的前身是统一党、民社、国民协进会、民国公会、国民党（非同盟会系统）五个政团，其中以统一党和民社的势力较大，是共和党的主要来源。共和党由于来源不一，各类杂处，缺乏思想政治上的统一领导，内部山头林立，矛盾丛生。戴天仇曾经将该党分成“宪政”“官僚”和“无识”三派，程为坤则将其分为左右两翼：“左翼主要包括以刘成禺、时功玖、张伯烈、郑万瞻等人为首的部分原民社分子，以及黄云鹏、解树强、王绍鳌等人所代表的原统一党‘少壮派’”；“右翼是以张謇、熊希龄、孙武等人为首的一批原立宪派、旧官僚以及少数革命党中的蜕化变质分子，他们握有党内实权，可以称作共和党的灵魂”。“共和党的复杂成分，与该党兼收并蓄、重在上层的组织路线有

① 陈其美：《致黄克强劝一致服从中山先生继续革命书》，何仲萧辑：《陈英士先生纪念全集》上集，民国十九年刊本（复印本）版，第 235 页。

关。凡是社会上有地位、声望、实力、金钱的人，该党均竭力网罗。”“除了在它的核心队伍之内，资产阶级的代表人物却不占优势，大量正在向资产阶级转化、甚至尚未转化的官僚、地主、商人充斥其间，从而使该党具有了浓厚的封建性。”①

国民党与共和党这些议会政党，由于派系复杂，组织松散，没有真正的政治信仰和理想信念，因而无法实现有效的整合。在议会活动中，它们逐渐偏离了政党应有的基本规范，使得本来作为国家基础的议会反而成为政治混乱和无序的渊薮。这样的例子比比皆是。1913 年 4 月 8 日，国会开幕，国民党立即把大借款作为攻击政府的绝好机会。本来，民国初年，内外交困，政府财政极为困难，只有依靠借款才能勉强度日，借款本是情理之中的事情。但是，黄兴在得知大借款即将成立的密报后，急电北京国民党总部称：“大借款如成立，袁氏势力益形雄厚，未易与之亢角。现闻大借款有不日成立消息，请本党诸公力行设法反对，以免本党之失败。”② 黄兴此举引起国会内部的激烈派系斗争，引发巨大的政潮。当时就有记者揭露：“今以大借款为例，甲党之报，今赞成而前反对；乙党之报，则今反对而前实赞成，甚至同在一时。赞成唐绍仪之借款者而不赞成熊希龄之借款，赞成熊希龄之借款者而不赞成唐绍仪之借款。又试以对于政府之态度而论，于其未入国民党之先，则甲党赞成，而乙党思推倒之。于其既入国民党之后，则乙党赞成而甲党思推倒之。同此一人，而前后有尧桀之别。同此一事，而出入有天壤之分。大略竖尽古今，横尽万国，所谓政治家者，未有如吾国今日之政客之无节操之无主张，惟是以便宜及感情用事，推其原因所由来，不外所争在两派势力之消长，绝无与于国事之张弛而已。”③ 在大借款风潮中，国民党的所作所为具有明显的派系行为特征，根本不是从大局出发，不考虑国家利益，纯粹是一己私利的争执。

---

① 程为坤：《民初共和党的形成、组织及其派系》，《近代史研究》，1986 年第 3 期，第 107 页。

② 朱宗震、杨光辉：《民初政争与二次革命》，上海：上海人民出版社，1983 年版，第 250 页。

③ 黄远庸：《一年以来政局之真相》，《远生遗著》上册，北京：商务印书馆，1984 年增补影印版，第 84—85 页。

中俄协约案中的派系之争同样十分鲜明。1912年，袁世凯政府就库伦问题与俄交涉，因为这关系到国家主权，因而引起各党关注。国民党当时醉心于组建政党内阁，因此一再强调“以对外为急务”，不主张攻击政府，而主张合力御外侮。统一、共和两党分为“首先对外”和“赞成弹劾政府”两派。因为民主党此时正想推倒国民党内阁，因此采取激进态度，还草拟政府十大罪状，主张改组政府，并通电各省。当时国民党正协力保护内阁政党，因而不仅不肯附名，而且还开会决定与政府同心协力以御外侮。然而1913年中俄协约签订，各党态度发生很大的变化。国民党坚决反对协约案，其中一个重要原因是国民党内阁已经解体，段祺瑞兼代总理，所以采取了反对政府的政策。而进步党正想利用此机会扩大内阁的势力，所以一改过去态度，采取与政府保持一致的立场，支持政府签约。

深入考察民初国会的议事过程，不难发现，民初议会存续期间的法理之争、国体之争、政体之争、国家利益之争，“其实质是各党各派的党势之争和权力之争，与传统宗派斗争有着一致的方术，是宗派争斗”。各党太重党派利益仅是党争发生的表层原因，深层次的原因则是传统政治观念的支配。“民初议会政党政治不是西方宪政体制下的议会政党政治，而是中国传统政治文化传递下的宗派政治。”① 中国传统政治文化是追求一权独大的大一统，各党都追求自己的一统天下，完全排斥异己势力，失却民主的本意。正是党派之间的宗派争斗，导致民初议会的崩解。

美国学者古德诺教授在观察民初政党政治后认为：“奠基于许多小党派之间种种情况的短命内阁，行将按照已成法国和意大利政治特征的内阁更迭速度，接二连三地替换。”② 袁世凯在颁布《中华民国约法》时说得更清楚：“人民政治知识尚在幼稚时代，想要他们运用议院政治，私下里恐怕转致混乱败亡。”③ 袁世凯只看到了问题的表层，但他无法触及问题的实质：清除派系并不

① 柳飒：《论民初议会的宗派斗争》，《求索》，2008年第3期，第215页。

② 〔澳〕骆慧敏编：《清末民初政情内幕》下卷，陈泽宪等译，北京：知识出版社，1986年版，第249页。

③ 白蕉：《袁世凯与中华民国》，荣孟源、章伯锋：《近代稗海》第3辑，成都：四川人民出版社，1985年版，第88—89页。

能杜绝派系产生的土壤，只有整合派系才能把各种力量纳入政治轨道。政治建立在私利的基础之上，异议、争论、相冲突的判断，利益纷争，互相敌对和竞争派系的不断形成，等等，这些都是不可避免的。逐利性是深植于人性之中的本性，只有通过制度的整合才能化私为公。

派系具有顽强的生命力，它不仅在民初政党中广泛存在，而且也渗透到军事和其他政治领域。袁世凯在位时，尚能依靠强力把各个派系拢合在一起，当袁世凯去世之后，派系之间的矛盾和斗争日甚一日。从宏观层面上看，全国政治已经呈现为南北之争，而南北之中也各有派系，北洋军阀出现了直系、皖系、奉系的军事地盘和政治板块，南方桂系军阀与国民党的斗争也日趋激烈；从微观层面上看，在每一个派系内部则有更多的、各次级的派系，他们的关系除由军队、政府、团体中的上下级构成外，更因兄弟、师生、血亲、姻亲、同乡、同门、同学和僚属等关系显得更为错综复杂。这种派系竞争作为民国初年政治生活的一种独特现象，浸润于中国独特的政治文化当中，并按照其自身的运行逻辑对民初政局进行着形塑和改造。

1916 年 8 月 1 日，在各界人士的强烈呼吁和多方努力下，国会重开。参众两院议员在北京众议院举行开会仪式，称为国会第二次常会。到会参议员有 138 人，众议员 318 人，黎元洪致祝词。依据《临时约法》规定的《总统选举法》，大会确定由黎元洪继任总统并补行大总统就任宣誓仪式。21 日，众议院通过段祺瑞为国务总理案，并授权他组织内阁；10 月底，国会选举冯国璋为副总统。这样，在形式上结束了袁世凯死后全国混乱、各自为政的分裂局面，表面上组成了一个统一的北京政府。然新的国会是由研究系与商榷系组成的，其中派系斗争从未间断，并很快卷入“府院之争”中，引发了张勋复辟，旋即被解散。1917 年 7 月，段祺瑞打败张勋，再造共和。段深感民国元年的国会颇为掣肘，决意不再恢复，在梁启超等人的建议下，他效法辛亥革命初期成立临时参议院，制定新的国会组织法，重新举行全国大选。由此开始了皖系军阀的统治。

1918 年 5 月至 6 月间举行全国大选。南方五省（粤、桂、滇、黔、川）均反对，当时南北交战，湘、鄂、陕等三省因战乱，也不能正常办理选举，故实际进行选举的仅十四行省。在选举过程中出现大量腐败、作弊现象。

1918年8月12日，第一届国会期满之时，临时参议院解散，新国会正式成立。段祺瑞为操纵国会选举，指使其亲信徐树铮、王揖唐等，在北京的安福胡同成立俱乐部，以卖国借款和军队空饷收买议员政客。结果，在新国会中，安福系议员多达300余人，另外还以金钱贿买了部分议员，王揖唐、梁士诒分别当选为众、参两院议长。这一届国会从1918年8月12日开始到1920年8月30日止，一直被皖系军阀所控制，史称“安福国会”。后来的历史证明，这一届国会不仅没有起到国家统一的象征性作用，反而引发了南方“非常国会”的出现，中国正式进入两个国会、两个政府的分裂状态。从此以后，民国政党政治进一步演化为派系政治。

民初政局中的一个典型派系是交通系。交通系是在清末民初由管辖铁路、航运、邮政、电报交通四政以及交通银行等金融机构的邮传部官僚群体之中的主导官僚发展起来的，交通系的组织结构呈现同心圆的显著特征。位于同心圆核心的是梁士诒、叶恭绰、朱启钤、周自齐和曹汝霖、陆宗舆、章宗祥等派系领军人物，居于中层的是派系骨干力量，交通部各司司长、参事、科长，下属各铁路局局长、工程建设督办、会办、帮办，交通银行、中国银行、金城银行、盐业银行的部分投资人、总行管理者以及部分政府部门的中层人物。散在外围的是与交通、金融、财政，甚至外交领域来往密切的一些人物。

从袁世凯、段祺瑞、徐世昌时期，直至到张作霖时期，中央政府的主导派系一直是交通系的依附者。这种现象不是一种偶然，而是有一种必然性深藏其中。“交通系的出现是民国政治功能残缺的一种表现”[①]，中央权威的衰弱，为交通系的发展和壮大提供了空间，交通系作为经济职能的补充机关发挥着越来越重要的作用。北洋政府主要依靠军阀武力维系，然而，武力可以夺取政权，但不能长期维系和支撑政权。尤其在经济领域，经济规律的作用不是以人的意志为转移的，它必然需要熟悉经济界的人士出山支撑局面。交通系有多年的统辖经济生活的履历，其力量渗透在国民经济基础之中，控制着财

① 于庆祥：《论交通系的政治性格》,《河北建筑科技学院学报》，1999年第4期，第47页。

政、交通、金融等主要经济命脉，任何一个派系要想入主并维持中央政府，都不得不考虑与交通系的合作。

二、民初军阀主导下的派系

在北洋政府运行期间，由于国内四分五裂的政治现状，使得政府高度依赖西方列强，“外交和外债”已经成为“北京政府赖以维系的两大重要支柱”。[①] 实事求是地说，民国初年的外交官队伍享有盛誉，他们依靠优良的素质和相对独立性，素来受到中外瞩目和高度称赞，但这种状况并不能持久。北洋政府的外交与内政实在不可分割，且呈日益胶着状态。在外交实践中，外交官们的言行不仅受到派系政治的影响，而且像颜惠庆这样重量级的外交官实际上已经深深地卷入派系斗争之中。北京政府的外交要真正实现完全超脱于派系争斗之外是几无可能的，因为说到底，北洋政权是一个在“宪政框架下运作”的“由派系构成的政治体制”，而“各派系都不可能产生压倒性的组织力量以扼制对手并长期操纵政府”。[②] 从 1917 年至 1928 年间，“北洋政权在直皖、安福、交通等派系的把持下，前后 12 年间，出现 10 个国家元首，45 个内阁，5 个国会，7 个宪法，动乱频仍，表面上有共和之名，骨子里为派系之实”[③]。任何外交官员，如果不能获得派系的支持，就根本无法进行外交活动。

派系是组织内部成员因主张或利益等因素相结合而形成的非正式团体。一般而言，派系的规模不大，其组成大多依靠与派系领导人的各种社会关系，如同乡、同学、血缘、亲缘等相结合，但是结构松散，领导人对于成员没有

① 陈雁：《外交、外债和派系——从“梁颜政争”看 20 世纪 20 年代初期北京政府的外交运作》，《近代史研究》，2005 年第 1 期，第 207 页。

② 〔美〕费正清主编：《剑桥中华民国史》第 1 册，章建刚等译，上海：上海人民出版社，1991 年版，第 288—289 页。

③ 张朋园：《黎著〈北洋政治：派系政争与宪政不果〉》，台北：《“中央”研究院近代史研究所集刊》第 6 期，台北：中研院近代史研究所 1977 年版。转引自：陈雁：《外交、久绩和派系——从“梁颜政争”看 20 世纪 20 年代初期北京政府的外交运作》，《近代史研究》，2005 年第 1 期，第 209 页。

约束，部分成员在各个派系中游走。派系是军阀政治的一个主要特征，军阀的形成是帮派集团不断发展的最终结果，“军而成阀，总是成串成团，单独存在不能称阀，它上有源，下有根，上上下下自成系统，系统内下级要服从上级效忠上级”①。军阀集团的内部结构形形色色，但军队的私人性质却是共有的特性，因此，私人关系与交情的纽带是维系军阀集团的黏合剂。“军阀部队一般是依靠宗族、同乡、师生、同学等关系建立并维系的，其中宗族同乡关系是主要因素，这就在军队中培育出一种封建性的依附与服从关系。”②

北洋军阀主要有皖系、直系和奉系三个派系。其中，奉系的内部组织最简单也最为亲密。张作霖善于钻营投机，结拜笼络。他做土匪时，与许多绿林兄弟结成患难之交，如张景惠、汤玉麟、张作相、冯德至、孙大虎、汲金纯等。因为他们是结拜兄弟，讲求义气，所以在创业时能同生死共患难。及至后来，张作霖又办军事培训学校，培养了一批军事人才，如姜登选、韩春霖、杨宇霆、许兰州、郭松龄等。张对他们私授以军政职权，使他们对自己感恩戴德，誓死效忠。张对部下常施以恩惠，以一个慈父家长身份出现。对内对外，张采用结秦晋之好、收义子等方式来缓和矛盾。通过这种方式，张作霖在奉系军阀上层建立起一个严密的宗社集团，并因此很快统一并控制东北，奉系成为民初除直皖两系外势力最大、影响最广、统治时间最长的军阀集团。

军阀为了扩大自己的利益，必然企图控制政府，政府官员为了自己的利益，也在投靠军阀以获得支持。就这样，政府体制与军队组织在自觉与不自觉间日益浸染于派系之中而不能自拔。陈志让曾经直指中国1895年以前的政权本质是“绅军政权”，从1895年之后到1949年之前则转换为典型的“军绅政权”，而“绅军政权”与“军绅政权”的共同点则是“派系分裂和无限制的斗争”。③军与绅的顺序错乱搅动了中国政局，破坏了中国的统一，其罪责实

① 转引自张佩国：《北洋军阀政治结构的历史社会学分析》，《东方论坛》，1997年第4期，第80页。

② 罗瑛：《北洋军阀时期“军人干政”问题探析》，《学海》，1998年第2期，第103页。

③ 陈志让：《军绅政权——近代中国的军阀时期》，北京：生活·读书·新知三联书店，1980年版，第1页。

在难逃，在军与绅的关系中起着勾连作用的派系政治更应该受到检讨。

北洋政府的内阁成员中，几乎每一个人都有自己的派系。这种情况，愈演愈烈，到后来，没有派系的支撑，阁员根本不可能进入内阁，更谈不上顺利工作。以梁士诒内阁为例："鲍贵卿、齐耀珊是属于奉系，高凌霄属于直系，颜惠庆、王宠惠属于英美派而接近直系，张弧属于亲日派的新交通系，叶恭绰属于旧交通系，李鼎新和黄炎培则无所属。这是一个直奉两系和旧交通系的混合内阁，而交通系的新旧两派则由分而合。"①

梁氏内阁阁员情况统计表②

职务	姓名	出身	派系
外交总长	颜惠庆	留美学生	上海人，英美派，近直系
内务总长	高凌霄	前清举人	天津人，直系
财政总长	张弧	前清举人	浙江萧山人，新交通系
陆军总长	鲍贵卿	军人出身	奉天人，奉系
海军总长	李鼎新	福建船政学堂	福建福州人，无
司法总长	王宠惠	香港及天津北洋大学	广州人，南方系，梁士诒好友
教育总长	黄炎培	留日学生	上海人，近交通系
农商总长	齐耀珊	前清进士	吉林人，奉系
交通总长	叶恭绰	留学生	交通系

派系活动不仅在军阀部队的组织结构中得到鲜明的体现，而且政府体制也日益侵染其中不能自拔。皖系、直系、奉系三个主要的系统，相继掌控北京政府。它的特色是政治与军事合一，既是政治上的派系，也是军事上的派系。单独属于政治上的派系，有交通系、政学系、新交通系等，而交通系、新交通系除了政治上的影响力外，也是财经界的重要派系。在北京政府主要

① 丁中江：《北洋军阀史话》(三)，北京：商务印书馆，2012年版，第439页。

② 陈雁：《外交、外债和派系——从"梁颜政争"看20世纪20年代初期北京政府的外交运作》,《近代史研究》，2005年第1期，第210页。

由派系构成的政治体制中，虽假借宪政名义，但却无法避免派系间的政治冲突。主要基于个人而不是组织的忠诚，各派系在规模上只限于几十个由领袖或其副手培植的党羽。这些党羽又可以驱策大批下层军人或政府雇员，各派系都不可能产生压倒性的组织力量以扼制对手并长期操纵政府。即使某一派系的领袖设法争得了总统或国务总理的职位，其对手也仍将在政府各部、国会、银行保留自己的势力，并继续控制地方军队。他们仍将通过这些据点联合起来对付在朝的派系或其联盟，攻击谩骂，散布谣言，撤回资金，拥兵自重，直到时机成熟行使贿赂或发动政变迫使政府改组，从而演出一幕幕闹剧。这是宪政虚假框架下的派系政治。

陈志让曾经对派系政治进行过深入分析。派系有其自身难以避免的弱点。派系以人事关系为基础，人事关系网又以领袖为中心。领袖一旦失去了施恩的能力，下台或者死亡，那么其中的效忠关系就会瓦解。派系与派系之间是互相对立的，但又以对方的存在确证自己的存在，每一派系的权力影响都是有限的，也没有完全消灭别的派系的能力，于是派系斗争多半不彻底。穷寇莫追与网开一面成为彼此斗争一个重要特点。每一个派系中一般都没有正式的上下行和平行的消息传达机构，多半靠个人的接触和个人意见彼此交换，有时要靠中间人斡旋，这样才亲切有礼，事情才办得通。派系的形成并不是完全没有政治见解，但总不如交换关系显得更加重要。派系中的意见分歧，总不能形成堂堂正正的政见之争，却常常被夹带进更多的交换关系、私人关系而扭曲或加深，造成派系的分裂或派系联盟变幻无常的状态。

事实上，派系的弱点并不仅仅局限在以上各点，或许更重要的是，派系政治是一个封闭的圈子和系统，它拒绝采取制度化的措施容纳更多的有生力量进入体制，因而其封闭性、停滞性和僵化性特别明显。政治既需要足够的意识形态认同，也需要过硬的技术本领。陷入派系迷宫之中的人们可能会重品德，但不会讲政治，更谈不上战略思维。不仅如此，被派系网络蒙住眼睛的政客往往不能洞察社会发展的规律，或者对社会发展规律采取鸵鸟政策，他们决不会从国家命脉和人民命运上考虑问题。派系政治类似于孤立系统的内循环，其自然状态都会趋向紊乱，失去方向感和适应性后政权系统最终走向崩溃和死亡。

三、北洋政府的内阁派系分析

派系是由地缘、血缘、亲缘、同学、朋友等关系形成的一种社交网络。本质上看，派系以传统的人伦关系为基础，以恩惠交换忠诚。派系没有鲜明的政治纲领，没有高度的政治信仰，亲疏有别，内外相异，外围人员总是处于游离状态，离心倾向比较浓厚，因而无法形成一个强有力的领导集体。北洋政府仅在1916年至1928年期间，内阁就变更了37次，改组24次，有26人担任过总理，任期最长的17个月，最短的仅两天。此外还有四个摄政内阁在短时间内行使了执政权，动荡混乱之局面可见一斑。

“民国内阁之更迭，多凭强藩悍将之主张，而不出于国会。”[①]军阀对内阁的操纵明显，时人因此讽刺当时之内阁为“妾妇内阁”，谓“两姑之间难为妇，大妇之下难为妾”。[②]“将内阁比喻成妾妇，内阁地位之尴尬由此可见。内阁既因军阀之拥护成立，自不能不惟军阀之利害是视，不然朝失其欢心，夕即有解散之虞。民国时期所谓责任内阁，仅是对军阀负责而已，内阁徒存名而实亡。”[③]既然内阁为北洋军阀之“军用品”，那么军阀到底喜欢支持什么样的人进入内阁呢?

认真观察北洋政府内阁成员的地域与社会关系，不难发现其中一些端倪。中国人的乡土意识相当浓厚。“家乡在传统中国是个人身份的关键部分……籍贯是某个人姓名、字号以外第一个特征记录，在法律面前需要确认某人身份的首要事实。”[④]所以当我们遇见了一个生人，问了他的尊姓大名，就要问他是哪一省哪一县的人，因为我们的脑筋里头觉得湖北人、广东人、江苏人、山西人……这种名词是代表了这几省的特性。[⑤]

---

① 谢彬:《民国政党史》，荣孟源、章伯锋:《近代稗海》第6册，成都：四川人民出版社，1987年版，第142页。

② 默:《妾妇内阁》,《申报》1921年9月21日，第6版。

③ 章熊:《中华民国的内阁》，古城书社发行所，1928年版，第71—72页。

④〔美〕顾德曼:《家乡、城市和国家——上海的地缘网络与认同（1853—1937）》，宋钻友译，上海：上海古籍出版社，2004年版，第3页。

⑤ 丁文江:《历史人物与地理的关系》,《东方杂志》，第20卷第5号，1923年3月10日。

北洋军阀统治时期内阁阁员地域分布（1916—1928）

籍贯	人数	%（占总数）	名次	籍贯	人数	%（占总数）	名次
浙江	15	12.82	1	云南	3	2.56	11
广东	13	11.11	2	吉林	3	2.56	11
直隶	12	10.26	3	四川	2	1.71	14
江苏	11	9.40	4	江西	2	1.71	14
福建	10	8.55	5	河南	2	1.71	14
安徽	9	7.69	6	陕西	2	1.71	14
山东	7	5.98	7	山西	2	1.71	14
湖北	7	5.98	7	广西	1	0.85	19
湖南	6	5.13	9	贵州	1	0.85	19
奉天	5	4.27	10	总数	117	100	
顺天	3	2.56	11				

资料来源：鲁卫东：《军阀与内阁——北洋军阀统治时期内阁阁员群体构成与分析（1916—1928）》，《史学集刊》，2009年第2期。

从民国初年117个内阁成员的地域来看，浙江、广东、直隶最多，江苏、福建、安徽等省次之。表中江、浙、闽、粤、皖、直隶六省内阁人数合计占总数的59.8%，远远超过其他各省人数之和。这个图表形象地说明了地域因素在民初政局中的重要作用和影响。这样的一个地域分布，一方面固然反映了近代中国社会政治、经济、文化发展的不平衡性，另一方面也显示了地域观念在内阁阁员群体构成中的重要作用。① 民初教育部人员多来自江浙，曾亲历其事的王云五对此解释："由于江浙为文化最发达之区，教育界的杰出人物，往往不能舍江浙二省而他求。因此，教育部此时的高级职员中，包括次

① 鲁卫东：《军阀与内阁——北洋军阀统治时期内阁阁员群体构成与分析（1916—1928）》，《史学集刊》，2009年第2期，第103页。

长和四位参事中的三位与三位司长中的两位，都是籍隶江浙两省。”但情况之严重，甚至可以由参事、司长集体辞职迫走兼署的粤籍总长陈振先，改换浙籍的汪大燮，则至少不能说是正常。[①] 海军部的现象则更明显，几乎是一省独霸一部。1916 年至 1928 年间，海军部共有 6 人担任总长，其中 5 人为福建籍，以至时人有“海军部者，易名即福建会馆，盖闽人之私产也”，此说显然并不为过，因此当程璧光以粤人而任总长时，“宜不能指挥如意”。[②]

中国向来为伦理社会，以关系为本位，以地缘、血缘、学缘、姻亲等关系为重要纽带的人际关系成为社会关系中的重要内容。而在长期的专制统治中，人治色彩相当浓厚，因而以姻亲、师生、僚属、朋友、结拜兄弟、同学、同乡为主要纽带的传统私人关系在中国政治生活中起着极其重要的作用。

北洋军阀统治时期内阁部分阁员间社会关系一览表（1916—1928）

社会关系	阁员姓名	备注
姻亲关系	孙宝琦与颜惠庆	郎舅
	段祺瑞与吴光新	郎舅
	唐绍仪与顾维钧、施肇基	翁婿
	潘复与靳云鹏	儿女亲家
	张绍曾与吴佩孚	儿女亲家
结拜兄弟	吴佩孚与蔡成勋	
	许世英与段祺瑞	
	潘复与靳云鹏	
师生关系	段祺瑞与靳云鹏	靳云鹏为段北洋武备学堂学生
	梁启超与范源廉	范源廉为梁长沙时务学堂学生

① 桑兵：《晚清民国的国学研究》，上海：上海古籍出版社，2001 年版，第 33 页。

② 沃邱仲子：《民国十年官僚腐败史》，北京：中华书局，2007 年版，第 27 页。

续表

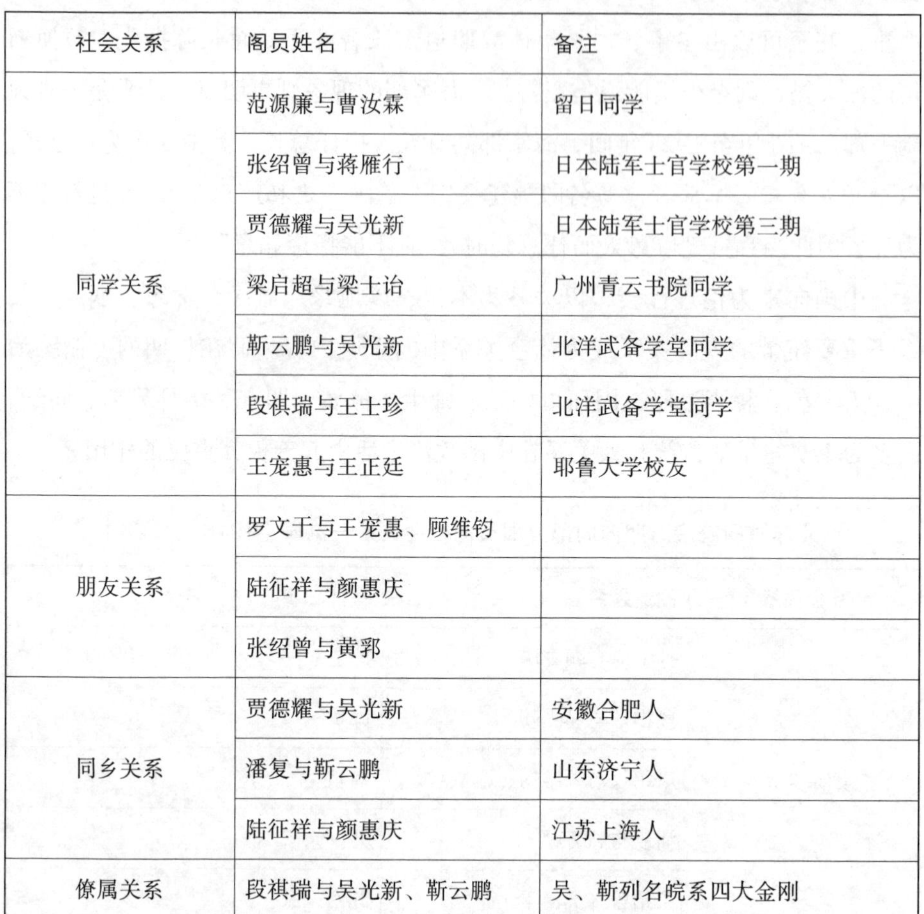

社会关系	阁员姓名	备注
同学关系	范源廉与曹汝霖	留日同学
	张绍曾与蒋雁行	日本陆军士官学校第一期
	贾德耀与吴光新	日本陆军士官学校第三期
	梁启超与梁士诒	广州青云书院同学
	靳云鹏与吴光新	北洋武备学堂同学
	段祺瑞与王士珍	北洋武备学堂同学
	王宠惠与王正廷	耶鲁大学校友
朋友关系	罗文干与王宠惠、顾维钧	
	陆征祥与颜惠庆	
	张绍曾与黄郛	
同乡关系	贾德耀与吴光新	安徽合肥人
	潘复与靳云鹏	山东济宁人
	陆征祥与颜惠庆	江苏上海人
僚属关系	段祺瑞与吴光新、靳云鹏	吴、靳列名皖系四大金刚

资料来源：鲁卫东:《军阀与内阁——北洋军阀统治时期内阁阁员群体构成与分析（1916—1928）》,《史学集刊》, 2009 年第 2 期。

上表展示出民初政治要人之间复杂而又清晰的社会关系网络。无论是在传统社会还是近代社会，婚姻都是官场上官员之间建立政治联系的重要一环，是稳定党派利益的可靠手段。顾维钧因受到唐绍仪的赏识，在博士论文还未曾完成之时，便被唐推荐回国任总统府和国务院的英文秘书。与唐的三女唐梅结婚后，即开始在外交部工作，不久就升任参事，30 岁不到便开始了职业外交生涯。另一个著名的外交家施肇基也是因为年轻之时便被唐看中，“目为佳士，期以远大，遂以其兄之女妻之。施、唐既联姻娅，绍仪益善遇之，先后任英美使馆随员，后以道员直升直隶”。民国建立后，唐绍仪出任国务总

理，于是便“引肇基任交通总长”。孙宝琦为内阁总理之时，因颜惠庆是其妹夫，遂邀颜出任外交总长，但前任外交总长顾维钧少年持重，深得曹锟信任，曹宁可放弃孙宝琦，也一定坚持要由顾执掌外部，孙宝琦只得改任颜惠庆为农商总长。[①]

对社会关系的重视，段祺瑞做得特别夸张。段祺瑞经常对张国淦说：“中国如能用四人，则中国强矣。”张即问何人？段答曰：“吴光新、靳云鹏、傅良佐、徐树铮。”[②]1924年11月，段祺瑞复出并就任中华民国临时执政，转年便特任其内弟吴光新为陆军总长，丝毫没有避嫌之意。在其他诸如同学、朋友、同乡、僚属等关系上，民初要人之间的紧密联系和大胆妄为都是让人吃惊的。进一步说，这些重要政治人物和古代士绅一样，在交往方式和用人方式上都保持着旧有的行为习惯，“以自我为中心，以熟人社会为半径，以血缘、地缘和学缘关系为经纬”[③]。尽管内阁要员并不是全靠人际关系而得以进入内阁，但其重要性却是不言而喻和毋庸置疑的。

为什么民国要人如此重视社会关系？深悉清末民初中国政情的莫理循曾经说出这样一个问题：“中国人思想观念中根深蒂固的重人文轻科学的倾向，改革运动的领导者们——他们都来自传统的士大夫阶层——习惯性地认为只要皇帝下诏书感化臣民的思想，改革就可以顺利地进行下去，他们似乎还不太明白社会政治制度是建立在经济条件的基础之上，这使得改革只不过是流于形式，而缺乏真正切实可行的实际措施。”[④]经济基础决定上层建筑这一真理，直到马克思主义传入中国之后才被中国人认识，新中国成立后才成为主流意识形态。民国要人自然无法洞悉和接受这一规律。

北洋政府是一个以军人、政客、专家与名流构成的混合体，其中存在着

---

① 鲁卫东：《军阀与内阁——北洋军阀统治时期内阁阁员群体构成与分析（1916—1928）》，《史学集刊》，2009年第2期，第109页。

② 张国淦：《北洋述闻》，上海：上海书店，1998年版，第88页。

③ 许纪霖：《都市空间视野中的知识分子研究》，《天津社会科学》，2004年第3期，第124页。

④〔美〕古德诺：《解析中国》，蔡向阳、李茂增译，北京：国际文化出版公司，1998年版，第99页。

错综复杂的社会关系，呈现出纹路清晰的社会网络结构。近代中国，社会变革千变万化，却往往是“新瓶装旧酒”。在北洋政府频繁变动的内阁这一“新瓶”中，装的大多还是原来那般人物。“在民主制的新外壳下，传统社会的人际关系在政治生活中仍然起着举足轻重的作用。”[①]尽管有一些现代化的因素渗透在里面，比方说对知识和专家的重视，但军阀政争、权力私相授受仍然是政治生活中的主流和常态。

美国哥伦比亚大学汉学家黎安友在专门研究民初派系时指出，派系主义正是民初宪政失败的重要原因。[②]派系的本质是“关系”，在北洋政界中“关系”是最重要的政治资源，也是各派势力结盟、谈判的基础。中国人的“关系”也被称作私人感情，家族、亲戚、师生、同学、僚属、同乡、校友、战友都可以成为一种关系资源，在这种关系网中，存在着根深蒂固的不平等位差。“主从，长幼，尊卑的关系，在派系之中是一种交换关系，说得不客气一点，就是收买。”[③]这种不平等关系与政党、国会这种现代组织中所要求的平等关系是根本不同质的。在这种情况下，民初政局与派系势力进入了一个怪圈：一方面，得势者不得不借助派系来稳定政局，派系必须支持自己人掌权；另一方面，依据关系形成的派系没有稳定的政纲，缺乏意识形态上的共识，基础薄弱，内部非常不稳定，各派系之间的关系经常发生变动，这就使得按照宪政模式组织起来的北洋军政府无法顺利运转，其走向变得变动不居和无法预料。

实际上，刚刚从封建帝制中走出来的人们根本不可能完全摆脱派系的影响，派系也并非一无是处，派系作为一种社交网络，也在一定程度上具有与外界联系的有限功能。但在日益开放的社会中，派系的这种有限作用很快就遇到了天花板，成也萧何败也萧何，派系的封闭系统特点使得它必然陷入死

① 鲁卫东：《军阀与内阁——北洋军阀统治时期内阁阁员群体构成与分析（1916—1928）》，《史学集刊》，2009年第2期，第111页。

② 转引自聂鑫：《民初议会政治的困境——北京国民政府时期的国会札记》，《华东政法大学学报》，2009年第2期，第124页。

③ 陈志让：《军绅政权——近代中国的军阀时期》，北京：生活·读书·新知三联书店，1980年版，第88页。

循环。派系政治遵循熵增定律，它既无法应对内部不断增强的混乱，也无法应对外部世界的变化。

四、派系政治与关系社会

派系是人们以特定的关系为纽带联结起来的、具有共同利益和现实功能的非正式组织。派系与政党不同，派系可以是政党的前身，也可以是政党的蜕化形式，还可以附着在政党之中，控制政党的决策和行为。从民初政党的发展历程看，即使在民初政党政治运转最好的时候，政党的派系色彩仍然极为明显，派系的化合和分解始终主导着政党的发展。一个成熟的、坚定的、先进的、纯洁的政党从未形成，更谈不上对派系的抑制和引导。后来国会重开之时，完整的政党名称甚至都已经不敢走上台面，而国会的运行却必须有议员的组织，这在客观上刺激着派系的形成和发展。

民国初年的政党政治为什么会蜕化为派系政治，这可以从中国社会的结构上进行观察。在传统中国社会中，皇权、绅权、族权与封建伦理文化是一个整体系统，其中，绅权和族权是皇权的基础，皇权是绅权和族权的统帅，一旦皇权灭亡，传统意识形态萎缩，绅权和族权也就失去了灵魂，其退化是必然的。主要由士绅组成的国会会员绝大多数都有传统功名或受过传统教育，议员作为士绅对百姓而言是长者，享有教育和指导的特权，不是现代政治意义上的利益代表者，他是不愿也无法从百姓中获取支持和帮助的。而作为新兴的政治参与力量，在皇权崩溃、意识形态弱化的情况下，他只能依靠派系获取力量。实际上，派系已经成为议员存在和生存的基础。

哈佛大学费正清教授对民国初年的政治运作有着深入的理解：“领袖人物对可靠性的判断，在极大程度上取决于‘关系’的观念。对大多数中国人来说，社会是由父子、君臣、夫妻、师生的关系网所构成。信任与自己有确定关系的人，比信任仅仅是相识的人要安全得多。即使是关系疏远，也有助于建立交往的稳定性；因为交往双方的尊卑，可靠的惯例，包括一方有权向对方要求，或要从别人那里期待得到什么。”“以广泛的关系网为基础，杰出的政治领袖人物，在其身边集结起一批精明、称职而忠诚的追随者，组成派系。

在由共和宪法规定陌生的社会中，这些政治领袖们，越来越依赖其派系继续展开政治活动。”①

派系政治的温床是封建社会的人伦关系。在中国传统社会的各种关系中，最为本源的是血缘关系。殷海光曾经十分深刻地指出：“血缘关系是原始的，是利害与共的，也是唯感情主义的。所以，血缘关系在发生它的功能时，常使人只问恩怨，不问是非；常使人只讲情分，不管对错。结果，这类人满脑袋盘算的都是人情方面的亲疏厚薄，满身缠绕的都是人事牵连，一天到晚小心留意的是人际的得失利弊。于是，心灵固弊，思想停滞，因而新创无由。”②越是讲关系，就越是远离理性，远离创新，远离规则，远离自由，就越是在封闭社会中徘徊，越是无法过渡到现代社会。

美国政治学家古德诺认为：“中国的政治传统使得我们习以为常的政党和平竞争不可能实现……各党派之间互相猜忌，严重影响了各党派之间的政治关系。”③“大总统袁世凯的支持者和国民党占优势力的国会之间发生了残酷的派系斗争，为了派系和个人的利益，国家的利益就只能成为一件牺牲品了。”④古德诺认为，中国社会最大的特征是家庭，家庭在中国人心中具有至高无上的地位，“‘家’在中国人的心目中即是生活的全部，中国人只知有家而不知有社会”⑤。在洞悉中国人的这种生活观念之后，古德诺都曾怀疑中国是否有真正的社会存在，因为在西方人的观念中，社会是一种超越了家庭的共同体概念。这一点从马克思对社会的解读和推崇中也可以观察到端倪。排斥社会公共性的家庭生活观念产生了一个严重后果，那就是在家庭之外人们缺

---

① 〔美〕费正清编：《剑桥中华民国史》上卷，北京：中国社会科学出版社，2007年版，第264—265页。

② 殷海光：《中国文化的展望》，上海：上海三联书店，2009年版，第86页。

③ 〔美〕古德诺：《解析中国》，蔡向阳、李茂增译，北京：国际文化传播公司，1998年版，第112页。

④ 〔美〕古德诺：《解析中国》，蔡向阳、李茂增译，国际文化传播公司，1998年版，第112—113页。

⑤ 〔美〕古德诺：《解析中国》，蔡向阳、李茂增译，国际文化传播公司1998年版，第76页。

乏必要的信任，它阻碍或者至少是不鼓励合作能力的发展，而信任与合作恰恰是经济发展和政治建构的基础。正是由于这个原因，导致中国在经济上发展十分缓慢，一切需要信任与合作的信贷、交通等现代化要素都无法迅速生长；在政治上则不断出现族阀主义、拉帮结派、排斥异己、团团伙伙。从某种意义上说，帮派体系乃是社会信任缺乏之下出现的社会安全恐惧症状，这些人希望通过团团伙伙和拉帮结派来规避社会风险，谋求自身发展。派系一方面是政治合作能力欠缺的必然现象，另一方面又对政治合作构成了严重的障碍。

亨廷顿进一步揭示政治不信任盛行的社会中必然存在的一系列问题："只有在家人中间才是安全的，所有外人，特别是陌生人，都是祸根，千万不能掉以轻心。"在这种情况下，"条约只是一纸空文，宪法被束之高阁，选举只是互相残杀，自由就是无政府混乱，生活就是活受罪"。同时，"相互伏击和充满没完没了的猜忌的政治，使我们除了破坏和摧残民族灵魂以外，什么事也干不成。这样的政治已耗尽了我们的精力，使我们疲惫不堪"[①]。

五、小结

民初政局的竞争本质上是一种派系竞争，各种团团伙伙、结党营私、拉帮结派等乱象层出不穷。但派系斗争不独中国所独有，实际上任何现代化国家都不得不经历这一阶段。历史和现实告诉我们，将派系政治改造为政党政治，必须从两个方面入手：一方面要不断加强政治领导力量建设，尤其是确立强有力的领导核心；另一方面要加强意识形态引领，信仰是最强的凝聚，共识是最大的团结，意识形态是人民共同奋斗的精神力量。

---

① 〔美〕亨廷顿：《变化社会中的政治秩序》，王冠华等译，沈宗美校，上海：上海世纪出版集团，2008 年版，第 23 页。

第三节 国民程度

从世界历史的维度考察，政党政治是在公民社会日渐发育的基础上产生和发展起来的。然而，中国在引进西方政党制度的时候，这一社会基础却是缺位的。这一时空错位构成民初政党政治失败的重要原因。由于历史局限性，当时的国人无法使用经济基础决定上层建筑这一马克思主义工具来认识问题，更不可能使用上层建筑反作用于经济基础这一马克思主义工具来改造中国，因而他们也无法找到解决中国问题的正确方法。但是运用大历史观和唯物史观，我们仍然可以透过国民性问题激烈批评的背后看到一个基本事实，国人认识到了中国社会的基础问题是国民问题。由这一问题引发出两种不同的政治选择，这就是改造国民基础以适应上层建筑的立宪共和还是动员国民建立新的上层建筑的民主共和。历史表明，对前者的失败探索导致了对后者的崭新选择。

一、清末对国民性的早期认识和重塑

1895 年 3 月，甲午海战期间，严复在天津《直报》上发表《原强》一文说："是故国之贫富强弱治乱者，其民力、民智、民德三者之征验也，必三者既立而后其政法从之。"[①] 甲午战争中国失败之因其实就是："民力已苶、民智已卑、民德已薄之故也，一战之败，何足云乎？"[②] 严复认为，民力、民智、民德才是"自强之本"，"有其本则皆立，无其本则终废"[③]。中国由于国民的衰弱而导致国家的衰弱，而这一切皆源于中国固有文化中的"弱民"和"愚民"政策，中国驱使奴隶与贵族交战，没有不败的道理。

---

① 严复：《原强》，汪征鲁、方宝川、马勇主编：《严复全集》（卷七），福州：福建教育出版社，2014 年版，第 31 页。

② 严复：《原强》，汪征鲁、方宝川、马勇主编：《严复全集》（卷七），福州：福建教育出版社，2014 年版，第 27 页。

③ 严复：《原强》，汪征鲁、方宝川、马勇主编：《严复全集》（卷七），福州：福建教育出版社，2014 年版，第 36 页。

民力、民智、民德的三因素说很快引起人们的共鸣，维新派抓住其中的民智大做文章，它不仅把民智当作超过民力、民德的第一位因素来看待，而且把民智与民权联系起来。梁启超大声疾呼："权者生于智者也，有一分之智，即有一分之权，有六七分之智，即有六七分之权……今日欲伸民权，必以广民智为第一义。"[①] 维新派把开民智当作争民权的必要途径。如果进一步观察还会发现，维新派主张的开民智实际上是开官智，开绅智，它距离真正的启蒙大众还有很大距离。

戊戌变法失败后，康有为、梁启超等人流亡海外。1900 年 4 月，梁启超致信康有为，解释了其对民智与民权的最新认识，即先从民权下手，再来解决民智问题。梁启超对民智与民权顺序的颠倒遭到其师康有为的责骂，但其仍不改初衷，他把民权当作开民智的前提，大力呼吁以自由为核心的民权。"夫不兴民权，则民智乌可得开哉？""故今日而知民智为最急，则舍自由无他道矣。"[②] 梁启超认为，中国有一种根深蒂固的奴隶性潜伏在国人中间，自秦汉以来的数千年中，国人根本没有权利意识，相反在君主和官吏的重压下，长期处于无权、无势、不自由的奴隶地位，养成了根深蒂固的受治服从、麻木不仁的奴隶性，这种奴隶性使人既无自治之力，亦无独立自由之心，只有依赖、盲从、谄媚的性情，结果在国人中形成一种安于现状被压迫受屈辱地位的顺民性格和对国事漠不关心的消极惰性。因此，梁启超认为："中国数千年之腐败，其祸极于今日，推其大原，皆必自奴隶性来，不除此性，中国万不能立于世界万国之间。"[③]

《清议报》连续对奴隶性大加针砭。奴隶性的表现是什么呢？《清议报》刊登《说奴隶》一文："奴隶者，与国民相对待而不齿于人类之贱称也。……奴隶则既无自治之力，亦无独立之心。……而天赋之权，应享之幸福，亦遂无

---

① 梁启超：《论湖南应办之事》，李华兴、吴嘉勋编：《梁启超选集》，上海：上海人民出版社，1984 年版，第 72 页。

② 梁启超：《致康有为书》，李华兴、吴嘉勋编：《梁启超选集》，上海：上海人民出版社，1984 年版，第 138 页。

③ 梁启超：《致康有为书》，李华兴、吴嘉勋编：《梁启超选集》，上海：上海人民出版社，1984 年版，第 136 页。

不奉之主人之手，衣主人之衣，食主人之食，言主人之言，事主人之事。倚赖之外无思想，服从之外无性质，谀媚之外无笑语，奔走之外无事业，伺候之外无精神。呼之不敢不来，麾之不敢不去，命之生不敢不生，命之死亦无敢不死。得主人之一盼，博主人之一笑，则如获异宝，如膺九锡，如登天堂，嚣然夸耀于侪辈为荣宠。及婴主人之怒，则俯首屈膝，气下股栗，虽极其凌蹴践踏，不敢有分毫抵忤之色，不敢生分毫愤奋之心。”[①]

梁启超把奴隶性分为“身奴”和“心奴”两种。所谓身奴，指的是被人奴隶的状态，也就是被迫屈从于外在压力；所谓心奴，指的是“我奴隶于我”，也就是被观念束缚，盲目依赖和服从外在权威。两相比较，“辱莫大于心奴，而身奴为末矣”。心奴者，“如蚕在茧，着着自缚；如膏在釜，日日自煎”。“若有欲求真正自由者乎，其必自除心中之奴隶始。”[②]心奴主要有四种表现：诵法孔子，“为古人之奴隶”；俯仰随人，“为世俗之奴隶”；所任命道，“为境遇之奴隶”；心为形役，“为情欲之奴隶”。[③]梁启超深信，只要破除心奴，让理性自由活动，真理就会源源不绝地涌现出来，一切有价值的文化学术才能获得自由发展。

当时的奴隶性是指长期封建专制统治所造成的人们安分、顺从、依附、卑怯的顺民性格，以及一些人安于奴隶地位的奴才意识。正是这种奴隶性使人自轻自贱，丧失独立自主的精神，养成依附、依赖等积习，使中国人“如群盲偕行，甲扶乙肩，乙牵丙袂”，全无自主、自择能力。更可怕的是，奴隶性所造成的顺民性格使人偷安苟活，安于被压迫、被统治的屈辱地位：“牛之马（之）不以为苦，奴之妾之不以为辱”，“驯伏数千年专制政体下，相率而不敢动”。更为可悲的是，中国人的奴隶意识是广泛存在并且根深蒂固的。“举国之大，竟无一人不被人视为奴隶者，亦无一人不自居奴隶者。”“我中国人之乐为奴隶，不自今日始也”，“中国之所谓二十四朝之史，

① 伤心人：《说奴隶》，《清议报》第69册，《清议报》第5集，北京：中华书局，1991年版，第4362页。

② 梁启超：《新民说》，李华兴、吴嘉勋编：《梁启超选集》，上海：上海人民出版社，1984年版，第229—230页。

③ 周建超：《梁启超与〈新民说〉》，《江苏社会科学》，1997年第4期，第128页。

实一部大奴隶史也”。中国遂成为“醉生梦死，行尸走肉，不痛不痒，麻木不仁之世界”。[①]

1902 年，流亡海外的梁启超创办《新民丛报》，该报连续发表《新民说》，对几千年来封建文化积淀在民族灵魂深处的劣根性大胆抨击。梁启超抨击的主要之点是，中国人以束身寡过主义“为德育之中心点”，不讲公德，只顾一身一家的荣华富贵，不顾国家的兴亡盛衰，只知有天下，不知有国家，只知忠于君，不知忠于国，甘为一姓之家奴走狗，主柔好静，不尚竞争；依赖成性，缺乏毅力，自暴自弃，自贬自损；搪塞责任，缺乏独立人格。[②]梁启超新民的重点在于民德。“我国民所最缺者，公德其一端也。”[③]他不仅把严复提出的“民力民智民德”顺序改为“民德民智民力”，而且大力倡导道德革命。“知有公德，而新道德出焉矣，而新民出焉矣”。[④]

由戊戌维新时期的开民智到强调道德革命的《新民说》，是中国近代启蒙思想的重要发展。开民智要求提高人们的文化水平，掌握西方的科学文化知识，而新民德则不同，它涉及民族文化的深层结构，是对几千年来人们习以为常的价值观念、道德意识、行为规范的改造，这就必然涉及一个民族的心理结构。因而，新民德远比开民智来得深刻、艰难、重大。新民德的重大意义在于提出了重建民族文化心理的历史课题。有研究者认为，梁启超要求重建民族文化心理的呼声，“一再拨动不同时代进步中国人的心弦”[⑤]，是一个历久常新的时代命题。

梁启超提倡自由平等、独立自尊、权利思想，并不是要确立西方意义上的一切以个人为中心、万事万物以个人为尺度的观念，而首先是将它们作为

① 张锡勤：《论中国近代的“国民性”改造》，《哲学研究》，2007 年第 6 期，第 32 页。

② 崔志海：《梁启超〈新民说〉的再认识》，《近代史研究》，1989 年第 4 期，第 87 页。

③ 梁启超：《新民说》，李华兴、吴嘉勋编：《梁启超选集》，上海：上海人民出版社，1984 年版，第 213 页。

④ 梁启超：《新民说》，李华兴、吴嘉勋编：《梁启超选集》，上海：上海人民出版社，1984 年版，第 216 页。

⑤ 崔志海：《梁启超〈新民说〉的再认识》，《近代史研究》，1989 年第 4 期，第 86 页。

挽救民族危机的手段。在梁启超那一代人身上，“理学连续性思维”[①]，即“修身齐家治国平天下”的一元化持续性思维仍然占据主导地位。在巨大的民族危机下，他们不可能接受“人是目的”这一人本主义的思想，更不可能接受马克思超越国家和民族的实现有个人自由而全面发展的思想。他们的新民思想服从于和服务于国家，个人仅仅是一种手段，始终不曾成为目的。说到底，新民是若干不同义务范围的总和，它包含着对国家的义务、对社会的义务、对家庭的义务和对恩人的义务。尽管新民思想中灌输的质料是新的，但维新派内心深处的政治思想依然是旧的。在当时的历史条件下，维新派不大可能跳出这种思维框架去思考西方的人权。

梁启超主张的所有民德，都是“义务导向”而不是“权利导向”。国家思想、进取思想、进步、自尊、合群、毅力、义务思想等要素自不待言，甚至包括权利和自由等概念，也被梁启超扭曲成强烈的义务逻辑。“设计‘新民’的根本目的不是为了‘新民’本身，而是为了一个由这种‘新民’构成的‘新国’。因此，‘新民’所拥有的自由和权利，必然不是那种经典自由主义理解下的脱离国家的自由和权利，而是摆脱私见积极投入国家之中的自由和权利。”[②]“梁启超此时深信从‘个人’到‘国家’有着一种近乎可以自动延伸过去的‘同构’逻辑。”[③]“苟有新民，何患无新制度？无新政府？无新国家？”[④]新民与新政府、新国家一体同源，几乎看不到任何区别，西方社会中个人与国家的紧张关系在这里毫无觉察，个人与国家不仅可以并存，而且从“新民”可以直接跨入“强国”的序列。

新民学说是近代中国改造国民性思潮的“第一排涌浪”[⑤]，代表了中国近

---

① 赖骏楠：《梁启超政治思想中的“个人”与“国家”》，《清华法学》，2016年第3期，第152页。

② 赖骏楠：《梁启超政治思想中的“个人”与“国家”》，《清华法学》，2016年第3期，第150页。

③ 赖骏楠：《梁启超政治思想中的“个人”与“国家”》，《清华法学》，2016年第3期，第151页。

④ 梁启超：《新民说》，李华兴、吴嘉勋编：《梁启超选集》，上海：上海人民出版社，1984年版，第207页。

⑤ 周建超：《梁启超与〈新民说〉》，《江苏社会科学》，1997年第4期，第130页。

代知识分子在经历社会变革阵痛后，深感全民素质低下而向往变臣民为国民、变传统的依附人格为现代的独立自由人格，改造千百年来人文历史积淀而成的奴性，造就一代具有崭新人生理想、价值观念、行为方式的国民的宏伟理想，体现了世纪之交中国知识分子群体的激情与沉思以及中国社会思潮变迁的动向和思维焦点的转换，从而在中国近代思想史上奠定了它应有的地位。

二、民初对国民性的再次批判

民初政党政治失败后，国民性问题又一次被提出来。人们发现，中国几千年来一直是一个君主专制的臣民社会，这种社会使得民初政党不仅未能像西方社会那样代表并综合社会各阶层的利益，而且直接成为各种派别或者个人争权夺利的工具。民初国人的西方政党观念与本土现实发生了严重的矛盾，在各种实验遭遇严重挫折后，人们纷纷再次把矛头对准了国民性。

不过，这一次与上次有所不同。清末对国民性的批判，其主要目的在于应对民族危机；民初对国民性的批判则在于鼓吹个人主义，追求个性解放，希望造就新一代和传统完全决裂的新青年，促使社会走向现代化。换句话说，这是从“救亡”到“启蒙”的一次历史性转变。民初对国民劣根性的批判，除了继续鞭挞奴性、旁观、守旧之处，进一步扩大到对麻木、愚昧、不洁、诈伪、民族自大、尚情任力等病态心理和习性的抨击。在挖掘劣根性根源方面，不但进一步批判封建专制政治和纲常名教对国民性的扭曲，还深入到对经济、社会背景的剖析。

李大钊指出了东洋国家的自然与经济条件与东洋人的消极、保守等特性之间存在必然联系；陈独秀则从东方民族宗法社会的特点考察东方人缺乏独立、自由、平等精神的根源。他们把努力进取，追求成功，既发展个性又造福人类，视为人生的归宿和历史的使命，认为只有树立起正确的人生观和世界观，才有可能养成真正牢固的新国民道德。对中国人性有着深刻洞察力的梁漱溟先生曾经提出：“中国人个个都是顺民，同时个个又都是皇帝。当他在家里关起门来，对于老婆孩子，他便是皇帝。出得门来，以其巽顺和平之第二天性，及其独擅之‘吃亏哲学’，遇事随和，他便是顺民。参加团体众人之中，不卑不亢的商量，不即不离的合作，则在他生活中素夙少此训练！”[①]

在对国民性进行分析的时候，人们已经认识到，官本位意识是中国人养成奴性的一个重要根源。面对民国初年的求官热潮，新兴知识分子对官本位进行了尖锐的批判和抨击。著名教育家范源濂指出，民初“学子之志于为官，几同于流水之归壑”[②]。据梁启超估计，全国“日费精神以谋得官者，恐不下数百万人”。他称求官队伍之庞杂是民初社会“最足令人瞿然惊者”的事情。[③]新式学生和前清官吏是求官队伍的两大主要构成力量。随着大批官吏“新旧并进，旧官僚奴根未去，新官僚又大种奴根”，名义上的中华民国共和政体已蜕化成官僚共和政体，“似去共和不远，却离专制亦近”。求官队伍的庞杂和奔竞钻营活动还严重扭曲了社会心理，腐蚀败坏着社会风气，社会秩序更加紊乱。同时大批人员拼命厕身仕途，使得早已严重超编的政府机关更加庞杂膨胀，加重了国家的财政负担。民初官吏之冗滥几已达到“有治人者，无治于人者，有官而无民”的严重程度。[④]

著名记者黄远庸指出：“今吾国上下，中一痼疾，驯至以此亡国。即亡国之后，而犹不可解者，则官迷之病是也。”他认为中国的专制统治是官本位意识盛行的根源，而官本位意识的存在又加剧了中国社会的极端专制。“以数千年专制之毒，世主既以官爵为唯一羁縻之具，而全国职业，劳少利大，而威武最盛者，既莫如官，则全国之争趋如鹄者固已宜矣。”[⑤]官吏俨然成为一种特别阶级，这一阶级乃是万恶之源，“毒药之毒，封豕长蛇之凶，然犹不及中国之官界，盖戕贼人才为第一利剂，无耻下流愚暗腐败种种，莫不由此酝酿

---

① 梁漱溟：《中国文化要义》，《梁漱溟全集》第 3 卷，济南：山东人民出版社，2010 年版，第 70 页。

② 范源濂：《说新教育之弊》，舒新城：《中国近代教育史资料》（下），北京：人民教育出版社，1961 年版，第 1063 页。

③ 梁启超：《作官与谋生》，《东方杂志》，第十二卷第五号，1915 年 5 月 10 日。

④ 赵可：《民初的求官热与社会进步舆论》，《西南师范大学学报》（人文社会科学版），2001 年第 1 期，第 120 页。

⑤ 黄远庸：《官迷论》，《远生遗著》上册，北京：商务印书馆，1984 年增补影印版，第 31 页。

增多，盖万恶之养成所也。”[①] 官吏这种特别阶级，“多取不义之财，而淫威以逞”。一方面求官者“极丧尽其廉耻”，另一方面授官者“乃极肆其骄倨”，这种恶劣心理影响并贯彻于一切政治之中，导致了文明和立宪的失败。黄远庸分析说：“夫文明何物？立宪何物？谓一国之人皆有人格。此人格各有独立平等之价值，而各以劳力于社会上受相当之报酬耳。今有官迷，则社会之人各欲奴隶人而鱼肉人，则其去政治之轨道也远已。”因此之故，黄生大声疾呼：“夫有人之心者，不可不去此陵人与劫人财之心，二者官迷之毒所由生也。”[②]

著名学者杜亚泉明确指出：“我国数千年来，伏屈于专制政体之下，官吏之威权特重，且安富尊荣，独占社会上优厚之权利，故人民之重视官吏，几成根性。”国民之所以重视官吏无非是“震其威权与羡其利禄”[③]。正是受权势和利禄的诱惑，所以求官者蜂拥而至，“不思刻苦勉励，依赖自力，于社会上营独立之职业，为真实之生活，群窟穴于行政机关之中，依赖国家，仰衣食于国库”[④]。鉴于官本位观念“其危害之及于国家甚大。直接之影响，使国家之政治不安；间接之影响，使社会之实业不振”。民初的社会进步舆论一致呼吁：“吾辈欲谋民国政治之安宁，望民国实业之发达，则其首要之条件，即在拔除人民重视官吏之根性。”[⑤] 其关键在于矫正国民依附权势的病态心理，消除专制时代形成的奴性，培养共和时代国民的健全人格。

对于国民性的认识，黄远庸可谓深刻。他认为，中国几千年来乃是一种游民政治。“吾国数千年之政治，一游民之政治而已。所谓学校，所谓选举（古之选官之制）、所谓科举，皆养此游民使勿作祟者也。游民之性，成事则不足，而败人家国则有余。”官吏在专制国是游民，是“相率而食人者”，是“食国家将亡之唾余，不生利者也”；在法治国，官吏则是“自养而养人”，

---

① 黄远庸：《忏悔录》，《远生遗著》上册，北京：商务印书馆，1984 年增补影印版，第 130 页。

② 黄远庸：《官迷论》，《远生遗著》上册，北京：商务印书馆，1984 年增补影印版，第 34—35 页。

③ 伧父：《论人民重视官吏之害》，《东方杂志》，第九卷第四号，1912 年 10 月 1 日。

④ 伧父：《再论减政主义》，《东方杂志》，第九卷第七号，1913 年 1 月 1 日。

⑤ 伧父：《论人民重视官吏之害》，《东方杂志》，第九卷第四号，1912 年 10 月 1 日。

“彼之官吏与政客大都生利者也”。在我国，“自古皆以做官为唯一不二法门，谓官愈多者食人则愈多”。长此以往，国民性质愈发恶劣，“吾国之大，乃其人物不过盗与丐之二种，二十四部历史，则盗丐与盗丐相斫之历史而已”。改变这种状况，官员必须变成能够自力更生的人和能够创造财富的人。一个人只有能够自立、自生、自强，才会培养出健全的人格。“夫必有独立之生计，而后其人乃能独立自尊。”[①]

梁启超则认为，民初政客多为“高等流氓”，他对当时大多数青年不顾自身的兴趣、爱好及特长，在官本位观念的驱使之下，“乃急投诸官吏之大制造厂中，而作其机器之一轮一齿”的做法十分惋惜，认为“其自暴殄毋乃太甚乎”？青年人应该洁身自好，做一个社会有用之人，金钱财物“非以相当之苦力而得之享之，可直谓人生一大不幸事”。[②]这时的梁启超开始把培养自立人格视为共和政体之下国民健全人格的首要标准。

钱智修指出：“故四民以士为首，而士则以求官为事。未得者怀挟策干进之心，既得者极骄奢淫逸之致。此钻营奔竞之风所以盛，而礼义廉耻之防所以大溃也。”[③]只要迷恋权势财富，依附于专制权力，就无法培养独立健全的人格。梁启超清醒地认识到，仕途拥挤，追逐官吏者越多，人格道德越发低下。“官吏之量，供过于求，故其得之者，必须至剧烈之竞争。而此种竞争，非若陈货于肆，唯良斯售，而其间恒杂以卑屈之钻营，阴险之倾轧。其得而患失也，则亦若是，故虽以志节之士，一入乎其中则不得不丧其本来。而人格既日趋卑微，则此后自树立之途乃愈隘。”“今以灵长万物之身，且在国中为较有学问才技者，而偏自投于此种不需要之供给，日蹙蹙焉待朽腐摧烧之期之至。天下之不智，莫过是也！天下之可哀，莫过是也！”[④]在官本位观念的作用下，不仅知识分子的人格独立无从谈起，而且知识分子的活力已被专制统治驯化压抑到最低限度。他们为求得功名富贵而蜕变成低眉屏息、

① 黄远庸：《游民政治》，《远生遗著》上册，北京：商务印书馆，1984 年增补影印版，第 24 页。

② 梁启超：《作官与谋生》，《东方杂志》，第九卷第四号，1912 年 10 月 1 日。

③ 钱智修：《消极道德论》，《东方杂志》，第十卷第四号，1913 年 10 月 1 日。

④ 梁启超：《作官与谋生》，《东方杂志》，第十二卷第五号（1915 年 5 月 10 日）。

蝇营狗苟、毫无信仰原则可言的庸才和奴才，卑微地俯伏于专制权力的淫威之下。

与清末不同，民初对国民性、奴隶性和官本位意识的批判，已经不再把国民当作单纯建设富强国家的工具，而是蕴含着构建新型国民和现代化公民的指向。1920 年 9 月，梁启超在《改造》发刊词中郑重声明："同人确信国家非人类最高团体，故无论何国人，皆当自觉为全人类一分子而负责任；故褊狭偏颇的旧爱国主义，不敢苟同。"① 这种主张反映了民初政党政治失败之后中国知识分子的重要转向，他们企图把个人从国家中解放出来，在世界视野中对个人进行重新定位。这时候的国家已经不是昔日"褊狭偏颇"的国家，而是一种最低限度的国家，"同人确信国家之组织，全以地方为基础，故主张中央权限当减到以对外维持统一之必要点为止。"② 不仅如此，他们还把个性与群性放到平等的位置上进行思考。"同人确信谋人类之幸福，当由群性与个性互相助长，务使群性能保持平等，务使个性能确得自由，务使群性与个性之交融能启发向上。"③

当然，如果把国民性的改造以至中国的民主富强完全归之于民众的素质与自新，无疑是一种极大的冒险。民主政治并非是十全十美的政治，它不可能建立在完全现代化的公民基础之上，实际上早在 2000 多年前的古希腊人已经能够充分创造和使用民主。徐复观曾经揭示："假定把科学的批评精神和逻辑的论证能力当作民主政治运用中的必须条件，则不仅中国没有多少人具备此种条件，最低限度，在几十年内没有实行民主的资格。即英美的工人阶级乃至农民，也未必能合此一要求。"④

① 梁启超：《〈改造〉发刊词》，李华兴、吴嘉勋编：《梁启超选集》，上海：上海人民出版社，1984 年版，第 744 页。

② 梁启超：《〈改造〉发刊词》，李华兴、吴嘉勋编：《梁启超选集》，上海：上海人民出版社，1984 年版，第 743 页。

③ 梁启超：《〈改造〉发刊词》，李华兴、吴嘉勋编：《梁启超选集》，上海：上海人民出版社，1984 年版，第 746 页。

④ 干春松编：《中国近代思想家文库·徐复观卷》，北京：中国人民大学出版［社，2014］年版，第 46—47 页。

正因如此，我们对民初国民性的探讨应该持一种较为辩证的观点。个体与群体、个人与社会、人的近代化与社会的近代化，原本是一种双向影响、双向互动的关系。一旦脱离社会变革的实践而孤立地谈个体人的自新，那么国民性改造也就成了孤立的个人行为；这种孤立的个人行为势必要落入传统儒家、理学家们修身养性的老套，这样国民性改造也就沦为一种空谈，难以取得实效。但是，国民性改造问题的提出引发了国人对人自身的近代化的关注，人们逐渐认识到，“不论是破坏旧世界还是建设新世界，都要靠觉醒中的一代新人；离开人自身的近代化，社会的近代化就没有坚实的基础”①。陈独秀曾经痛切地指出，“立宪政治果能实行无阻乎？以余观之，此等政治根本解决问题，犹待吾人最后之觉悟”，共和立宪如果不是出于“多数国民的自觉自动”，那就必然沦为“伪共和”与“伪立宪”，成为政治的装饰品。②正是基于这些认识，近代的改革者不仅要求实现人的解放，同时又呼吁实现人的重塑。从此，提高全民的基本素质、振奋民族精神、造就一代公民的任务成为时代的呼唤。

三、国民性与立宪的内在矛盾必然导致对政治道路的重新选择

长期以来，中国封建专制社会以国家最高所有权支配下的小农经济为基础，外靠以专制王权为核心的行政力量，内靠以血缘关系为纽带的宗法关系，维护着整个社会的政治秩序和社会稳定。这种社会结构哺育了中国根深蒂固的臣民意识：重权力，轻信念；重德行，轻制度；重伦理，轻公平；重关系，轻正义；重权谋，轻法律等等，形成了与权力开放、公平正义、民主自由的政党政治难以兼容的封闭环境。民初政党政治与国民性的内在矛盾构成尖锐冲突，改造国民性任重道远且缓不济急，由此必然激发各种政治力量对中国政治道路的重新选择。

---

① 张锡勤：《论中国近代的“国民性”改造》，《哲学研究》，2007年第6期，第31页。

② 陈独秀：《吾人最后之觉悟》，《独秀文存》(一)，北京：外文出版社，2013年版，第52—54页。

早在1911年，章太炎在《光华日报》上发表言辞激烈的《诛政党》一文，指责政党“操术各异，而兢名死利，则同为民蠹害，又一丘之貉也”[①]。“盖欧、美政党，自导国利民福，中国政党，自浮夸奔兢，所志不同，源流亦异，而漫以相比，非亡则夸也。”[②] 民初政党政治失败后，辛亥革命元老、民初政党政治的当事人谢彬事后总结感叹说：“自今而后，国人果欲继续施行代议政治，愚敢断言，最低限度，必须先养成人民普遍的政治常识，先组织有训练的政党，庶可涤荡以往之瑕秽，收拾此土崩瓦解之局。非然者，恐更江河日下，坐待亡国而已。”[③] 新文化运动时期，陈独秀创办《新青年》，就一直在探讨从文化上改造中国的可能性和具体方法。陈独秀极力讴歌革命的重要性。“今日庄严灿烂之欧洲，何自来乎？曰革命之赐也。”[④] 中国的革命应该先从国民思想观念上开始入手。陈独秀分析帝制、共和与思想之间的关系说：“袁世凯想做皇帝，也不是妄想。他实在见得多数民意相信帝制，不相信共和”。由于近代国家是建立在国民公意之上的，如果相信帝制的人多，那么建立帝制就不是妄想。“如今要巩固共和，非先将国民脑子里所有反对共和的旧思想一一洗刷干净不可。”“若是一面要行共和政治，一面又要保存君主时代的旧思想，那是万万不成，而且此种‘脚踏两只船’的办法，必至非驴非马，既不共和，又不专制，国家无组织，社会无制度，一塌糊涂而后已！”[⑤]

1916年到1917年，不满20岁的常乃悳便与陈独秀在《新青年》上发生过一场争论。这位后来成为中国青年党的头面人物认为：“人生最大职务，即在就吾人环境之现境，加以变动，使实现吾理想之鹄的，如是而已。……若

① 姜义华编：《中国近代思想家文库·章太炎卷》，北京：中国人民大学出版社，2014年版，第90页。

② 姜义华编：《中国近代思想家文库·章太炎卷》，北京：中国人民大学出版社，2014年版，第86页。

③ 谢彬：《民国政党史》，北京：中华书局，2007年版，第128页。

④ 陈独秀：《文学革命论》，见《独秀文存》(一)，卷一·论文，北京：外文出版社，2013年版，第135页。

⑤ 陈独秀：《旧思想国体问题——在北京神州学会讲演》，《独秀文存》(一)，卷一·论文，北京：外文出版社，2013年版，第148—149页。

舍现境而专言理想，则其所谓理想者，将何从以征其实现乎？”常乃悳认为既然中国民情不适合共和，为何还要坚持共和呢？陈独秀于1917年4月1日复信说，人民程度与政治之进化互为因果，如果人民程度距离共和过远，共和则万无成立之理由。但是，陈独秀又非常有远见地指出：“吾闻有已行共和政体而其民尚未尽成共和之民者，未闻其民皆共和之民，而始行共和政体者。”[①]即使在欧美等共和国家，也并不是都会赞成共和，而在过去推翻帝制的几百年前就更是如此了。“若虑其民尚未尽成共和之民，遂惮言共和政体，则共和将永无希望。”[②]

陈独秀否定立宪，却主张共和。1922年8月，他在《东方杂志》上发表文章称：“人民的权力，必须集合在各种人民的组织里才可以表现出来。直接具体表现到政治上的只是政党。政治的隆污是人民休戚之最大关键，政党是人民干涉政治之最大工具，所以主张人民不干涉政治是发昏，主张干涉政治而不主张组织政党，更是发昏之发昏。要实现政党政治来代替武人政治，亦即是以人民权力来代替军阀权力，非有党员居全国人口百分一之强大的民主党两个以上不可。”[③]陈独秀十分坚定，以政党政治取代武人政治仍然是历史前进的方向，因而他提出“目前扶危定乱的唯一方法”：“我主张解决现在的中国政治问题，只有集中全国民主主义分子组织强大的政党，对内倾覆封建的军阀，建设民主政治的全国统一政府，对外反抗国际帝国主义，使中国成为真正的独立国家，这才是目前扶危定乱的唯一方法。”[④]

民国初期的很多官僚派代表人物经常坚持一个观点：“共和共和，就是不

① 陈独秀：《四答常乃悳》，《独秀文存》（四），卷三·通信，北京：外文出版社，2013年版，第71页。

② 陈独秀：《四答常乃悳》，《独秀文存》（四），卷三·通信，北京：外文出版社，2013年版，第73页。

③ 胡适：《联省自治与军阀割据（答陈独秀）》，《附录：对于现在中国政治问题的我见（陈独秀）》，原载1922年8月10日《东方杂志》第19卷第15期，见《胡适文存》（贰），北京：华文出版社，2013年版，第322页。

④ 胡适：《联省自治与军阀割据（答陈独秀）》，《附录：对于现在中国政治问题的我见（陈独秀）》，原载1922年8月10日《东方杂志》第19卷第15期，见《胡适文存》（贰），北京：华文出版社，2013年版，第323页。

和；民主民主，就是无主”。“许多中国人将中国的无助和软弱归罪于共和制度，认为是这项制度使得国家涣散，没有凝聚力；而那些已经拥有权力的人为了保全他们的地位，也不喜欢共和制度；当然，更主要的是因为有许多有影响力的中国人真诚地相信，如果切实考虑到中国的历史传统和目前的现实状况，只有实行君主制度才能实现国家的强盛。”① 但是接下来的两场复辟——袁世凯复辟和张勋复辟接二连三的失败最终打破了这些人的幻想，帝制再也不会被中国人民所接受。其实，这里面主要还是中国的经济基础和文化观念正在发生深刻变革，这就从根本上动摇了皇权赖以生存的农耕社会生产力基础和封建文化根基，虽然封建专制社会的基础从形式上看依然庞大，但内部生命力已经萎缩，根本没有能力支撑一个新的皇权，无法担负改变中国人民被欺负、被压迫、被奴役命运的历史任务，更无力扭转中华民族近代不断衰落的趋势。

中国近代社会由于内忧外患而处于不断衰落的民族危机之中，在这种危机下产生的政党完全不同于西方社会产生的内生型政党。内生型政党属于由生产力发生重大变化导致生产关系发生变革后形成新的经济基础而出现的上层建筑，它面对的直接任务是应对不断激化的国内社会矛盾和阶级矛盾。外生型政党是由于亡国灭种的外部危机导致民族国家内部产生的政党，这是一种超前于国内生产力和生产关系的相应发展而出现的上层建筑，因而得到自下而上的民众支持并不容易。民国初年产生的大量政党属于外生型政党，它不是直接源于中国内部生产力和生产关系的巨大变革，而是在内忧外患不断加剧的政治危机下产生的政治组织。这种政党的先天不足和后天优势同时并存。清末民初的人们对国民性的批判说明，他们以西方政党作为参考系，对中国政党先天不足的社会基础认识深刻，但他们没有看到中国政党的后天优势所在，即政党可以通过自上而下的群众路线动员和发动群众而掀起浩浩荡荡的群众运动来支持革命，所以民初政党不会成为解决中国前途命运的政治力量，不会找到实现中华民族伟大复兴的正确道路。

---

① 〔美〕古德诺：《解析中国》，蔡向阳、李茂增译，国际文化传播公司，1998 年版，第 114 页。

四、小结

从1912年中华民国建立到现在，已经越过110年的时光。在当下的百年时光维度中再次回望这段历史，的确令人非常感奋。中国政党在110年的时间里屡伏屡起，从同盟会以手枪炸弹摧毁帝制，到民初政党群雄逐鹿，再到国会覆亡，民初政党从居功至伟的高峰跌入国人唾骂的深渊。尽管如此，民初政党政治仍然具有巨大的历史进步意义，它紧随辛亥革命之后，取代了中国延续几千年的君主专制政治，将民主共和的理念进一步嵌入中国人民和中华民族的血脉之中。正是在民初政党失败的废墟上，中国共产党应运而生，中国国民党改组重生，国共两党两次合作，一是通过国民革命将军阀政治逐出中国政治之外，二是通过民族革命将日本帝国主义赶出中国。中国政党，舍我其谁？中国共产党以马克思主义为指导，彻底颠覆了长期以来对国民性的错误定位，坚持人民至上的大历史观和唯物史观，团结带领中国人民，通过开天辟地、气壮山河的百年奋斗，彻底扭转了中华民族在近代不断衰落的趋势，根本改变了中国人民的前途命运，最终成为唯一能够领导中国人民和中华民族的核心政治力量。

第四章　民初政党政治的衰落轨迹

从西方移植到中国的政党制度，在民初运行过程中出现了严重的水土不服症状，这里面的原因是多方面的。从制度层面看，政体设计的不断变化和内在缺陷对政党政治的失败负有难以推卸的责任；从集权与分权的角度看，二者的失衡增加了政党政治的难度；从权利与权力的互动看，国权与民权的失序是政党政治失败的重要原因。这些因素贯彻于民初政党政治运行的历史轨迹之中，深刻影响并最终决定了民初政党试验的失败。

第一节　政体选择

内阁制与总统制的争执肇始于南京临时政府成立之时。南京临时政府的成立表明，革命党以民主共和的总统制宣告了封建皇权专制的死刑，也终结了立宪派长期以来的君主立宪努力。袁世凯出任大总统一职后，如何制约总统权力立即成为革命党人的新课题。革命党占据多数的临时参议院以立法形式更改总统制为内阁制，企图通过对责任内阁的控制来掌握政权。从此开始，内阁制与总统制的矛盾成为民初政治斗争的主线。

一、责任内阁制的出台经过

武昌事起后，组织共和政府迅速成为时局的焦点。宋教仁在革命爆发后，立即发表通告称："美利坚合众之制度，当为吾国他日之模范。"[①]1月15日，独立各省在上海组织各省代表会，又称各省都督府代表联合会。12月初，独立各省代表从上海会集汉口，商议组织中央政府事宜，各省与会代表拟定《临时政府组织大纲》，决定依照美国政体模式，选举临时大总统，实施总统制，以统摄全国军政事务。《组织大纲》的第一章为临时大总统，规定了总统由"各省都督府代表选举"的选举办法，"临时大总统有统治全国之权"，"有统帅海陆军之权"，"得参议院之同意，有宣战、媾和及缔结条约之权"，"设立临时中央之审判所之权"。[②]大纲明确规定了临时大总统、参议院、行政各部的职权，大总统是国家权力中心，处于国家最高权威的位置，既是国家元首，又是政府首脑。

随着革命形势的迅速发展，同盟会内部开始出现不同声音。武昌起义后，黎元洪、黄兴等人一直在与清廷内阁总理大臣袁世凯进行谈判，起义者企图以总统职位换取袁世凯反正。正是在这样的背景下，责任内阁制的主张开始浮上台面。宋教仁一改过去之态度，从美国总统模式迅速转入法国内阁模式。但是，由于孙中山的突然回国，国内革命形势为之一变。12月26日，同盟会假哈同花园公宴25日回国的总理孙中山，"席次，黄、陈密商举孙逸仙为大总统，分头向各代表示意。马君武主于《民主报》著论，唤起民众，孙善之。遂会议组织临时政府方案。宋教仁主张以内阁制为大纲。孙逸仙持异议颇力，宋坚决不可。黄兴耳语宋，劝撤回主张，宋频摇其首，几成僵局。"[③]晚间，黄兴、陈英士、宋教仁等同盟会最高干部在孙中山寓所开会，专门讨论总统制与内阁制之取舍。孙中山郑重声明："内阁制乃平时不使元首当政治之冲，故以总理对国会负责，断非此非常时代所宜。吾人不能对于惟一置

① 陈旭麓：《宋教仁集》（上），北京：中华书局，2011年版，第365页。

② 《中华民国临时政府组织大纲草案》，《民立报》，1911年12月11日，第1版。

③ 王耿雄：《孙中山史事详录》，天津：天津人民出版社，1986年版，第67页。

信推举之人，而复设防治之法度。余亦不肯徇诸人之意见，自居于神圣赘疣，以误革命之大计。”[①] 双方互不相让，争论十分激烈。孙中山不惜以退出总统为代价，最终迫使宋教仁等人让步。在黄兴的居间调解下，决定将此问题交付各省代表会决定。次日，各省代表会在江苏谘议局召开，宋教仁再次力主实行内阁制。经过激烈争论，大会否决了宋教仁的主张，最终议决通过了采用总统制的议案。

必须说明的是，孙中山出任中华民国总统职位，是在江浙一带的立宪派大力支持下就任的。当时，武昌起义的军事力量在黎元洪领导之下，攻克南京的力量是立宪派领导的江浙联军，远在海外的孙中山急速回国，由于其长期的斗争声誉被举为临时大总统。然而，被推举就任总统之职并非拥有自己的军事力量作为后盾，这就决定了总统宝座的脆弱性。在立宪派那里，南京临时政府在本质上只是起义者压迫清廷和促使袁世凯反正的一种手段。在孙中山就任总统之前，各方力量已经达成了“让位于袁”的协议。到 1912 年 1 月底，清廷退位的大势已经形成，孙中山的总统职位迅即不保。在这种情况下，责任内阁制的主张再次进入人们的视野。

1912 年 2 月 1 日，《申报》公布了临时参议院草成的《临时约法》草稿。该约法把总统置于第三章的位置（原《组织大纲》第一章为总统），即“临时大总统副总统及国务员”，规定参议院对大总统设有“同意权”，赋予国务员对大总统拥有“副署权”。同意权与副署权这两权的出现显然是为了限制大总统，但约法仍然明确规定大总统享有“任命国务各员”的权力，要求“行政各部设部长一人为国务员，辅佐临时大总统总理各部事务”。[②] 观察这部约法草案，里面并没有国务总理的设置，那就更谈不上内阁独立的行政权力，内阁始终是围绕总统的内阁，大总统仍是权力中心，但体现了参议院和国务员的制衡作用。另据当时日本驻南京领事铃木的记录，革命党人“推袁出任大总统，并非想把一切政务交袁一手处理，而是要把他当作一个傀儡，临时予以推戴”，南方革命党人希望以袁世凯为总统，以黎元洪为

① 王耿雄：《孙中山集外集》，上海：上海人民出版社，1990 年版，第 47 页。

② 《中华民国临时约法草案》，《申报》，1912 年 2 月 1 日，第 3 页。

副总统，孙文任内阁总理，黄兴任陆军总长，掌握兵权，“实权并不赋予袁世凯”，“一切政治问题，全由参议院讨论决定，置参议院于革命党掌握之中”。[①]铃木的观察虽然是一面之词，但也能够说明南方革命党人已经开始致力于变更总统制的内涵，把参议院和国务员作为抗衡大总统的一种必要手段，这就为内阁制的确定提供了外部条件。综合《申报》推出的约法草案和铃木的判断，不难看出，这时候南方革命党人的内阁制方案开始酝酿，但尚未成熟。

南京临时参议院对《临时约法》的议定开始于2月7日。当天下午，南京临时参议院出席议员31人，审议长李肇甫主席，“宣布临时约法草案请讨论公决”，“讨论未终，审议长请议长主席，审议长退入议员席。议长主席报告审议会之结果，并报告定初八日上午续开审议会。五时半，主席宣告散会。”[②]2月8日上午，出席议员29人，参议院继续开会，但讨论重点是伍代表来电和桂林来电，临时约法草案中的内阁制与总统制的问题显然没有引起议员的足够关注。参议院的记录表明，“讨论未终，已届散会时间，议长宣告散会”[③]。但《申报》的报道或许更为准确地披露了其中内情，“少数议员主张不设内阁，致未议决”[④]。在2月9日下午的审议会上，审议长李肇甫主席，参加议员21人，历时两个小时，讨论的问题仅此一项，即是否将总统制改为责任内阁制。“讨论结果，主席请赞成增设责任内阁者起立表决，多数可决”。[⑤]

变更总统制为内阁制，是从《临时政府组织大纲》变为《临时约法》的最大看点。应该说，改总统制为内阁制是非常重大的国家大事，在制度设计上必须经过周密准备和详细考察，拿出切实可行的科学方案，在程序上应该有各方政治势力的深度参与、反复讨论和最终通过。如果从法律程序上看，这部约法在2月7日第一读会提出，到3月8日第三读会最后议决，历时仅

---

① 邹念之：《日本外交文书选译——关于辛亥革命》，北京：中国社会科学出版社，1980年版，第344页。

② 《参议院.参议院议事录》，北京：国家图书馆缩微部，1912年版，第29页。

③ 《参议院.参议院议事录》，北京：国家图书馆缩微部，1912年版，第30页。

④ 专电，《申报》，1912年2月9日，第2版。

⑤ 《参议院.参议院议事录》，北京：国家图书馆缩微部，1912年版，第32页。

仅 32 天。参议院 41 位议员在如此之短的时间内制定一部全国的宪法性文件，并以 26 位议员之数最终通过这样一个事关民国大局的宪法性文件，显然太过仓促，尤其是对责任内阁制的后果根本来不及进行全方位的评估，这就为后来的体制争端留下了祸根。

二、责任内阁制的内部讨论

从民国初年一直持续到今天，对责任内阁制的争议长久不衰，因而了解这一变化的内情就显得十分必要。理解这一变化，一方面要考虑孙中山临时政府和革命党人的态度，另一方面也要考虑临时参议院的变化情况。毕竟，《临时约法》是临时参议院独立制定的宪法性文件。

清帝逊位后，孙中山被迫将总统职位让与袁世凯，但袁世凯却在定都与南下问题上步步紧逼，革命党人不得不酝酿如何最大限度地保留革命成果。居正在《梅川日记》中记载，2 月 13 日，“孙公命胡汉民先生召集同志参议员及我等讨论大体……首都虽定在南京，而袁氏不来，遂成悬案。至中央则宜改总统制为内阁制”①。改总统制为内阁制，在南京政府中的支持者自然不乏其人。法制局局长宋教仁一直是责任内阁的倡导者，他对责任内阁的坚持不言自明。南京临时政府总统府秘书长胡汉民对此直言不讳：“改总统制为内阁制，则总统政治上权力至微，虽有野心，亦不得不就范”②。即将辞职的孙中山着眼于内阁制对袁世凯的限制，一改往日反对态度，转而力赞此事，并于袁世凯在北京就职总统的第二天立即颁布以内阁制为核心的《临时约法》。孙中山把《临时约法》视为专门对付袁世凯的三道绳索之一，他专门对秘书张竞生解释说：“这是给孙悟空戴上金刚箍，使他不能随便作怪。”③ 这是南京临时政府的策略转变，这一转变清楚地说明了革命党人以内阁制制约袁世凯的企图。

---

① 居觉：《居觉生先生全集》（下册），古本，出版社不详，民国 43 年版，第 548—549 页。

② 中国科学院近代史研究所：《近代史资料》，北京：中国社会出版社，1981 年版，第 2 页。

③ 中国人民政治协商会议全国委员会文史资料研究委员会：《辛亥革命回忆录》（第 8 集），北京：中国文史出版社，2012 年版，第 365 页。

1912年的春天，同盟会的机关报《民立报》多次刊发社论，竭力倡导内阁制。2月21日，《民立报》刊发社论，专论总统与内阁的关系。社论直截了当地指出，“以总统负政治责任，非法也”。内阁政治的精髓在于立法行政两部能够“打成一片”。所谓打成一片，就是立法部员出而为行政部员，而“行政部员即视为立法部之一委员会是也”。[①]在革命者看来，不是内阁政治，则立法行政两部的冲突必然爆发，冲突愈演愈烈，则政府陷入瘫痪之中。3月1日，《民立报》刊登社论《说强有力之政府》。社论开篇就提出“吾国当设一强有力之政府”。“强有力之政府者，乃政府为政党所主持，其党控制议会之多数，同时出而组织内阁，内阁之政策无不得通过于议会，以实行于国中也。此种政府，谓之政党政府；以内阁言，谓之政党内阁；以政治言，谓之内阁政治”。“吾民国之所求，乃此种政府也”，“民国政府，当采法兰西制”。[②]非常奇怪的是，革命党人一口咬定只有内阁制才能支持强有力政府，而总统制必然破坏强有力政府，这一逻辑链条不仅革命党人广泛宣传，即使具有浓厚立宪派色彩的申报同样深信不疑：“政党内阁其主义在取强有力之政府，吾国采法国制，则总统立于内阁之外，不与内阁同肩其责。”[③]

当时，很多人担心议会专制，社论直截了当地为此进行了辩护。“此种政府之强有力乃议会之强有力也，议会之强有力，即人民之强有力也”，“倘若必舍强有力而言专制，则此种政府之专制乃议会之专制也；议会之专制，即人民之专制也”，“人民者，统治权之主体，乃国家也，故人民即国家也”。[④]按照这一逻辑，政党专制就是议会专制，议会专制就是人民专制。革命党人对议会专制的目的毫不隐晦。3月8日，《民立报》再次刊文强调，“民国欲富强，万不能不行内阁制”。“舍内阁制而采总统制，全由于联邦之故也，观此，则知我国为单一国，而非如美之联邦，于组织内阁，自当不必效法于美”。[⑤]

---

① 行严：《新总统与内阁政治》，《民立报》，1912年2月21日，第1版。

② 行严：《说强有力之政府》，《民立报》，1912年3月1日，第2版。

③ 《超然总统与党派总统（寒）》，《申报》，1912年9月4日，第1版。

④ 行严：《说强有力之政府》，《民立报》，1912年3月1日，第2版。

⑤ 宗良：《凡论政党内阁制及民国必须采用之理由》，《民立报》，1913年3月8日，第2版。

在当时的很多人看来，民国之所以不能采取美国的三权分立，还在于他们对世界的一种认识，即“美已渐达于静止之域，而法则尚在奋进时也”[①]。革命党人改总统制为内阁制的声势已经形成。

据参与制定《临时政府组织大纲》和《临时约法》的参议员谷钟秀记录，改总统制为内阁制是因应时局的发展变化。“各省联合之始，实有类于美利坚13州之联合，因其自然之势，宜建为联邦国家，故采美之总统制。自临时政府成立后，感于南北统一之必要，宜建为单一国家，如法兰西之集权政府，故采法之内阁制。”[②] 若单从字面理解，把内阁制说成是南北统一的需要，显然容易受到质疑，因为内阁制有利于南北统一而总统制就不利于南北统一吗？这显然是无稽之谈。其实，此说的真正内涵并不在于此。联系当时的历史背景，谷氏讲的南北统一是指南方统一北方，而不是北方统一南方。如果从这个角度观察，谷钟秀说的倒也不能算是假话。

另一位临时参议员吴景濂则矢口否认内阁制是为制约袁世凯而设。“议约法时，关于取美国制抑取法国制，当时争论甚多，有速记录可证，并非为袁氏要作临时大总统，故定此种约法，以为牵制。予始终侧身与议，故知之较详。”[③] 吴氏的回忆从侧面透露出一个重要信息，如果参议院确立内阁制并非专为袁世凯而设，那么参议院“争论颇多”的内中缘由到底是什么呢？吴氏有口难言，其“争论颇多”一语似乎包含着多重含义。实际上，这里面既包含着革命形势发展的必然之势，又包含着参议院与总统的各种矛盾冲突。

从当时参议院自身的主体条件看，参议院由各省都督代表联合会（各省代表会）递进而来，当时的总统都是各省代表会选举而来的，再将总统置于参议院之下并无特别激进之处。在参议员心底里，既然各省代表会能够选举总统，赋予总统权力，那么临时参议院拿掉总统的权力有何不可？联系当时的实际情况，临时参议院与南京临时政府多次出现冲突，先是有关临时约法

① 《总统制与内阁制》，《民立报》，1913年4月20日，第3页。

② 谢振民：《中华民国立法史》，北京：中国政法大学出版社，2010年版，第46页。

③ 中国人民政治协商会议全国委员会文史资料研究委员会：《辛亥革命回忆录》（第8集），北京：中国文史出版社，2012年版，第363页。

的立法权归属，参议院坚决拒绝了来自总统方面以任何形式进行的干涉；接着参议院与政府在借款问题上也冲突不断，参议院开始酝酿质问政府违法借款，双方冲突不断升级，尤以孙、黄于2月15日逼迫参议院改变迁都北京的决议达至高潮；后来又发生司法部“拟捕惩”参议员的事情，激起参议院弹劾。在此背景之下，对参议员来说，改总统制为内阁制不失为解决参议院与总统冲突的一种方法。

据日本人铃木观察，南京临时参议院地位正在不断上升，“拥有巨大权限”，“越来越占有十分重要之地位”，“不论彼等对孙、黄、袁等人有何意见，只要不经参议院议决，即无法执行”①。且根据当时施行的《修正中华民国临时政府组织大纲》，宣战、媾和、制定官制、官规、任免文武官员、政府预算、币制及各项法律，均须由参议院通过或议决，临时参议院既是立法机关，又是最高权力机关。这种至高无上的地位必然使参议院产生一种错觉，认为其修改总统制为内阁制并无不妥，甚至是理所当然的。

从根本上说，以内阁制取代总统制服从和服务于革命斗争的需要。对当时的众多同盟会会员来说，只要实行责任内阁制，革命者就有重新夺回政权的可能性，这符合革命党人的整体利益。宋教仁后来转而组织国民党，全力赢得国会大选的胜利，其原因也正在于责任内阁制的出现给无数革命者燃起了新的希望之火。

三、各方对内阁制取代总统制的反应

奇怪的是，这样一种垄断绝对权力的责任内阁制又为什么能够最后被各方接受呢？事实上，当时参议院的这种“超议会制”设计如果仅仅符合南方革命党人的自身利益，而遭到北京方面的强力反对，或者是与整体社会习惯不相符合，那也是行不通的。就是说，责任内阁能否顺利通过，取决于当时正方与反方的力量对比。而机缘巧合的是，这一设计不仅符合革命党人的利

① 邹念之：《日本外交文书选译——关于辛亥革命》，北京：中国社会科学出版社，1980年版，第344页。

益诉求，而且符合立宪党人的需要，当时的社会背景显然有利于内阁制，而北京方面的反对却因各种原因而暂时延缓，因而给责任内阁制的诞生提供了难得的机遇。

立宪党人主持的杂志《东方时报》主张以内阁制取代总统制。它认为，南京临时政府之所以取总统制而不是内阁制，而北京临时政府之所以取内阁制而不是总统制，完全是形势变化所致："当此大局未定，戎马仓皇，首领之权，固不可不专。若为吾国久远之计，则美国民主政府之制，决不可则效。则效之，或将使吾国重返君主之政体也。"它使用两分法把世界上存在的典型政体区分为君主与民主两种，在此之下又出现国会政府与非国会政府两种组织形式，这样一来就有了四种类型的政府，即君主之下的国会政府，例如英国；君主之下的非国会政府，例如德国；民主之下的国会政府，例如法国；民主之下的非国会政府，例如美国。"立宪有君主民主之分，亦有国会政府与非国会政府之分。用国会政府之国，行政立法两权，皆纳诸国会之中。政府之进退，国会主之。如君主立宪之英，民主立宪之法是。用非国会政府之立宪国，行政立法两权分立，政府之进退，不由国会主之。如君主立宪之德，民主立宪之美是。"在这一标尺之下，它断言，法制中"政府不善，议会可随时易其内阁"，但美制中总统"易流于专制"，甚至"复建帝位"，议会对此无能为力。美国的总统制之所以"尚无大弊"，得益于其尊重自由的民情和成熟的两党体制，而现在不仅中国不具备这两点，而且三权分立的学说已经几近破产，中国因而不可效法美国，只可学习法国。[①] 显然，立宪党人的看法是由其立场决定的，它对历史真实的看法并不准确。

如果从更为广阔的历史场景观察，清朝末年充斥着革命派与立宪派对未来政体的激烈争论。立宪派起初主张用责任内阁体现和限制君主的行政大权，后来则用责任内阁捍卫君主立宪的政治主张，企图以此抗衡革命者的民主共和。辛亥革命爆发后，流亡海外的梁启超意识到历史巨变业已来到，于

---

① 英伦羁客：《敬告国人中国民主政府当仿法国决不可仿美国之制》，《东方杂志》（第8卷第10号），1912年4月1日，第137—139页。

是“积十年之研索”，“加以一月来苦思极虑”[①]，写成《新中国建设问题》一文。该文虽然放弃了君主立宪主张，但其贯彻责任内阁的主张丝毫没有动摇。他认为，大统领之下的美国共和模式是“诸种共和政体中之最拙劣者”，“惟美国人能运用之，而他国人决不能运用，我国而贸然欲效之，非惟不能致治，而必致于酿乱。”[②]

梁氏进一步解释说，“美洲诸国，大统领即为行政府之首长，而任期有定，不以议会之从违为进退，人民不慊于政府，舍革命何以哉？”他把“国家元首与行政部首长以一人之身兼之”认定为“天下最险之事。”[③] 这实际上就是极力反对总统制。梁氏在潜意识中存在一个逻辑链条，即如果大统领不受议会制约，则必然流于专制，而专制又必然引发革命，他显然意识不到议会专制又将以何制约？立法独立和司法独立已经对行政权构成制约，而如果再将行政权置于立法权之下，行政权又有何独立可言？

从当时的社会承受力上来说，内阁总理负责相当于历史上的宰相当家，是中国百姓能够理解的一种统治形式。这一点曾经不仅被梁启超揭示出来，而且很快又受到蔡元培的强调。蔡元培在民国二年再次重申：“今一旦改为民主国而用总统制，则易生近于皇帝之嫌，而国基虑其不固。且内阁制之精神，乃转与君主时代之历史隐相贯通，其推行也，乃视总统制尤为圆活。”在蔡氏看来，中国历史上的著名宰相比比皆是，他们创造了一个个辉煌时代。“夫君主时代，犹有内阁制之美意；岂总统时代行之而反有窒碍乎？然则中华民国之宜于用内阁制也甚明。”[④] 而在近代中国，所有先进人士无不谋求责任内阁，清末预备立宪的实质就是确立责任内阁制。朝野上下，无论对于立宪持何种态度，实行责任内阁制是没有疑议的。辛亥革命和清末立宪在时间顺序上虽然前后有分，实则接踵而至，清末立宪的影响并没有因为辛亥革命的发生就消失得一干二净。立宪派广泛宣传君主立宪制度，主张实行责任内阁制，君

---

① 张品兴主编：《梁启超全集》（第4册），北京：北京出版社，1999年版，第2433页。

② 张品兴主编：《梁启超全集》（第4册），北京：北京出版社，1999年版，第2438页。

③ 张品兴主编：《梁启超全集》（第4册），北京：北京出版社，1999年版，第2439页。

④ 中国蔡元培研究会：《蔡元培全集》（第2卷），杭州：浙江教育出版社，1997年版，第261—262页。

主不负责任，内阁首相负政治责任，对于当时所有政治开化的人们来说，耳熟能详，记忆犹新，而且辛亥革命爆发后，清政府任命袁世凯为内阁总理的事实就在眼前。人们对责任内阁制比对总统制相对而言要熟悉得多，因此采纳责任内阁制是能够理解和接受的。

当然，责任内阁的出现并不是没有反对的声音。当南方革命势力初起之时，南方承诺将大总统一职让位于袁世凯，南北双方不言自明都是指大总统担负实际责任，但是当革命党人决心实施内阁制的时候，大总统将会变为虚职。这一重大改变不会没人觉察。当时代表湖北集团的民社对此反应激烈。《民声日报》刊文声讨参议院说，近来参议院胆敢将组织大纲抹煞，另订一种约法以代之。其最可骇者，惟改用内阁政体一事。按欧美民国制度，首推法、美，我国与美国遥遥相对，土地人民亦甚相当，规取美制，最为合宜。同盟会南京支部长朱福铣特地上书袁世凯和参议院，力言设立内阁总理之非："今为共和民国，而仍设内阁总理，将谓有总理可以限制总统之权，若总统与总理为一党，则无异一人，是总统之权且加重矣；将谓有内阁总理而总统不负责任，则直视总统为君主矣，而得谓之无推倒君主建设共和耶？"[①] 统一党发布通告指责说："《临时约法》，乃考其内容，非美非法，国务员须求参议院同意，实为万国宪法所未有。将信任总统耶？何为予以总揽政务之虚名，而复加以层层縶耶？将不信任总统耶？何必拥此傀儡之守府，加于全国之上？"[②] 但是，这些主张没有得到袁世凯的支持，很快归于沉寂。

南京临时参议院制定约法的时候，袁世凯也在委托幕府起草七十条的民国新宪法。所不同的是，袁的宪法不取法国的内阁制，而是效法美国的总统制，这部宪法里面包含着大统领、副大统领、国务总理大臣，三者"皆归议会公选"。[③] 袁世凯曾向南京方面提出设立内阁总理一职的建议，大公报当时报道说，这一建议"出自袁大总统之意"，南京政府表示"亦甚主张"，南京参议院

---

① 行严：《论内阁政治》，《民立报》，1912 年 3 月 25 日，第 2 版。

② 中国科学院近代史研究所：《近代史资料》（第 85 号），北京：中国社会科学出版社，1994 年版，第 15 页。

③ 《注意新宪法之大旨》，《申报》，1912 年 3 月 2 日，第 2 版。

遂“一致主张”，此案遂成定议。[1]事实上，南京方面本来对内阁总理的设置并没有刻意追求，这不仅从当时参议院透露出来的约法草案可以看到，就是接受袁世凯设置总理建议之后的临时约法对国务总理也是一笔带过，根本没有周详的调查研究和实质性的权力安排。《临时约法》第一章总纲中规定：“中华民国以参议院、临时大总统、国务员、法院行使其统治权。”这里面显然把国务总理纳入到普通国务员序列中。第五章国务员中明确规定：“国务总理及各部总长，均称为国务员。”这是临时约法中唯一一处提到的国务总理。综观整个临时约法的内容，国务总理没有任何高于国务员的制度性规定，更谈不上核心作用。临时约法设计的国务院是缺少核心的政治组织，这样的组织自然难以具备机动灵活的快速应变能力，这是后来内阁制失败的重要制度性原因。

内阁总理的设置并不等于内阁制。在袁世凯的心目中，内阁总理只是总统的办事机构。换句话说，内阁总理的设置是在总统制之下进行的。3 月 7 日之前，袁世凯在与蔡元培的对话中提出：“我国既改共和政体，将来一切制度自以取法法制为佳，但法制对于选举之限制殊不适宜，将来选举总统似应兼仿美制。”袁世凯的用意十分明显，他不仅企图将美国的总统制搬到中国，而且设想未来的总统权限并不来源于国会。这样一来，总统对国会就不会产生严重依赖。蔡元培对此以“他日公同酌定答之”相拒，并接着进一步探问袁世凯“是否设立内阁”，袁对此表示：“内阁总须设立，但宜格外详慎，庶可组织妥善。”[2]事实上，袁世凯设想的总理与革命党人设想的总理是不同的。在随后到来的实践中，革命党人坚持内阁制，把总理当成了抗衡大总统的武器。然而，临时约法却没有赋予总理以相当的权力，总理缺乏组阁的权限，在内阁的实际运行中，总理并不居于国务院权力的中心，这就使得总理成为没有力量的稻草人，唐绍仪总理很快就不得不怏怏辞职。南京临时参议员设计的国务员都是平行的，其目的在于迫使国务员围绕参议院开展工作。这种一盘散沙的权力设置很快就会让其成为政治斗争的牺牲品，在不到半年的时间内，

---

① 《设置国务总理之同意》，《大公报》，1912 年 3 月 11 日，第 1 版。

② 骆宝善、刘路生：《袁世凯全集》（第 19 卷），郑州：河南大学出版社，2013 年版，第 619 页。

北京临时政府三易内阁，这是多么惨痛的证明！

在为内阁制的缺陷惋惜的同时，我们更应该意识到，袁世凯这位军事强人缺乏政治远见，看不到世界民主潮流的大势，更是导致民初政局败坏的最为重要的原因。就当时的政治态势看，在激烈的南北争议中，孙中山提出解职的三大条件，即定都南京、新总统南京就职和遵守临时约法，前两项已经被袁世凯一一破解，第三项如果再不遵守，僵局将无法打开。在这种情况下，北方只有做出实质性让步才能达成和局，同意南方的内阁制安排也算是安抚南方革命党人的一个表示。具有相当政治权谋的袁世凯自然明白这一道理，他相信“只要有效地控制内阁，就不仅不会使其权力丧失，而且可以增加自己的权力，建立起一个强有力的政府”①。何况，临时约法确立的责任内阁仅仅是一种“临时性”安排，很多不如意的地方完全可以在制定正式宪法时一脚踢开。没有现代法治意识的政治强人怎么会重视一部纸上谈兵的约法呢？正所谓成也萧何，败也萧何，袁世凯轻轻放过了革命党人设计的内阁制，然后又出尔反尔，以迅雷不及掩耳之势将内阁制毁于一旦。这位无视历史规律的大统领犹如盲人骑瞎马一般很快就临近了历史的深渊。

四、小结

民国初年的内阁制在本质上是革命党人为捍卫辛亥革命的成果而采取的一项斗争策略。它之所以能够产生，乃是各方面历史合力的作用。中国历史上的宰相当家给人们提供了历史镜像。除却革命党人维护自身权益的努力之外，立宪派的作用也值得关注。在清末的君主立宪大潮中，立宪派一直追求责任内阁，这种历史惯性发生了作用。袁世凯出于大局需要，从权变的策略出发，最终接受了这一改变。但是，各方对这一重大改变的文本内容和实践后果均缺乏研究和预判，内阁制的内部设计并没有受到任何一方的足够重视，更谈不上周密、科学、严肃的思考和评估，它们根本就没有形成共识，这就为后来的争端留下了祸根。

---

① 李宗一：《袁世凯传》，北京：中华书局，1989 年版，第 207 页。

第二节 集权与分权

民国初年的政党政治是一个极为丰富和宝贵的历史富矿，里面珍藏着大量中国传统文化与现代文化撞击后形成的“活化石”，中西两种文明相遇引起雷电轰鸣，在中国乃至世界降下一场罕见的暴风雨。以历史的眼光观察中西文明的交锋，能够给我们带来长久的思考和重要的启示。在这一交锋中，总统与国会之间的权力争夺、军民分治、省制入宪、省长民选还是简任、自治还是官治都形成多方面的矛盾层级，反映出民国在集权与分权的深层冲突。

一、国会限制总统集权的努力失败

《临时约法》作为中国第一部资产阶级性质的宪法，具有重要的历史进步意义。但是，由于各种历史条件的限制，它的不足也是显而易见的。根据权力制衡原则，立法、行政、司法三机构各自独立行使权力，相互制约，其中任何一方都有保护自己、限制他方的法定权力。同样，任何一方如果滥用法律赋予的权力，他方均可以合法的方式，对其实施限制。任何政治危机，均可在体制内通过合法方式加以化解；立法、行政、司法三机构，任何一方，都难以通过合法方式建立以自己为主的专制统治。

民国初年出现的《临时约法》和《天坛宪草》两部宪法均把总统制与内阁制的权力划分作为重点。辛亥革命后制定、实施的《临时政府组织大纲》以及依据该大纲成立的南京临时政府，均以总统制政府为国家政权的基本架构。《临时约法》起草之初，也继续采用总统制。但由于南北形势发生变化，袁世凯取代孙中山就任临时大总统已成定局，为确保南方革命党人对政权的控制，《临时约法》因人设制，实行内阁制，并且加强内阁和议会的权力，缩小总统权力，企图以此保证革命党人对政权的总体控制。《天坛宪草》是国会与袁世凯斗法的一个重要产物。仔细分析《天坛宪草》中对国会、总统、总理的权限划分，也很容易理解双方当时各自的立场和心态。国会出于制约袁世凯的考虑，在《天坛宪草》中规定实行内阁制并增强了国会的权力。宪草

对总统权力的限制比比皆是，不但总统要由国会选举，而且规定了对总统的弹劾和审判权力。总统很多权力行使都必须经过国会同意，否则不得行使。由众议院议员宪法起草委员会张海若书写的《天坛宪草》第九十五条规定，“国务员赞襄大总统，对于众议院负责。大总统所发命令及其他关系国务之文书，非经国务员之副署，不生效力”[①]。宪法起草委员会的目的是想通过内阁制来制约总统，再由国会控制内阁。《天坛宪草》规定，除了国务员的任免须经过国会同意，众议院还可以通过不信任案、弹劾等多种方式来监控内阁成员。虽然它也规定了总统可以拥有解散议会权力，但其实施的难度要比议会制约内阁、总统大得多。

在民国前期的政权机构中，作为立法机关的国会，在体制上处于不受存废制约的地位，而行政机构处于较为不利的地位。一方面，总统、国务员受到议会和法院的监督，后者拥有对前者实施弹劾的法定终极手段，而对于议会，无论是总统还是法院，均不拥有任何法定终极手段。每当国家陷入政治危机，内阁总理可能被免职，内阁可能被解散，但国会却超然于其外。这一设置虽然使国会在法律上处于有利地位，但由于行政与立法二机关之间的分歧难以通过合法管道加以弥合，更不能通过对等的解散内阁或解散议会的方式，组建行政、立法两大机构新型关系，必然使得二者之间的矛盾积重难返，最终导致寻求矛盾的外部解决，通过法律外的因素化解危机，武装冲突在所难免。

民国初期，行政与国会的矛盾无法解决时，行政只能借助于军队支持而采取法外干政的方式来对待冲突，因而出现国会三次被非法解散并最终被彻底废弃的结局。议会超越自身实力，企图完全依靠法律手段来抗衡行政的努力，不仅难以达到目的，而且使法律处于毫无信用、濒临破产的命运。政治是建立在实力之上的谈判与妥协，而国会既缺乏实力支持，又不愿意妥协让步，其面临的结局可想而知。这才是真正的悲剧所在。

袁世凯解散国会，有其强化集权、甚至为复辟帝制做准备的可能。但就事论事，从当时解决总统与国会就宪法草案所产生的危机方式看，总统并没

---

① 吴宗慈著：《中华民国宪法史》，北京：法律出版社，2013 年版，第 39—40 页。

有更有效的方法。实际上，在解散国会之前，袁世凯已经先礼后兵，通过合法手段采取了三个步骤。第一步，提出《增修临时约法案》；第二步，重申法律公布权；第三步，干预宪法草案三读程序。三步骤均未奏效后，袁世凯开始了暴力干预。1913年10月25日，袁世凯通电各省军政长官，要他们对宪法草案逐条研究，于5天内表述对草案的意见。11月4日，袁世凯下令解散国民党，取消国会参、众两院内国民党籍议员的资格，导致国会不足法定人数。国会第一期常会和第二期常会两次被解散，都是在武力干预下，以非法手段进行，从而进一步造成军阀专制的局面，也从根本上毁弃了实行民主政治、议会政治所需要的健康的政治道德和政治习惯，中国议会政治从此走进了死胡同。

在解散国会权中，《天坛宪草》与法国宪法相似的是，总统解散众议院都必须获得参议院的同意。当时袁世凯的美国宪法顾问古德诺就指出，“在用内阁制者，行政权以解散议院为最有效力之武器，议院有恶意，或轻率之举动，惟此足以制之”。对解散权进行严格的限制，将使总统几无使用这种权力的可能性。他以当时的法国为例，“法国共和至今，总统仅解散下院一次”。法国要求获得参议院半数同意尚且如此困难，何况《天坛宪草》中的同意标准是必须获得参议院三分之二多数的同意。因此他认为“中华民国总统于众议院之不信任投票时，必不能解散议院，仅能罢免国务员，改组新内阁而也”[①]。古德诺早在来中国之前，已经开始研究中国问题。如何防范国家崩溃，是古德诺言论背后的“隐匿命题”，解决这一隐匿问题的政治主张可以表达为“宪政建设为主，国家建设为辅”。[②]中国最为迫切的任务是确立一种强有力的国家体制，尤其是要强化总统的政治权力，使其发挥强有力的行政能力，从而保障国家的长治久安。后来，高全喜进一步剖析说：“考察西方历史，那些仓促进行政治现代化的国家，由于缺乏民主的稳固社会根基，缺乏法治的制度依据，其民主化和共和制，很可能导致大规模的战争和动乱，暴力统

① 〔美〕古德诺：《中华民国宪法案之评议》，《宪法新闻》第4期，1913年5月。

② 高全喜：《古德诺论中国宪制再思考》，《中国法律评论》，2017年第5期，第118—119页。

治重新降临，无政府状态和丛林法则重新出现，这是社会变革承受不了的代价和灾难。”①

进步党政务研究部召开会议讨论此事时，参议院秘书长林长民发言批评这种不必要的限制性规定说：“总统解散众议院之权，则如得参议员三分之二以上赞成，始能解散，不免为有名无实之权。”林认为应该给予总统无条件的解散权，“若不然则惟议会有武器，而政府毫无武器，其结果出现议会专制之奇观，不可不防也”。林特别强调在宪法政治中，“倘国会既备有相当之武器，则政府亦不可不备有相当之武器”②。解散权的制度性缺陷对政治稳定造成的消极影响是非常显著的。在国会与政府发生冲突时，政府缺乏合法解散国会的权力，最后采取的只能是体制外非法的武力解散国会方式，这在1916年至1917年府院之争时表现得尤为明显。

总统、总理、国会之间的分权制衡是影响民初政局的重要因素。纵观民初十年的争执，总免不了总理、总统、国会之间的矛盾纠葛。袁世凯第一次解散国会，固因“国会专制”而导致，至第二次国会恢复，府院之争成为焦点问题，总统黎元洪联合国会与总理段祺瑞之间形成水火不容之势，并在对德参战问题上爆发。段祺瑞鼓动督军干政，公民团围攻国会，黎元洪则断然下令免去段祺瑞总理一职。在府院之间的矛盾冲突中，段祺瑞曾对芮恩施说：“我并不期望从恢复国会中得到很多好处；党派斗争和与政府作梗的情况将会层出不穷。……但我还是愿意让它得到一种公正的试验。”③然而，在当时的《临时约法》框架下，一旦政府与国会发生冲突，政府找不到有效的解决之道。约法上阁员有同意权与国会无解散权的束缚，使得府院两方在精神上始终不能融洽，段祺瑞处于英雄无用武之地。“事实上，段祺瑞祭出‘武力要挟’一招，也多半是‘无计可施’后所作的孤注一掷。”④梁启超也认为：“政府不为国会所信任，原可解散国会，以再诉诸舆论，今我国既有此背戾宪政

① 高全喜：《古德诺论中国宪制再思考》，《中国法律评论》，2017年第5期，第123页。

② 《宪法波澜中之面面观》，《申报》，1913年11月2日，第2版。

③ 张国淦：《北洋述闻》，上海：上海书店，1998年版，第158页。

④ 余杰：《制衡中的冲突——“府院之争”中的国会运作》，《西南大学学报（社会科学版）》，2011年第6期，第191页。

原则之硬性约法，政府既成立于此约法之下，何能强学他人！”[①]1922年，章太炎以其剑走偏锋的锐利直指“三蠹”：“约法偏于集权，国会倾于势力，总统等于帝王，引起战争，无如此三蠹者。三蠹不除，中国不可一日安也。”[②]分权制衡上的设计缺陷，不仅使政府一方无计可施，而且使国会处于风雨飘摇的危险境地。

在民国初年的制宪过程中，不论是以袁世凯为代表的行政权力还是国会为代表的立法权力都不可能脱离自己的利益去制定一部科学理性的宪法。严泉曾经批评国会制宪的错误时说：“从宪政理论上来说，这是一种严重违背宪政分权与制衡原则的畸形政治制度，运作起来也将是困难重重。更何况它忽略了严峻的政治现实，拒绝考虑袁世凯等实力派的政治利益。”[③]这种权力安排必然导致北洋集团的全力狙击并不可避免地导致政党政治失败的结局。谢政道则说，在历史的真实上，“制宪通常完全由当时主导秩序的力量来决定，制宪是从零开始的政治工程……制宪的成败与否，往往取决于社会各方的共识能否达成一个公约数”[④]。毫无疑问，民国初年最有实力的政治势力当属北洋集团。在新的宪政制度框架中，北洋集团的政治目标能否得到全部或部分实现，现实的政治利益能否得到真实的体现，将决定宪法与宪政的最后命运。然而，后来袁世凯取得大权后制定的《中华民国约法》也根本没有得到认真落实，《袁记约法》仍然不能满足袁世凯对权力的贪婪追求，袁世凯很快就走上帝制复辟的老路。

宪法是人民的契约。民国初年，不论是国会制定的宪法还是北洋集团操纵的宪法都不是人民的宪法，也不是各种政治势力的“最大公约数”，这种片面的制宪从根本上脱离了人民。世界上的制宪经验一再说明，只有设立专门独立的制宪会议或者制宪机构制定宪法才能摆脱立法权力、行政权力和司法

---

① 丁文江、赵丰田：《梁启超年谱长编》，上海：上海人民出版社，2009年版，第530页。

② 汤志钧：《章太炎政论选集》下册，北京：中华书局，1977年版，第756页。

③ 严泉：《〈天坛宪法草案〉与民初宪政选择的失败》，《开放时代》，2003年第5期，第46页。

④ 谢政道：《中华民国修宪史》，台北：扬智文化事业股份有限公司，2001年版，第479页。

权力出于自身利益的干扰。像美国、法国使用成文宪法的现代国家都是由制宪会议制定宪法，英国是未成文宪法国家，则不在此例。民国初年的国会制宪，无疑是一个“重大的败笔”[①]。宪法是一种科学，搞宪法就是搞科学，宪法的独立性、神圣性和人民性必须得到尊重。宪法是人民对行政权力、立法权力和司法权力的设置，是人民与权力者的一种契约，不是各种政治势力操纵政治的工具。

二、军民分治之中的权力纠纷

武昌起义后，独立各省纷纷脱离清廷，建立军政府。在这一战时政权下，都督权力不断膨胀，都督不仅是最高军政首长，同时还兼理民政和外交事务，特别是在官制设置、官员任免等方面都拥有绝对权势。加之各省都督多为本省“光复”的领导人，“省自成一局”的现象日益强化，各省设官分职，“俨然具一独立国家之形象，以军事而论，则参谋部、军务部，无所不具；以行政机关而论，则外交司、会计检查院，无所不有”[②]。尽管在军事、外交的逼迫下，各省在联邦制下组建了南京临时政府，但实际上中央政府的权力极其有限。南北统一后，袁世凯继任总统，在很长一段时间，南方的广东、江西、安徽等省仍掌握在同盟会都督手里，同时湖北、云南、四川等省，袁世凯也未能控驭。在此背景下，削减都督权力、集权中央，实现国内统一，不仅是新建政权的首要任务，也是时势所趋。

削减都督权力、强化中央集权的努力首先体现在“军民分治”的争论上。“军民分治”是与“军民合治”相对应的。如果说“军民合治”造成权力集中于都督手中，那么“军民分治”则试图通过在都督之外别设一民政长，削弱都督权力和省级势力，维持中央权威和国家统一。以“军民分治”代替“军民合治”，不仅是省官制构建模式的变化，更是中央与各省间利益的大调

---

① 高全喜：《古德诺论中国宪制再思考》，《中国法律评论》，2017年第5期，第121页。

② 《裁汰冗员论》，《民国汇报》，第1卷第2期，1913年2月5日。

整。[①]1912年4月10日，湖北都督黎元洪发出著名的虞电，率先提出军民分治的倡议。虞电认为军人秉政有十大危害，“凡此十害，皆由于军民不分”，如果要消除隐患，规划未来，“惟有将军务、民政划为二途。民政长综揽政纲，必须藏诸议会，命诸政府……至每省定一都督，专辖军队，悉归中央委任为制”。虞电认为，“莽莽神州，不亡于满庭之亲贵，而亡于民国之英雄；不亡于专制之淫威，而亡于共和之初政”。黎元洪最后表示：“元洪不才，当先率鄂中军界，为天下倡。”[②]同月，湖北省议会公推樊增祥为民政长，湖北率先实行了军民分治。军民分治提出后，在全国引起了巨大反响。袁世凯对黎元洪大加推崇：“来电深鉴军人柄政之弊，拟将军务民政，厘然分涂，自鄂为倡，以资表率。非行如曾闵、学如程朱，安能及此。举国如公，登黄农而抗欧美矣。军民分权，古今通义。”[③]国民协会、共和党、共和建设讨论会，梁启超、吉林都督陈昭常也都赞成此主张。他们认为，“军民一日不分治，则政治一日不统一，政治一日不统一，将民事一日不理，民困一日不舒，民乱一日不靖。然萧墙伏蘖，外患交乘，大局不堪设想”[④]。实行军民分治，就是使中央权力集中，而军民合治，则是强大各省都督。立宪派是中央集权的坚定支持者。

5月25日，国务总理唐绍仪在迎宾馆会见大总统袁世凯，再次密议军民分治问题。6月6日，袁世凯与唐绍仪协商后，决定电致各督，要求就地方详情条陈军民分治的各种办法，月内送至中央政府以供参考，再交参议院通过实行。

革命派对军民分治的企图洞若观火。4月18日，江西都督李烈钧发出通电，列举不能实行军民分治的三大理由，认为在各省省内百废待举、危机四

---

① 陈明：《集权与分权：民国元年的军民分治之争》，《学术研究》，2011年第9期，第124页。

② 黎元洪：《致袁总统论军民当分治》，《民国经世文编》（肆），北京：北京图书馆出版社，2006年版，第2041—2043页。

③ 袁世凯：《覆黎副总统函》，《民国经世文编》（肆），北京：北京图书馆出版社，2006年版，第2043—2044页。

④ 国民协会、共和党：《主张军民分治文》，《民国经世文编》（肆），北京：北京图书馆出版社，2006年版，第2047页。

伏的特殊时期，实行军民分治不利于稳定社会秩序，只有进入宪法时代才能实行军民分治。“革命方法，原分三期，军政、约法、宪法是也，今日中央政府由军政时期进为约法时期，各省现状则尚在军政会中之时，都督一官日后固不可久存，惟目前决不能骤废。”其结论是：“鄙见以为，约法时期之各省都督似应统揽一省之治纲。”[①]

同时，刚重新被选为粤督的胡汉民连续发表通电。通电全国，表示“非国基大定，宗社党无从煽惑，不宜实行军民分治”，并痛论集权、分权利弊，认为中国正处于“由内治未完全而期进于完全之过渡时期，不能骤采纯全之中央集权制，而处处又不能不留将来集权余地，最宜用有限制的集权说，取集权制之利”，即“以立法、司法两权集于中央，至行政权则取其可集者集，其为时势所不许集者则授权各省，仍留将来集权地步”。[②]并认为“中央与各省有几如母子之关系”，要求中央政府授予各省都督军政、财政全权，“令其自行裁遣军队，整理财政，先使回复旧观，然后再徐图根本之计划，断不宜大举借债，思以财政权操纵各省，转使外人因借债之故，得以财政权操纵中央”[③]。“官制关系各省，必须参酌外省情形乃能实行。若不征集各省意见，漫然规定，不能推行，恐失中央政府之威信。”[④]胡氏和李烈钧一样，在同盟会内一直被视为主张地方分权的代表。他坚信“革命力量在各省，专制荼毒积于中央”，只有“军民合治”才能实现地方分权，进而牵制中央以保障共和。[⑤]

胡汉民的电文发出后，立即得到赣督李烈钧、奉都赵尔巽的支持。云南、四川、贵州、吉林、新疆、黑龙江、陕西、甘肃等省都督陆续通电对军民分治发表意见，认为军民分治在内地各省可以实行，但在边疆省份则会妨碍行政，并和胡、李、赵等人很快结成反对军民分治的同盟。面对都督们的反对，

---

① 南昌电报：《赣都督之军政民政混一谈》，《民立报》，1912年4月22日，第3页。

② 存萃学社：《胡汉民事迹资料选辑》（第1册），台北：台湾大东图书公司，1980年版，第377—378页。

③ 《广东胡都督致大总统暨国务院电》，《政府公报》，1912年6月15日。

④ 《广东胡都督电唐总理》，《申报》，1912年6月15日，第2版。

⑤ 胡春惠：《民初地方主义与联省自治》，北京：中国社会科学出版社，2001年版，第57—58页。

政府方面的态度开始动摇。

就在军民分治处在胶着状态，政府极力推行这一政策之时，唐绍仪内阁出现危机，同盟会的政党内阁瓦解。同盟会开始激烈谴责袁世凯图谋“帝制自为”，“欲效拿破仑第一故事”，并决意在同盟会内阁未成立之前主张分权主义。革命党最重要的言论机关《民立报》与之进行配合，戴季陶、章士钊、周浩、徐血儿等人都发表文章给予声援。在中央政权已经让给袁世凯的情势下，革命党人希望以地方分权与之相抗争。[①] 胡汉民电告各省，“中央现主极端集权，实行军民分治，收军权、财权暨一切重大政权，悉褫中央，惧各省都督反对，则大借款以操纵之，虽失权于外人，亦在所不惜”，为此，只有联络东西北各省都督进行力争。7 月 15 日，胡汉民致电北京，请求酌行军民分治。李烈钧也在 12 日致电各省都督，表明自己欲联合各省力争反对中央集权的立场。随后不久，李氏又于 17 日电致各省，力主以地方监督政府，不使政府操纵地方，以免再陷专制之境。对此，晋督阎锡山深表同情，认为中国省界之大，日本府县、西欧州郡绝不能与之相比，主张在当前“建设时代，伏莽未靖，军政、民政不容分属，均应授各省都督以行政特权，并限以年岁，使其厉行整理”，等国基巩固，然后徐图集权。[②]

袁世凯对军民分治极其重视。7 月 19 日，袁世凯再次召开国务会议，专门讨论胡氏 15 日所发电文。24 日，电令各省都督，选派熟悉军事、内政代表 3 人入京，组织军民分治讨论会以备政府咨询，并命将省官制案撤回。8 月 1 日，黎元洪再度通电全国，力主军民分治。袁氏接到电文即复电黎氏，请其竭力调停政府与南方各省之间的意见。同时，袁世凯又致电各省，将地方分权的种种阻碍情形分类征集各省都督的意见。

反对军民分治的一方有逐步强化的势头。经过李烈钧、阎锡山等人多方联络和背后运作，8 月初，以苏督程德全为首的九省都督发表联合通电，认为

① 张继才:《李大钊对中央与地方关系和国家结构的思考》,《华中师范大学学报》(人文社科版), 2012 年第 3 期，第 97 页。

② 陈明:《集权与分权：民国元年的军民分治之争》,《学术研究》, 2011 年第 9 期，第 122 页。

欲行分治，须以筹办划分国税与地方税、普及警察并办有成效、国基大定等三事为前提。随后回应的都督先后竟有11省之多。8月12日，李烈钧再度密电各省都督、民政长，试图“输诚联络，结一最稳健之政治、军事团体”，对中央政策采取一致行动，“总以地方监助政府，不使政府操纵地方”；“如政府能以国利民福为前提，则维持拥护，互相协助；如政府夹有私心，藉统一之名，施专制之实，亦惟有群起力争，实行匡正”，只有如此方可“不失权外人，复陷专制”。[①]

此时各省议会纷纷反对总监简任一案，使得省官制案一度僵持。为及早颁定省官制，并维持中央集权，政府决定向都督妥协。8月6日，总统府会议官制案，结果与会者大致形成两派：一派主张此案为过渡之用，暂行军民分治，将来再更改；另一派则主张调和，如鄂、桂主张分治则分治，如粤、赣主张不分治则暂不分治，而袁世凯主张暂时定一通融办法，等大局平定以后再行规定。最后决定，在官制大纲中仍主军民分治，惟加入暂行章一章，规定都督与总监可以由一人兼任，如以都督兼总监省份，则须另设民政长；以总监兼都督省份，则另设军政长。至此，有名无实的“军民分治”告一段落。以后在袁世凯在位的时期内，军民分治再也未能实现，至于段祺瑞、黎元洪、徐世昌、曹锟等人更未能解决，这为以后连绵不断的军阀混战留下了诱因。

三、在省宪问题上的集权与分权之争

如何对待省这一层级，一直是清朝末年的一个焦点问题。清季外官改制中关于直省是不是“地方”的争论，以及集权与分权如何在省一级妥善结合而不妨碍统一的分歧，始终悬而未决。这给民初政局带来很大困扰。如何在维持统一的局面下，由自上而下的君主政体顺利过渡到自下而上的民主政体，处理好“省”这一层级的官治与自治关系最为关键。

1913年春，国会召开后，国会内部各派围绕省制问题开始中央集权与地方分权之争。进步党人梁启超、藉忠寅、吴贯因等发表大量文章，阐述其宪

① 李新等：《中华民国史》第2编第1卷（上），北京：中华书局，1981年版，第132页。

法原则。他们主张在宪法中不列地方制度的内容。梁启超在宪法提案中首先声明："不别立地方制度一章者，认地方制度以法律定之而已足，不必以入宪法也。"不仅如此，梁启超还特别指明国权的至高无上性，"临时约法上第二条采主权在民说，与国家性质不兼容。无论何种国体，主权皆在国家，久成定说，无俟喋引"[①]。进步党议员吴贯因所拟草案第一条即规定"中华民国为统一共和国"，并加以说明："揭此条所以明国体之为共和，并防联邦说及极端地方分权说之发生也。"[②]第二条就规定"中华民国之主权在于国家"[③]。也正是因为他们的政治主张，进步党遂被称为国权党。

国民党则与之针锋相对，主张将省制列入宪法，国民党议员王宠惠所拟宪草专列"省制"一章，规定省有权办理的事权、省按中央政府统一法令办理的事权、省经中央政府允许办理的事权等，王宠惠所拟宪草第二条即规定"中华民国之主权，属于国民全体"[④]。与此相对应，国民党也被称作民权党。但由于民初政象纷扰，有关这方面的争论尚未完全展开。

帝制失败后，1916年8月1日，国会重开。9月5日，参、众两院召开宪法会议，继续审议1913年宪法草案即《天坛宪法草案》。围绕宪法问题产生了严重争执，争论最激烈的问题是省制是否入宪（含省长是否民选）。争论双方形成两军对垒的格局，一方是由进步党演变而来的研究系，另一方则是国民党分化组合的政团，统称国民系。前者反对省制入宪，主张省长简任，后者主张省制入宪，要求省长民选。与国会政争相呼应，报刊上也进行着激烈的争论。

国民系的丙辰俱乐部组织者马君武说："现在时局有两大重要问题，一为选举副总统……一为省制加入宪法，亦为本俱乐部所极端主张。"另一成员

---

① 梁启超：《进步党拟中华民国宪法草案》，《庸言》第1卷第18号，《庸言》第5集，北京：中华书局，2010年版，第3309页。

② 吴贯因：《拟中华民国宪法草案》，《庸言》第1卷第16号，《庸言》第5集，北京：中华书局，2010年版，第2935页。

③ 吴贯因：《拟中华民国宪法草案》，《庸言》第1卷第16号，《庸言》第5集，北京：中华书局，2010年版，第2937页。

④ 王宠惠：《中华民国宪法刍议》，《民国经世文编》（三），北京：北京图书馆出版社，2006年版，第1579页。

白楚湘也持同样观点："至省制问题，当然加入宪法，且省长必由民选。'二次革命'之发端，即为争省长民选，如汪瑞闿之于江西一事。此次西南起义，人人怀抱一联邦主义，以推倒袁氏，恢复共和。今之主张省制加入宪法、省长民选，犹是贯彻始旨。盖中国久为一官僚政治，非从根本上改革补救不可。中国非无人才，只因政治不良，乃人才均归废弃……省制加入宪法，省长民选，则社会优秀分子将群趋于社会事业。"[①] 其主张省制入宪的目的是防止专制，维护民权。宪法起草委员会委员长汤漪在提交的《民国宪法草案总说明书》中，批判进步党主张扩大行政权力的中央集权主义错误，阐述宪法反对专制的原则："浅识之士，每每以行政部之权力，不宜过于缩小为言，不知宪法第一之要义，即在防止专制之发生。"汤漪主张省制入宪："虽然，尚有一极重且要之问题，为本草案所未及者，则地方政府之组织是也。当本会讨论宪法大纲之际，固曾提议及此，因国民期望宪法成立之切，本会自不得不以最速之时间，编成此案，以使国民之希望，对于地方政府之组织，遂付阙如。固非主张此种问题，不当规定于宪法也。然时至今日，则地方制度，在宪法上应否规定之一问题，实以由宪法会议提出讨论，较为便利也。"[②] 国民系的主张得到西南各省督军和省议会的拥护。

国会中的研究系议员坚持中央集权，反对省制入宪。1916年八九月间，梁启超几次接受记者采访，谈到省制问题。他明确反对省制入宪，"将省制全部规定于宪法，实不相宜"，主张"省制当以单行法，别为规定"；他也明确反对省长民选："省长民选，吾数年前即不赞成，至今主张，仍无甚变。"[③] 梁与记者的谈话被《上海日报》《东方杂志》《大中华杂志》等报刊多次报道，影响很大。汤化龙声称："本席对于省制问题乃承认者，对于省制规定于宪法中乃不赞成者。"孙润宇则强调："本员系反对省制加入宪法，而主张别以单

① 莫世祥编：《马君武集（1900—1919）》，武汉：华中师范大学出版社，1991年版，第297—298页。

② 汤漪：《民国宪法草案总说明书》，《大中华杂志》第2卷第10期，1916年10月。

③ 伧父：《梁任公先生之谈话》，《东方杂志》第13卷第9号，1916年9月。

行法律规定省制者。”[①] 研究系的支持者是北洋派系。

在中央集权与地方分权的长期争论中，议员吕复认为地方专制的根本原因仍在中央集权：“民国以后吾人民受虐于地方专制，不知所谓地方专制者实非地方本体，而为中央派到地方之文武官吏，地方因不能自定自治组织法，以发挥其自治精神，唯有任此辈官吏宰割耳。推本穷源，其虐之者，非地方自身，仍中央加于地方者也。”[②] 议员张树森对省宪的解释更加详细，他认为，省县自治不会破坏统一，不至于养成军阀割据，省县自治与分权于民是相通的，省县自治造成的纠纷可能并不会有想象的那样严重，这是因为：“盖政治之根本阶段有四：一、个人政治；二、政党政治；三、多数政治；四、全民政治。君主政治与民主下之个人专制皆属于第一现象，今吾国现势已欲趋于第二、第三现象。然第二现象形式未成，第一现象随在潜滋，殆国民意识之不充耳。”只有从社会教育入手，引进国宪、省宪等政治法律之工具，才能逐步培养国民的自治意识走入正轨。“引进之顷纷纠，实其幼稚之暴露，譬之孩提学步时为摇战，殆为人类进化必经之阶级。”[③]

实际上，不论是中央集权还是地方自治，其本质都是“官治”而不是“民治”。正是由于这个原因，不论是中央集权还是地方自治，只要是官治，人民没有权利，就必然会产生一大堆弊端。如果跳不出“官治”的窠臼，无论是怎样的集权或者分权，都无法祛除一系列弊端。

四、集权与分权的历史演变与启示

民国初年的集权与分权之争，具有十分深远的历史意义。如果把目光投向两千多年的封建社会，则不难发现，集权与分权一直是中央与地方斗争的

① 吴宗慈：《地方制度专篇》，《中华民国宪法史》，北京：法律出版社，2013年版，第341—342页。

② 吕复：《论省宪答刘议员盥训》，吴宗慈：《中华民国宪法史》，北京：法律出版社，2013年版，第947页。

③ 张树森：《省县自治释论》，吴宗慈：《中华民国宪法史》，北京：法律出版社，2013年版，第952页。

焦点问题。数千年的中国封建社会，从本质上看，都是君主专制的集权社会。但就中央和地方的关系而言，集权与分权的程度和走向却不相同。据叶林生、刘新建的研究，封建社会存在着集权与分权两个时期，汉唐期间，分权程度较大；宋朝开始，集权一步步走高。正是这种制度上的区别，导致汉唐与宋朝之间出现一些重要的区别。

我国从秦代开始走向中央集权。秦始皇平定六国，统一天下后，接受李斯建议，“法令出一”，“别黑白而定一尊”，集一切大权于中央，“丞相诸大臣皆受成事，倚办于上”，“天下之事无小大，皆决于上”。各级机构只能执行皇帝的诏令，没有任何自主权。即使宗室子弟，也无尺寸之封，更不给予地方官以大权。这种中央集权的弊端是显而易见的。中央集权容易使地方官员丧失主动性，应付上命，敷衍公事，养成形式主义等流弊，造成行政效率的低下。历代中央集权的目的是削弱地方势力，防止内乱。在实现这一目的的同时，却产生了一个严重的后果，即它虽能防止官员的叛乱，但不能防止民变，更不能防止外敌入侵。自唐宋以后，频繁、浩大的农民起义不仅是中国历史上少有的政治现象，而且是世界历史上极为罕见的独特景象。由此可见，统治者集权并未能防乱，也没有能使其统治长治久安。汉唐分权，造就了历史上少有的盛世；宋朝高度集权，却无法抵御辽、金、西夏等少数民族来自边疆的侵扰。“明代自成祖集权后，瓦刺频年骚扰，虏走英宗，倭寇侵扰沿海，达两个世纪之久。盖因集权造成国力衰弱所致。”[①] 不仅如此，中央集权对思想文化的禁锢也是有目共睹的，整齐划一的统一要求往往对自由创造的活力产生严重的扼杀和禁锢。

地方分权的弊端也被一再提及。地方分权并没有使地方官员、诸侯们增强责任心而专于治道。事实上，历史上的分权，往往是官员分权，而不是向人民分权，其结果则是增加了无数更残暴的小皇帝、土皇帝，使专制社会更加专制。所以，顾炎武认为：“封建之失，其专在下；郡县之失，其专在上。”分封制是地方分权，郡县制是中央集权，二者各有利弊。分权的结果，使下

---

① 叶林生、刘新建：《中国封建社会集权与分权的历史考察》，《晋阳学刊》，1987 年第 3 期，第 58 页。

面增加了更多的专制魔王，为害百姓愈烈。

集权与分权是政治学中非常重要的一对概念，也是非常困难的一个矛盾。一般而言，中央倾向于集权，地方则支持分权。古人曾用内外轻重之说来对央地关系进行分析。所谓“内”，指的是中央政府或中央集权，“外”则是指地方政府或地方分权。在中央集权削弱、地方分权偏重的时候，就被称为“外重内轻”，反之则为“内重外轻”，理想的目标当然是“轻重相维”，亦即在中央集权的前提下使地方有适度的分权，但是要做到这一点并不容易。“轻重相维”是一种不稳定状态，一旦处置失当，就会失去平衡，不是向“外重内轻”滑坡，就是向“内重外轻”倾斜，如同钟摆不可能停在最低点一样。而行政区划地方组织层级的变迁就最明显地反映了中央与地方关系之间的这种变化。后人念念不忘的秦汉雄风和盛唐气象，实际上是中央和地方共同参政的结果。如果地方毫无实权，即使社会经济发达，也只能造成宋代积弱的局面。①但就专制皇权而言，在权衡利弊之后，愿意接受的还是这种“内重外轻”的局面，这是皇权永固的保障。无能御侮，可以纳币，可以献土；无力镇压，可以羁縻，可以招安，总之可以维持一姓天下和万年天子的局面。而一旦形势变为“外重内轻”，则引起分裂割据，江山易手，什么皇帝也当不成了。②

历代统治者不究其实质，在分权与集权之间反复尝试，今日重郡县，明日建藩屏，既不能救时弊，又不能保久安，最终再行中央集权。翻覆颠倒，恶性循环，一个个王朝都殊途同归，相继灭亡。集权也罢，分权也好，都不过是皇帝和宗室、皇帝和豪强、中央和地方的权力分配形式，并不能改变政权的本质和官制的职能，也不能改变一个政权的发展趋势及其社会流弊，当然就不可能调动人民群众的积极性。因为无论是集权的统治者还是分权的统治者，都把人民群众当作工具，当作犬羊，任意驱使。“无论集权、分权，其

① 周振鹤：《中央与地方关系史的一个侧面（下）》，《复旦学报》（社会科学版），1995年第4期，第55页。

② 周振鹤：《中央与地方关系史的一个侧面（上）》，《复旦学报》（社会科学版），1995年第3期，第156页。

失主要在轻民，在根本上否定民权。这是封建统治制度的本质决定的。因此，我们在研究、批判历史上中央集权的弊害时，决不应忽视分权与集权均维护封建统治者利益这个共同本质。”[①] 陈独秀对民初的分权与集权之争有着深刻的认识。所有的地方自治，究其实质而言，“只算是地方政府对于中央政府的分治，是划分行政区域和地方长官权限的问题，仍旧属于官治，和民治的真正基础——人民直接的实际的自治与联合——截然是两件事”[②]。确实，在君主专制统治下，中央集权与地方分权之间的矛盾是一个无解的死结。无论是贵族政治还是官僚政治，分封制还是郡县制，都没有跳出“家天下”的圈子，都没有能够承认民权的至高地位，两者都以承认君主的权力为前提，而后者尤其强调集权，各级官僚只不过是为皇帝管理私产的家奴而已。

清朝末年推行新政，推行地方自治，实际上是地方分权的一种努力。但是在光绪、慈禧相继去世后，摄政王载沣却加快了中央集权的步伐，在军事、财政上采取了亲贵专权的努力。清王朝对上加强中央集权，对下推行地方分权，改变了原有的权力格局，导致无法料想的后果。中央集权与地方分权连接在一起，上下互动，挤压了地方督抚的权力空间，削弱了地方督抚的权力，打破了地方原有的权力格局。当时资政院议员于邦华尖锐地指出，地方督抚无权办事的症结，就是清廷实行中央集权措施所致。他说：“现今各省谘议局与督抚冲突事件，不能说是民气嚣张，而归咎于各省谘议局，实缘议决之事各省督抚不去执行，所办之事又不能洽于民心，心之不平，其气益不可遏。然亦不能归咎于各省督抚，我国行政机关有种种牵掣，况近日民间搜括殆尽，财政无着，又有中央集权之说使督抚愈不能办事，是以对于议决之事往往不能执行，甘受人民唾骂，则督抚自有督抚难处。”[③]

御史胡思敬则从中央集权使各省“都成散局”的严重后果论证新政足以召乱。“自中央集权之说兴，提学使为学部所保之员，巡警道为民政部所保

---

① 叶林生、刘新建：《中国封建社会集权与分权的历史考察》，《晋阳学刊》，1987 年第 3 期，第 69 页。

② 《独秀文存》（二），北京：外文出版社，2013 年版，第 378 页。

③ 《资政院第一次常年会议场会议速记录》第 9 号，1910 年 9 月 20 日。

之员，劝业道为商部所保之员，皆盘踞深稳，不敢轻言节制。而又司法独立，盐政独立，监理财政官气凌院司，亦骎骎有独立之势。一省之大，如满盘棋子，都成散局。将来天下有变，欲以疆事责之督抚，而督抚呼应不灵；责之学使以下各官，而各官亦不任咎。"[①]这并非危言耸听，武昌起义之后地方督抚无力效忠朝廷的惨痛事实可为明证。各省督抚的困境还可以从任职年限上得到一种观察。在清末新政时期，除直督袁世凯与鄂督张之洞任期较长以外，其他地方督抚任期多短暂，且调动频繁，较少久任督抚。据统计，其时总计有119个督抚，任职在两年以下者占80%以上，其中总督任职在半年以下或未到任者占55.1%，巡抚占49.4%，各省督抚调动频率大都在一年一次以上。[②]督抚更调频繁，使政策的稳定性大打折扣，对地方政治颇为不利。

辛亥革命之所以成功，很大原因就是"内外皆轻"[③]的权力格局为革命成功提供了一种难得的机遇。"武昌起义前夕，正是地方督抚权力明显削弱，而清廷中央集权尚未强固之时，在此权力转换临界的关键时刻，革命爆发，无疑是对清王朝的致命一击。"[④]御史陈善同一针见血地指出："各省督抚，膺千余里土地之重寄，为数千万人民之所托命，万不可无调遣兵队之权，以资震慑。苟既命以如此重大之任，而复靳兵权而不予，是不啻缚其手足而使临民上，欲求无事不可得也。疑其人而罢其督抚之任可也，任之而复疑之，缚其手足不可也。今各省会城之变，大抵皆坐此弊，则兵权集于中央之说误之也……今则各省陆军皆一律归部直接管辖矣，各该督抚均不能直接调遣矣，若不速为变计，乱未已也。"[⑤]各省新军名义上归地方督抚节制，但实际上督抚很难调动新军。湖广总督瑞澂，在武昌起义之后极力剖白，事变由"新军应匪"而起，并特别声明"陆军为统制专责"，自己对统制张彪无法控驭，

① 胡思敬：《请罢新政折》（宣统二年五月二十日），《退庐疏稿》卷2，第37页。

② 李细珠：《晚清地方督抚权力问题再研究》，《清史研究》，2012年第3期，第21页。

③ 李细珠：《晚清地方督抚权力问题再研究》，《清史研究》，2012年第3期，第18页。

④ 李细珠：《晚清地方督抚权力问题再研究》，《清史研究》，2012年第3期，第23页。

⑤《宣统三年九月初七日御史陈善同奏折附片一》，故宫档案馆编：《武昌起义清方档案》，中国史学会主编：《辛亥革命》（五），上海：上海人民出版社，1961年版，第473页。

而巡防队又迭次裁撤，所剩无多，且分防各府州县，以致武汉兵力奇缺，“瑞澂以孤身处于其上，无从措手”[①]。清廷派军镇压武昌起义时，荫昌甚至指挥不了北洋军队，不得不重新请袁世凯出山；在支付军队饷银时，清政府的财政捉襟见肘，到了逼迫亲贵王族捐献的地步，“谕令宗人府，传知各王公等，将私有财产，尽力购置国债票”[②]，但所得无几，杯水车薪，根本无济于事。署理度支大臣绍英巧妇难为无米之炊，实在无力回天，于是不得不托病请假，并奏请开缺。

当清廷中央与地方督抚的权威一并衰落之时，军人势力崛起，军人干政的局面开始形成。袁世凯正是依靠新军的力量，进入清廷权力核心，从中央而不是从地方控制清政府，从而攫取清朝政权和辛亥革命的胜利果实。这是军人干政发挥到极致的典型事例，而不是地方势力膨胀的结果。民初北洋军阀并非清末地方督抚，而多为清末新军将领。如冯国璋、段祺瑞，起初并没有地方根基，只是因掌握大量军队而控制相应的地盘而已。即便阎锡山、张作霖，也是以军人身份乘乱而起，以武力称雄，割据一方。北洋军阀的起源并非地方势力的兴起，而是军人以武力控制地方的结果。那种认为由清末地方势力直接蜕变为民初北洋军阀的观点，纯粹是与历史本真不相符合的逻辑推演。[③]事实上，军人干政是在中央集权与地方分权这一“内外皆轻”的权力格局下出现的一种自然现象。

后来，袁世凯的失败同样可以在集权与分权的框架中寻求解释。与其说袁世凯亡于称帝，不如说袁败于激进的中央集权。辛亥革命前后，各种社会和地方势力进入政治过程，一部分以政党的形式云集于国会，另一部分则分散在各省的地方权力机构和民间社会。袁当选为正式大总统之后，一是解散国会，替之以御用的参政院；二是大力削藩，调整各省都督，宣布解散各省省议会，甚至推出了废省改道计划；三是打压晚清以来的地方自治运动，解

① 《瑞澂致清内阁请代奏电（八月二十日）》，卞孝萱辑：《闵尔昌旧存有关武昌起义的函电》，《近代史资料》1954年第1期（创刊号），第55—56页。

② 《宣统政纪》卷68，宣统三年十一月下，《清实录》第60册，北京：中华书局，影印版，1985年版，第1248页。

③ 李细珠：《晚清地方督抚权力问题再研究》，《清史研究》，2012年第3期，第23页。

散各地方自治机构。袁企图通过这三招，将权力迅速集中于中央，集中于一己控制之下。然而，袁的个人集权，得罪了几乎所有政治与社会势力，从国会中的革命党、立宪派，到各省实力派诸侯和地方士绅、自治势力，包括北洋军事官僚内部的既得利益集团。袁世凯称帝，仅仅是引爆集权与分权这一火药桶的导火索而已。“袁世凯如同清廷一般，再一次完败于地方对中央的革命。”①

集权与分权划分不清的恶果就是凸显了军权和军阀。军阀基本上都不是地方势力崛起造成的。实际上，中央集权集不上来，地方分权分不下去，正是在这样一种混乱与无序之中，军权得以坐大，迅速膨胀，形成祸害一方的军阀。亨廷顿认为：“军队干预政治的最重要原因不是来自军事方面，而是来自政治方面，它所反映的不是军队体制在社会和组织方面的特点，而是社会在政治上和制度上的结构问题。”② 经济混乱、政治失序或社会冲突，往往都是文人政府失灵或者无力处理危机的外在表现，这为军人干政提供了可乘之机。清末民初的各种混乱和无序乃至政党政治的失败，都可以从集权与分权之间处理不当、进退失据的角度得到某种程度的理解和认识。

五、小结

集权与分权之间的矛盾，是世界级难题。托克维尔在解释法国大革命的时候认为，过度僵硬的中央集权“让整个社会永远处于被官员们惯于称之为良好秩序和社会安宁的那种昏昏欲睡的循规蹈矩的状态”。③ 在托克维尔看来，如果没有地方自治、地方分权和地方自由，就一定会专制，就一定会爆发革命。换句话说，过度的中央集权是旧制度的主要特点，也是引发革命的最重

---

① 许纪霖：《革命后的第二天——中国“魏玛时期”的思想与政治（1912—1927）》，《开放时代》，2014 年第 3 期，第 81 页。

② 〔美〕亨廷顿：《变化社会中的政治秩序》，王冠华等译，北京：生活 · 读书 · 新知三联书店，1988 年版，第 177 页。

③ 〔法〕托克维尔：《论美国的民主》（上），董果良译，北京：商务印书馆，2009 年版，第 100—105 页。

要原因。但是，托克维尔找不到中央集权与地方分权的平衡点，只能以否定中央集权的方式回避矛盾。中国共产党在后来的治国实践中，以群众路线和人民至上打开了中央集权与地方自治的死节，以改革开放释放了中央集权与地方自治的巨大能量，成功走出了一条现代化道路，为世界人民提供了全新选择。

第三节　国权与民权

政党思想的背后隐藏着其根本的价值关怀，这种关怀从根本上制约着政党的发展，影响着后来的历史选择。从根本上来说，所有政党的最终关怀主体有两种理论模型：一种模型是民，即民本位；一种模型是国，即国本位。最终关怀的不同，会导致政党理想与实践的差异。一方面，民本位与国本位在每一个成功的现代国家内都会有一种良性互动，以此实现二者的协调和支持；另一方面，在现代化失败的国家，国本位与民本位却是分离的，二者离心离德，最终两败俱伤。民初政党理想与最终关怀错位，无法实现二者的互动，最终导致严重的挫折和失败。

一、国权与民权的争执

中国数千年的封建专制社会倡导君本位，强调君主至高无上的统治地位，实行弱民、愚民政策，“民可使由之，不可使知之”，这实际上切断了君民之间的有机联系。这一政治设置，在抬高君主地位的同时，把皇帝彻底孤立起来，君民之间不但无法形成一种合力，而且有一种内在的张力。

中国的皇权系统是一个封闭的孤立系统。根据热力学第二定律，孤立系统的熵永远不会降底。在没有外力干预的情况下，这一系统的自然状态必然趋向混乱。这种系统最大的特点就是封闭性，它有利于王朝的稳定，却无法实现系统本身的进化，更无法应对外来的挑战。近代以来，中国遭受西方列强的严重威胁，蒙受各种耻辱和失败，而又处于无能为力的状态。这种耻辱和失败反过来又促成了君本位处于危机状态之下。基于这种现状，中国在甲午战败后彻底走上了以追求国家富强为目标的国本位探索路径。纵观近代中国史上各种政党派别的奋斗，各种治国方案的竞争，不论有多少差异，其核心目的都是一致的，那就是中国的富强。

追求以国家富强为特征的“国本位”政治思潮兴起于中国发现自己处于列强环伺之时，处于动荡或衰弱时期。这种“国本位”的追求实际上受到日本现代化的深刻影响，在中国近代化的历史进程中，世界上任何国家的影响都比不上日本给中国的影响更大。在“日式启蒙”而不是“西式启蒙”的背景下，中国政党成为整合社会力量、追求国家富强的工具，这与西方政党关心个人权利，代表不同阶层、集团利益，制约与规范政府权力相比，存在着根本的不同。这是民初政党政治的鲜明时代特点。

辛亥革命的领导者及当时的众多社会精英，甚至是尖锐对立的两极，都在相当程度上赞成集体主义和国家主义。1903 年 10 月，长期流亡日本的梁启超撰文叙述一种新型国家观。他把国家看作是一种独立于人民之上的“有机体”，认为自己过去那种“以国民为社会，以国家为积人而成”的观点“未得其真”。“国也者，非徒具人民之谓也，非徒有府库制度之谓也，亦有其意志焉，亦有其行动焉，无以名之，名之曰有机体。”[①] 梁启超断言：“深察祖国之大患，莫痛乎有部民资格而无国民资格。……故我中国今日所最缺失而最急需者，在有机之统一与有力之秩序，而自由、平等直其次耳。”[②] 不仅如此，他还用这种观点观察世界。“最爱自由之美国，亦不得不骤改其方针，集权中央，扩张政府权力之范围，以竞于外，而他国更何论焉！”[③]

梁启超将人权纳入团体主义和国家主义的框架之中，这一思想在一个多

---

① 梁启超：《政治学大家伯伦知理之学说》，李华兴、吴嘉勋编：《梁启超选集》，上海：上海人民出版社，1984 年版，第 397 页。

② 梁启超：《政治学大家伯伦知理之学说》，李华兴、吴嘉勋编：《梁启超选集》，上海：上海人民出版社，1984 年版，第 396 页。

③ 梁启超：《政治学大家伯伦知理之学说》，李华兴、吴嘉勋编：《梁启超选集》，上海：上海人民出版社，1984 年版，第 411 页。

世纪以来一直在中国思想界占据着主导地位。辛亥革命以前，国家主义尚未发展起来，而辛亥革命之后，出于巩固共和国家和民主政体的目的，尤其是对民族危亡的忧患，为了抵御外来侵略，就产生了强化国家权力、弱化人民权利的思潮，这就是国权主义。以梁启超为代表的“国权党”将民权与国权对立起来，大力强调国权。

1912 年 10 月，梁启超从日本返华抵津，立即创立《庸言》。该报连续刊登吴贯因撰写的《宪法问题之商榷》一文，系统阐明了立宪派在国权上的主张。在国权与民权的次序问题上，国权第一，民权第二。“对政府而求伸民权尚属第二着，对外国而求振国权则属第一着也。”[①] 他甚至以各种理由断然否定“主权在民”的理论观点，认为人民仅仅是国家的三要素（土地、人民、主权）之一，断无甲要素属于乙要素之理。否定“主权在民”的观点在很大意义上是为了反对国会代表人民拥有最高权力。进一步说，中国不必存在最高权力机关，国会不应该是，君主也不应该是，总统也不应该是，如果一定要说最高权力，只能说国家拥有最高主权。“中国之宪法，不言及主权则已，诚欲定主权之所在，则必以之属于国家之自身。此铁案如山，不可摇动者也。”[②] 在国家与人民孰轻孰重的问题上，国家为重，而人民为轻。苟人民之利益与国家之利益相冲突时，只能牺牲人民之利益以殉国家，而不能牺牲国家利益以殉人民。“盖国家牺牲人民之一部分，而国家尚能生存发达；若人民而牺牲国家之一要素，则国家纵不即归灭亡，亦必非独立之国矣！”[③] 只有先谋求国家的自由平等，而后才有条件寻求个人的自由与平等。人权、自由、平等之类学说只对强国人民适用，而弱国之中的人民无法适用。吴贯因等立宪派的说法表面上很有道理，但是国家又到底是什么？国家既然不是人民，不是总统，不是国会，而其却是主权的唯一拥有者，这就把国家虚化或者说是神化了。

---

① 吴贯因：《宪法问题之商榷》，《庸言》第 1 卷第 7 号，《庸言》第 2 集，北京：中华书局，2010 年版，第 1204 页。

② 吴贯因：《宪法问题之商榷》，《庸言》第 1 卷第 7 号，《庸言》第 2 集，北京：中华书局，2010 年版，第 1210 页。

③ 吴贯因：《宪法问题之商榷》，《庸言》第 1 卷第 7 号，《庸言》第 2 集，北京：中华书局，2010 年版，第 1207 页。

对于国权与民权的争执，曾经留学英国学习海军的严复与长期浸染香港的胡礼垣之间同样存在深刻的冲突。严与胡都是清末民初的重要启蒙思想家，但不同的是，胡礼垣是自由民权的坚定支持者，但严复对自由民权却身怀戒惧。1909年，严复在与胡礼垣的信函中提到，辛丑年间读过何启与胡礼垣合著的《新政真诠》，曾经“漉然异之”，并且表达出一种久仰之情：“常恨南朔分张，如七星十字不得一会合也。”严复充分肯定和承认何启与胡礼垣的观点：“平等自由之理，胥万国以同归；大同郅治之规，实学途之究竟，斯诚见极之谈，一往破的。”但是，严复话锋一转说，虽然自由民权是人类的终极目标，但各国中间的走法却不一样，这是因为“天演程度各有高低”。如果处置不当，“所谓自由平等者，适成其蔑礼无忌惮之风，而汰淘之祸乃益烈，此蜕故变新之时，所为大可惧也”①。申言之，严复与胡礼垣，国学基础都极为深厚，一个久居体制之内，近在京津权要；一个长期游历海外，见多识广，二者对自由民权的认识在过去的基点上慨然分途，表现出截然不同的分流趋势。

民初政党政治失败之后，陈独秀进而开始歌颂政府应该拥有强权。“我们人类文明最大的效果，是利用自然征服自然，例如水火都可以杀人，利用水便得了行船、洗濯、灌溉底效用；利用火便得了烧饭菜、照亮、温暖身体底效用；炸药和雷电伤人更是可怕，利用他们便得了开山、治病及种种工业上的效用；人类底强权也算是一种自然力，利用他也可以有一种排除黑暗障碍底效用。”②不难看出，建设一个强大的国家是那个时代几乎所有精英的共识。

二、在国权与民权之中出现的党权

共和的核心仍然是国权与民权的问题。国权与民权只是不同历史阶段的

---

① 严复：《与胡礼垣》，汪征鲁等主编：《严复全集》（卷八），福州：福建教育出版社，2014年版，第262页。

② 陈独秀：《谈政治》，《独秀文存》（三）（卷一·谈政治），北京：外文出版社，2013年版，第85页。

侧重点不同，二者并不能截然分开。即使在同一历史时期，二者仍然紧密相连。一旦彻底分开，那么国权就会失去民权的支持，就会走入极端，走火入魔。民初政党政治的重要历史教训就是在二者关系上进退失据，各走极端，引起国权与民权的双重衰弱，最终引起再次革命，这种教训仍需重视。民初以来的各种政治势力在对待个人与集体的关系上不知不觉间走上了非此即彼的道路，它们经常用否定对方的方式来为自己辩护，却看不到这种对立关系背后的真正联系。

近代世界历史上每次大革命或重大政治事件，都会留下一些与保障人权相关的档，英国有《大宪章》《权利法案》，法国有《人权宣言》，美国有《独立宣言》和《人权法案》，这些档标志着人类文明的进步。但辛亥革命作为中国历史的一个重要转折点，非但没有留下任何具有这种重要意义的人权档，相反连篇累牍的是光复汉室排除清王朝的呼喊。起义各省的广告，其基调多是民族主义，贯穿其中的是为汉族报仇雪耻的满汉对立或者华夷有别的观念。在中华民国临时政府的有关文告上，也鲜明地打上了狭隘的民族主义烙印。孙中山宣誓就职临时大总统后，发表了两个宣言，都没有提到公民权利与自由。1912年3月11日，临时参议院通过并公布了《临时约法》，规定了一系列人民权利。但是，《临时约法》并未能为这一系列人权提供有效的保障机制。《临时约法》第十条规定："人民对于官吏违法损害权利之行为，有诉于平政院之权。"平政院属于行政裁判系统，这为行政侵犯司法留下了隐患。约法还规定："本章所载人民之权利，有认为增进公益，维持治安，或非常紧急必要时，得依法律限制之。"[①] 民初政党政治尚未彻底完结之时，陈独秀就专门撰文指出，《临时约法》中赋予政府收回人民权利的条文是"约法底罪恶"。[②]

身处国权与民权漩涡之中的很多民国先辈们作为局中人，常常当局者迷，即使一些人看到了问题所在，也难以找到解决这一问题的恰当方法。他们知

---

① 《中华民国临时约法》，《孙中山全集》第2卷，北京：中华书局，1981年版，第220—221页。

② 陈独秀：《约法底罪恶》，《独秀文存》（三），卷二·随感录，北京：外文出版社，2013年版，第85页。

道脱离民权的国权走不下去，中华民国北京政府举步维艰，摇摇欲坠，但直接行使民权的道路又从何起步？没有国民的觉悟和争取，即使直接赋予的权利也会很快流失。“国民程度不足”是个世纪性难题。国民性的改造是一个长期的过程，把责任推给人民，历来就是一种不负责任的做法，也必将使自己落入无所作为的处境。

孙中山站在历史的前列苦苦探索。1919年10月，孙中山再次举起革命党的旗帜，重建中国国民党，明确提出“救国之急务”乃是“重新开始革命事业，以求根本改革也”。[①] 有人指责孙中山的革命破坏了民国法治进程，但孰不知民国的法治走入了死胡同才激起了重新革命的大潮，孙中山即使在高扬革命旗帜的时候，仍然念念不忘重建国会的法治道路。同年11月他在复安福系要人、刚刚收复外蒙立下奇功的徐树铮的电文中还在强调：“国于天地，恃法律而存在”，盼望徐树铮以“立功于国境”和“解罪于国民”的历史担当力挽狂澜，转圜大局。[②] 他在“救国急务”中坦承挽救民国的“两途”，一为法治，一为革命，但法治道路屡走屡绝，走投无路，军阀与官僚实为最大障碍。[③] 这一前后不同的逻辑顺序不能从根本上颠倒，它从源头上说明革命不是革命者随心所欲创造出来的，而是时势之必须。

孙中山在革命框架内再次重申军政与训政的架构来解决国权与民权的矛盾。军政就是用革命的手段解决国权问题，建立一个真正的中华民国；训政就是“训练清朝之遗民，而成为民国之主人翁，以行此直接民权也”[④]。训政是一个过渡阶段，是为了解决中国特殊的“人民程度不足”的难题。孙中山多次解释训政的含义：“中国奴制已经行了数千年之久，所以民国虽然有了九年，一般人民还不晓得自己去站那主人的地位。我们现在没有别法，只好用

---

① 孙中山：《在上海寰球中国学生会的演说》，《孙中山全集》第5卷，北京：中华书局，1981年版，第138—139页。

② 孙中山：《复徐树铮电》，《孙中山全集》第5卷，北京：中华书局，1981年版，第169—170页。

③ 孙中山：《在上海寰球中国学生会的演说》，《孙中山全集》第5卷，北京：中华书局，1981年版，第139页。

④ 孙中山：《三民主义》，《孙中山全集》第5卷，北京：中华书局，1981年版，第189页。

些强迫的手段，迫着他来做主人，教他练习练习。这就是我用‘训政’的意思。”[①]“夫中国人民知识程度之不足，固无可隐讳者也。且加以数千年专制之毒深中乎人心，诚有比于美国之黑奴及外来人民知识尤为低下也。”[②]“是故民国之主人者（国民），实等于初生之婴儿耳。革命党者，即产此婴儿之母也。既产之矣，则当保养之，教育之，方尽革命之责也。此革命方略之所以有训政时期者，为保养教育此主人成年而后还之政也。”[③]孙中山倡导的“训政”来源于中国传统的“伊尹训太甲”的典故，中国人民既是“初生之婴儿”，又是“传统之皇帝”。孙中山企图用训政的办法去实现未来的民权。面对民众的素质和现状，孙中山对民权倍感无奈和悲观。

在倡导革命的同时，孙中山不断在三民主义理论框架中探索民权和国权。1921 年 3 月，孙中山正式提出“真正民权”和“直接民权”的思想。这种民权包括选举权、复决权、创制权、罢官权。[④]“直接民权才是真正的民权。”[⑤]在国权问题上，孙中山同时提出“五权宪法”的创新方案。“宪法就是机器”，这个宪法包括立法权、司法权、行政权、弹劾权、考试权等共五种权力。[⑥]在孙中山看来，机器几乎是万能的，用五权组织起来的宪法机器超过了美国等西方国家的政治机器。民权为人民所拥有，国权作为机器由人民所使用，人民凭借自己的民权去驾驭这部机器，孙中山的理论十分巧妙。

在国权与民权的先后次序上，国权是第一位的。三民主义的“民族、民权、民生”顺序已经点明了这一问题，民族主义的目标是建立一个独立自主的国家，民权主义的目标是实现人权。孙中山站在世界主义的高地发表其观

---

① 孙中山：《在上海中国国民党本部会议的演说》，《孙中山全集》第 5 卷，北京：中华书局，1981 年版，第 401 页。

② 孙中山：《建国方略》，《孙中山全集》第 6 卷，北京：中华书局，1981 年版，第 209 页。

③ 孙中山：《建国方略》，《孙中山全集》第 6 卷，北京：中华书局，1981 年版，第 211 页。

④ 孙中山：《在中国国民党本部特设驻粤办事处的演说》，《孙中山全集》第 5 卷，北京：中华书局，1981 年版，第 477 页。

⑤ 孙中山：《在广东省教育会的演说》，《孙中山全集》第 5 卷，北京：中华书局，1981 年版，第 497 页。

⑥ 孙中山：《在广东省教育会的演说》，《孙中山全集》第 5 卷，北京：中华书局，1981 年版，第 495 页。

点："有谓欧洲各国今日已盛倡世界主义，而排斥国家主义，若我犹说民族主义，岂不逆世界潮流而自示固闭？不知世界主义，我中国实不适用。因中国积弱，主权丧失已久，宜先求富强，使世界各强国皆不敢轻视中国"。孙中山看到了民权的尴尬，"民国成立十年于兹，而人民尚不知行使民权之法。"[①]但孙中山的深刻之处在于，他没有立刻把民权放在优先的位置上进行考虑，而是认识到民权的发展有其自身的规律。"溯民权来历，其初则奉一二有能力、有见识者主持国政；及后人民知识发达，渐有觉悟，知聪明才力彼此皆不相下，遂要求参与政事；迨至今日民权发达，臻于极点，更实行直接民主制。"民权的发展经历过开始、及后和最后这三个阶段，并非治者能够随心所欲地拔高。正是基于这种完整的认知，在孙中山的革命实践中，国家的富强才始终优于民权的考虑，他希望尽快建立一个万能政府，从而迅速崛起，成为世界上的头等强国。有人据此认为孙中山不重视民权，其实这是一种误读，孙中山作为一个思想家，他看到了民权的未来，但是，作为一个行动者，最紧迫的任务是要找到中国进步的道路，建设一个强大的国家才是走向民权的保障。

不论是国权论者还是民权论者，虽然都言之凿凿，但是在行动上无一不陷入困境。孙中山在国权与民权的问题上，虽然有很多创新，但这些思想并没有能够帮助他走出困境。真正促使他转变的，或者说，他真正得到升华的，是他在苏联和中国共产党的帮助下日益成熟的党权思想。民权不行，国权不行，党权却开始脱颖而出。孙中山最擅长的就是建党，他一生五次建党，推翻帝制，建立民国，在中国历史上留下光辉的一笔。但是，在接受苏俄建议改进国民党之前，孙中山的党建思想始终局限在一个封闭的精英型小圈子里，这使得国民党在国权与民权的两极上处于"上不接天，下不接地"的悬空状态。

在苏联的帮助下，中国国民党开始改进。1923 年 1 月，孙中山在上海中国国民党改进大会上演说："政治进行是靠不住的，随时可以失败。军事进行，现在也有了多年，靠着它来改造国家，还说不定成功与否。所以政、军

① 孙中山：《在广东省第五次教育大会上的演说》，《孙中山全集》第 5 卷，北京：中华书局，1981 年版，558—559 页。

两种进行，成败都未可必。只有党务进行，是确有把握的，有胜无败的。”[①] 廖仲恺在改组时的一次国民党中央干部会议上更是直接解释说：“三次失败，皆因军人持权，党员无力，故党之主张无力。”[②] 孙中山采取联俄联共政策，接受中国共产党的帮助开始着力改造国民党，特别突出党权的重要性，这为后来国民党的北伐战争胜利打下了牢固的政治基础和群众基础。

军权、政权、党权，三权相比，党权是最为可靠的。对一个尚处于在野状态的政党来说，发展和强化党权，实际上就是培养一个精英团队，利用这个精英团队再去指挥军权，夺取政权，这是一条最优的道路。政党是由共同的思想、组织、纪律组成的先锋队，具有共同的政治基础，这是军权和政权中的功名利禄不能比的，这也无形契合了中国传统中“文官治国”的逻辑。

孙中山着力塑造和改组国民党。他不仅竭力把三民主义灌输到党员思想中去，而且以严格的纪律约束党员。他把革命失败的原因归之为党的组织纪律不强，党员个人不服从领袖之故，认为俄国革命的成功，全由于党员的奋斗。要想革命成功，没有别的办法，只有学习俄国的方法组织及训练，才有成功的希望。他决心联俄联共，改组国民党，认为要使党强大有力，党员必须牺牲个人自由，服从党组织。只有这样的革命党才能训练人民，教会人民自治和做主。“比方外国人说中国人是一片散沙，究竟说一片散沙的意思是什么呢？就是个个有自由和人人有自由……自由的解释，简单言之，在一个团体中能够活动，来往自如，便是自由。因为中国没有这个名词，所以大家都莫名其妙。但是我们有一种固有名词，是和自由相仿的，就是‘放荡不羁’一句话。既然放荡不羁，就是和散沙一样，各个有很大的自由。”[③]

塑造一个强有力的党，是孙中山的长期追求。从兴中会、同盟会一直到中华革命党，都可以看到这种清晰的努力方向。为了达到这一目的，孙中山对一

---

① 孙中山：《在上海中国国民党改进大会的演说》，《孙中山全集》第 7 卷，北京：中华书局，1981 年版，第 6 页。

② 《中央干部会议第十次会议记录》（1923 年 12 月 9 日），《革命文献》第 8 辑，第 77 页。转引自王奇生著：《党员、党权与党争》（修订增补本），北京：华文出版社，2010 年版，第 5 页。

③ 孙中山：《三民主义》，《孙中山全集》第 9 卷，北京：中华书局，1981 年版，第 272 页。

盘散沙的国民性进行了严厉抨击。孙中山甚至断言："如果一盘散沙是中国人的本质，中国人的自由老早是很充分了。"[①]"外国革命的方法是争自由，中国革命便不能说是争自由。如果说争自由，便成为一片散沙，不能成为大团体，我们的革命目的便不能成功。"他认为，中国遭受列强侵略的原因是"自由太多，没有团体，没有抵抗力，成一片散沙"，因而"实行民族主义就是为国家争自由……便要大家牺牲自由"。"个人不可太过自由，国家要得完全自由"。[②]

必须注意的是，孙中山在这里并不是要反对民权，而是竭力反对党员放任的个人自由。党有权有力，党员必须自觉成为实现党权的一个环节。国民党的党权从改组后得到了迅速提升，这为国民革命的胜利打下了坚实的基础。党权从此异军突起，国权、民权、党权三权并存成为中国现代政治的一个鲜明特点，国权与民权之争开始步入一个新的阶段。

三、人民的出场

国权与民权的矛盾，引起无数中国人的纠结。孙中山以新三民主义为总体解决方案的实践探索无疑取得了重大效果。在苏联指导和中国共产党帮助下，国民党开始了重要的政治转向，即从上层人物的联络转到依靠群众上。在这一解决方案中，党权由于群众的支持而迅速壮大并发展起来，国民党日益成为一个开放的、具有较广泛群众基础的和较强政治动员能力的革命党，成为推动中国现代社会变革的中心力量。它对群众的日益重视、动员和宣传使其赢得了民心，最终夺取了全国政权。这一历史事实中包含着利用民权去争取政权的政治逻辑，党权由此成为连接民权与国权的中介。动员群众和组织群众最好的领导者是政党，党权的灵活性和适应性是政权和军权所不能比拟的。

但是，国民党未能沿着正确的方向继续前行。在北伐战争胜利之后，尤其是国民党夺取全国政权之后，国民党的党权并没有继续向前发展，而是逐渐沦为军权和政权的附庸。1928 年 2 月，国民党二届四中全会撤销"五部"

---

① 孙中山:《三民主义》,《孙中山全集》第 9 卷，北京：中华书局，1981 年版，第 278 页。

② 孙中山:《三民主义》,《孙中山全集》第 9 卷，北京：中华书局，1981 年版，第 282 页。

（农民、工人、商人、青年、妇女），割断了国民党与民众的组织纽带。1928年8月召开的二届五中全会和1929年3月召开的三大从制度层面改变了民众运动的组织和指导方针，国民党动员民众的内容蜕化为统制民众，形成了“国民党不要民众”的时局。这种变化很快祸及国民党自身。在国民党自我矮化的同时，北伐战争的胜利给军权崛起提供了机会，蒋介石顺理成章地“以军权裹挟党权”，建立起一个“以党治为表、军治为里的独裁政权”。[①] 国民党全国代表大会和中央全会不得不变成为蒋介石军事独裁提供合法性的一枚橡皮图章。党权被军权矮化、虚化和控制，蒋介石依靠军权来控制政权和党权，这实际上已经背离了孙中山的主旨。

更要命的是，在中央层面的党权被军权所裹挟的同时，地方层面的党权又很快失去了对地方政权的指导和监督职责。在面对地方党部与同级政府的矛盾时，国民党中央的“根本认识”是：“本党对于国民政府，系以整个的党指导监督整个的政府，非横断的以各级党部指导监督各该同级政府。”[②] 这就把中央以下的国民党组织剥离出各级政权之外。失去军权和政权之后的国民党焉能不乱？国民党在地方的组织很快陷入混乱无序状态。更有甚者，直至1936年，河南、安徽、福建、云南、贵州、四川、陕西、甘肃、宁夏、青海、新疆等省区连正式省党部都未能建立[③]，这就更不用说省以下的县乡情况了。城市有党，农村无党，国民党的统治有名无实。蒋介石和胡汉民等人都希望国民党起到联系群众和协助政府的作用，但国民党在失去群众，又被军权和政权相继矮化后，自身也在发生着迅速蜕变，一大批无才无德的土豪劣绅和地痞流氓趁机混入，它非但不能成为官民之间的桥梁和纽带，反而充当了一个与官争权、与民争利、争权夺利、惹是生非的角色。在蒋介石治下，中国国民党很快完成了又一次转身，不过上次是升华，这次却是蜕变。党员消极，

---

① 王奇生：《党员、党权与党争》（修订增补本），北京：华文出版社，2010年版，第216页。

② 王奇生：《党员、党权与党争》（修订增补本），北京：华文出版社，2010年版，第231页。

③ 王奇生：《党员、党权与党争》（修订增补本），北京：华文出版社，2010年版，第301页。

人民对党失望，政府责备党，国民党离失败只有数步之遥了。

在中国现代史上，国共两党同时进行着两场实验。在国民党改进之前，中国共产党的探索已经开始。1922年7月，中共二大通过的《关于共产党的组织章程决议案》中特别阐明，党不是“离开群众之空想的革命团体”，而是“广大群众组织起来为无产阶级利益而奋斗的”。它强调，“我们的活动必须是不离开群众的”。[①]中国共产党的着力点不是从否定国民性开始，而是把人民群众当作历史的创造者，立足于人民群众的立场来解决问题。在中国近代史上这是一次彻底的思想革命，是一种思维方式的彻底颠覆。从清末一直到民初，无论是执政者、立宪者还是革命者，他们念念不忘的都是“国民程度不足”的问题，他们想尽了一切办法来解决这个问题，却无一例外地遭到失败。中国共产党自诞生之日起，就把自己定位于最为底层的工人阶级基础之上，积极承担起领导革命的责任。“革命党是群众的向导，在革命中未有领错了路而革命不失败的。”[②]中国共产党坚信一条，革命失败的责任不在群众，而在于党的领导，这就与清末民初的一切政党划清了界限。

人民是政党生死攸关的裁判者。在国民党抛弃群众，也就是抛弃民权、拥抱军权和政权的同时，中国共产党开始了另一场艰苦的探索。在国民党夺取北伐战争的胜利果实后，中国共产党来到了最为贫穷的边远地区。秋收起义之后的三湾改编，在基层把支部建在连上，党的力量渗透于军队之中。古田会议召开，在政治上确立党对军队的绝对领导权，政治建军、思想建党成为中共的一个鲜明特点。建立革命根据地拉开了土地革命的序幕，分田分粮是对农民生存权的根本维护，也是最为核心的民权内容，这就赢得了广大人民群众的支持。随即，中国共产党开始对政权的探索，中央苏维埃政权是第一次建政尝试，这个政权十分强调人民性和民主监督。在中央苏区存在的有限时间中，党政军三方面各有其位，形成了“军队是基础、政党是灵魂、政

① 中共中央组织部、中共中央党史研究室、中央档案馆：《中国共产党组织史资料》第1卷，北京：中共党史出版社，2000年版，第20页。

② 毛泽东：《中国社会各阶级的分析》，《毛泽东选集》第1卷，北京：人民出版社，1991年版，第3页。

权是手足”[①]的工作格局，找到了中国革命的新道路，开辟了中国革命的新局面。十年土地革命最大的收获就是中国共产党对国权与民权进行了一场脱胎换骨的历史性变革。

在苏区，党员的纯正性得到强调，党员纪律严明、必须具有牺牲和奉献精神。党的基层组织尤其是支部建设卓有成效，以兴国等15县为例，到1932年3月底，共成立支部998个，差不多每乡有一个支部。[②]这些最为基层的党组织活动频繁而且有力量，他们抓住农民利益这一中心环节，“打土豪，分田地”，对基层群众形成了强大的政治影响力、宣传鼓动力和组织动员力，党组织的战斗堡垒作用显示出来，这与国民党基层力量的虚空形成鲜明的对比。在军队力量的支持下，在农民拥护的基础上，中国共产党很快就重构了地方政治结构，土豪劣绅遭到毁灭性打击。在这个过程中，强调中国共产党领导权固然重要，但党权的根本还在于对民众利益的维护，在一个人民群众食不果腹的年代，民众的生存权是最重要的民权，中国共产党对底层群众土地利益的争取和保护，赢得了广大工农群众的支持和拥护。可见，党权是植根于民权之中的，这才是党的领导权牢不可破的根本原因。

中国共产党对民权的重视可从“人民”一词中得到理解。中共始终植根于人民，从人民立场出发展开政治活动。1935年12月，毛泽东开始把人民与共和国连接在一起，提出“人民共和国”的政治主张，这就大大超越了原来的“工农共和国”。这时候的人民“除了工人、农民和城市小资产阶级以外，还要加上一切其他阶级中愿意参加民族革命的分子”[③]。人民不仅是共和国的主人和基础，而且是共和国的桥梁和通道。在1945年4月召开的中共七大上，中国共产党以中国人民的名义提出联合政府的鲜明政治主张，要求保障“人

---

① 黄道炫：《中央苏区的革命（1933—1934）》，北京：社会科学文献出版社，2011年版，第111页。

② 《区委支部统计表（1932年3月底止）》，《中央革命根据地史料选编》（上），第661页。转引自黄道炫著：《中央苏区的革命（1933—1934）》，北京：社会科学文献出版社，2011年版，第94页。

③ 毛泽东：《论反对日本帝国主义的策略》，《毛泽东选集》第1卷，北京：人民出版社，1991年版，第156页。

民的自由”，实现“人民的统一”，坚持“人民的军队”，要求废止国民党一党专政，彻底改组国民政府，实现民主的联合政府。[①] 中国共产党立足“人民”构建共和的理论逻辑清晰可见。1949 年 6 月，中共建党 28 周年之际、即将建政之前，毛泽东发表《论人民民主专政》的政治宣言，系统阐述了人民民主专政的政权理论。若从政治逻辑看，这是一个由民权通向政权的建构模型，因为人民民主更多地体现了民权的内容，而专政则体现着政权的属性。在这一模型内，人民有了更加丰富的内涵。“人民是什么？在中国，在现阶段，是工人阶级，农民阶级，城市小资产阶级和民族资产阶级。”[②] “人民”二字并非中国共产党发明，但中国共产党却赋予“人民”二字以最新的时代内涵。中国共产党不仅打通了从民权走向国权的道路，而且在国权对民权的规约上有着清醒的自觉。“人民的国家是保护人民的。有了人民的国家，人民才有可能在全国范围内和全体规模上，用民主的方法，教育自己和改造自己，使自己脱离内外反对派的影响（这个影响现在还是很大的，并将在长时期内存在着，不能很快地消灭），改造自己从旧社会得来的坏习惯和坏思想，不使自己走入反动派指引的错误路上去，并继续前进，向着社会主义社会和共产主义社会前进。”[③] 更为引人注目的是，毛泽东还特别提到了 1924 年国民党的民权主义，认为“这里所说的民权主义，是和我们所说的人民民主主义或新民主主义相符合的”[④]。这就把中国共产党与中国国民党的历史传承关系说出来了，中国共产党是孙中山民权主义最坚定的支持者和最忠实的继承者。

民权与人民有着内在的逻辑关系。人民是一个具有丰富内涵的政治概念。在中国共产党的词语中，在革命年代人民包含着工人、农民、知识分子和民

---

① 毛泽东：《论联合政府》，《毛泽东选集》第 3 卷，北京：人民出版社，1991 年版，第 1069—1072 页。

② 毛泽东：《论人民民主专政》，《毛泽东选集》第 4 卷，北京：人民出版社，1991 年版，第 1475 页。

③ 毛泽东：《论人民民主专政》，《毛泽东选集》第 4 卷，北京：人民出版社，1991 年版，第 1476 页。

④ 毛泽东：《论人民民主专政》，《毛泽东选集》第 4 卷，北京：人民出版社，1991 年版，第 1477—1478 页。

族资产阶级，在抗日战争时期，甚至可以包含亲英美派的大地主、大资产阶级。在改革开放的历史时期，新生的社会阶层、港澳台同胞以及一切愿意为实现祖国统一和中华民族伟大复兴的中华儿女都居于人民的范畴之内。但它的含义并不仅仅局限在此，若以历史的眼光审视，人民是承接国民和公民的当代表达，联系民权和国权的桥梁和纽带，它不仅承接过去，而且通向未来。从上往下看，人民可以具体落实在国民和公民上；从下往上看，人民可以成为一个政治共同体，自然上升到共和国的高度。人民这个概念之所以能够脱出国民和公民的束缚，脱出工人、农民和各种身份职业的限制，就是因为它既包含着这些政治概念的要义，又能超越这些政治概念的局限，恰当并且有力地顺应历史潮流，从而站在了历史的前列。人民的出场解决了从清末以来国权与民权的对立与矛盾，打通了从民权走向国权的通道，解决了历代先贤长期以来想解决而无法解决的时代难题。

中国共产党自诞生之日起就与人民群众站在一起，党权与人民紧密联系，血肉相连，不可分割。从中国共产党领导权的内部结构看，中国共产党的领导权并非国民党的党权可比，中国共产党的党权具有丰富的内涵。“东西南北中，党政军民学，党是领导一切的”[①]，中国共产党的领导是“历史的选择”和“人民的选择”，是党和国家的“根本所在”和“命脉所在”，是全国各族人民的“利益所系”和“命运所系”，“没有中国共产党，就没有新中国，就没有中华民族伟大复兴”[②]，“党的领导是全面的、系统的、整体的”[③]，中国共产党是中国人民和中华民族最可靠的主心骨。中国共产党拥有统一战线、武装斗争和党的建设构成的“三大法宝”，拥有群众路线的根本工作方法，军权与政权都在党权的领导之下工作，这就使得党权的战斗力、影响力、领导力前所未有。中国共产党的党权不是一个孤立的、封闭的内循环系统，而是与军权、国权和民

① 习近平：《决胜全面建成小康社会，夺取新时代中国特色社会主义伟大胜利》，北京：人民出版社，2017 年版，第 20 页。

② 《习近平在纪念辛亥革命 110 周年大会上的讲话》，《人民日报》，2021 年 10 月 10 日，第 02 版。

③ 《中共中央关于党的百年奋斗重大成就和历史经验的决议》，《人民日报》，2021 年 11 月 17 日，第 01 版。

权紧密结合在一起的一个统一体。无论是在军队内还是在政权内，都有严密的党组织全程覆盖。党权对军权和政权的掌控符合中国数千年“文官治国”的历史经验，符合世界文明的进步潮流。

在党权与人民的联系中，群众路线发挥着重要作用。在政治现代化中，群众路线是把国民和公民纳入国家的一种政治机制。从这个意义上就可以理解，群众路线是中国共产党的根本工作路线，也是中国共产党的生命线。强调和贯彻群众路线，并不仅仅是一种政治活动和任务，而是国权与民权的一种有机结合，是国权与民权的互动机制。贯彻群众路线，向下可以推动和实现民权，向上可以巩固和扩大国权，因而党的群众路线只能加强，不能削弱。

四、小结

国权与民权的关系是共和精神的核心，只有以民权为核心的国权才能支持政党政治的顺利运行。然而，中国的民情与西方的民情终究存在重大区别，民初政党看不到这些区别，在转型过程中表现出理论上的严重短缺和实践上的严重失误两个方面，它们始终在国权与民权方面踌躇不决，进退两难，这种民权与国权的深层错位导致民初政党政治迷失在历史深处。在这一历史困境之中，中国国民党经过反复试错，从党权入手为解决这一难题做出了重要的探索，中国共产党更进一步，建成了一个全国范围的、广大群众性的、思想上政治上组织上完全巩固的、布尔什维克化的中国政党，这个政党不仅有坚强的领导权，而且有坚实的群众基础。这样一来，“民权—国权”的传统逻辑序列中出现了新的变化，“民权—人民当家作主权—党的领导权—国权”的新组合开始呈现并终于顺利运转。中国共产党的领导权与人民当家作主权的共同出场终于把国权与民权有机结合在一起，最终破解了清末民初长期困扰国人的世纪性难题。可以毫不夸张地说，中国共产党和中国人民的出场，是中国政治的“千年变局”，彻底扭转了近代中国不断衰落的历史，极大地改变了世界政治格局，深刻影响了世界历史进程，中华民族日益走向世界舞台的中央。

第五章　民初政党政治的时空错位

清末民初，政党观念多从西方流入，人们还不能区别中国政党与西方政党在时代和国情上的根本不同。西方列强在中国的恣意妄为与中国封建统治者的孱弱无能交相叠加，使得中国社会矛盾不断激化，国家蒙辱、人民蒙难、文明蒙尘，中华民族陷入空前危机之中。亡国灭种的空前危机是催生中国政党产生的最大原因。国人意识不到这种政党担负建国和治国重任而必然形成独特的“作为整体的政党”，完全不同于西方社会“作为部分的政党”。尤其是国人在国家建构、权威认同和法治国家等维度上的认识出现时空错位，导致这种以西方政党为摹本的政党政治无可挽回地走入歧途。

第一节　国家建构

政党与国家的关系是政治学中的一个基本问题，也是分析近现代社会的一个重要切入点。理解民初政党政治的运行机理，离不开对这一关系的梳理。透过这些纷纭复杂的现象，我们总是能看到这一线索若隐若现地贯穿于民初政治发展过程中。今天，我们站在新的历史起点上，具有了一个崭新的高度，完全可以利用历史的“长焦距”镜头，再次观察、审视民初政党政治运行中的时空错位。

一、民初国家建构与政党政治的内在矛盾

要理解民初政党政治的困境，我们必须回到政党政治的发源地，用历史的烛光重新寻找政党政治成功的根基所在。从西方政党政治的发展历程看，政党政治与现代国家构建有着密切联系，可以说，政党政治植根于近代“民族—国家”之内，成熟于现代“民主—国家”之时。民族国家的形成是现代政党政治产生和发展的前提，现代政党政治的发展首先要解决国家建构问题。民族国家是政党政治的载体，没有这个载体，政党政治就失去了存在和发展的条件。因此，民族国家的出现是现代政党政治发展的起点。民族国家发展路径的不同直接决定了其政党政治的不同模式。

首先，西方近代民族国家的形成要借助于绝对专制主义王权这一载体。历史地看，王权国家是人类文明的重要标志，绝对专制王权是市场经济发展的强大引擎，这种王权能够进行大规模的资本运作，从而促进生产力的巨大跃升。有些国家，甚至直接出现绝对专制王权创造市民社会的奇迹，比如俄国彼得大帝几乎是“无中生有”奠定了俄国工场工业的基础。[①]绝对专制王权与高度发达生产力一起促进了民族国家的形成。从欧洲历史上看，英、法、德等国家的绝对君主制在相当程度上克服了当时各国四分五裂的封建状态，建立起明确的、有着领土疆界的中央集权政府，这为民族国家的形成奠定了基础。我国学者钱乘旦在考察这一历史后曾经指出：“无论是迟是早，几乎所有国家都必须在经历了专制王权这个阶段以后，才能跨入近代世界的大门。未完成由封建国家向专制制度的转变，意味着未能进入现代政治的起点，从而意味着国家在近代化第一阶段的完全失败。”[②]绝对专制主义在创造一个现代主权国家的同时，也开启了政治现代化的历程。

其次，西方民族国家的形成要依靠政治思想家的思想启蒙和理论转换。把主权从封建君主的王权中分离出来，最后把它交还给人民，这是绝对专制

① 刘北成：《论近代欧洲绝对君主制》，北京：《北京师范大学学报（社会科学版）》，1997年第1期，第97页。

② 钱乘旦主编：《现代文明的起源与演进》，南京：南京大学出版社，1991年版，第104页。

主义的一次脱胎换骨的蜕变，也是民族国家形成的重要标志。法国思想家让·布丹最早提出主权是国家的永恒属性，是国家政治稳定和统一的保障。卢梭在此基础上提出“人民主权”的概念，把主权从君主手中转移到人民手中。“我以为主权不过是公共意志的运用，所以它是永远不能转让的；主权体只是个集体，不能由他人代表。”[①]1688年英国光荣革命后，洛克的《政府论》发表。这部著作是资产阶级革命的“圣经”，它为民族国家的建立奠定了理论基础，完成了从绝对君主国家到民族国家的理论转换。它对民族国家的性质、地位、权力来源等重大问题进行了深入透彻的解析。国家的权力来源于自由的个人组成的契约，目的是保护个人的天赋人权（生命、自由和财产）。自然权利对契约国家始终存在着内在的约束力，政府只是人民权力的委托人，而不是人民权力的来源，当政府滥用自己的信用和权力，人民就有权终止与政府的契约。民族国家产生于市民社会之中，只有保证社会的和平、秩序和安全，才是它持续存在的唯一理由。

经历过“文艺复兴”的思想启蒙、海外贸易和生产力的迅速发展，西方民族国家于17世纪末、18世纪初终于正式确立。民族国家的发展为政党政治的形成创造了条件，这明显地表现在国家与个人关系的改变上，传统的封建人身依附关系逐渐转变为平等的契约关系，身份社会转型为公民社会。如果说，从以国王为人格化的主权转化为人民主权，是民族国家形成的标志，那么，从对人民主权的肯定转化为对公民权利的尊重，则是民主国家形成的标志。绝对君主制打破了中世纪等级制对中央权力的限制，逐步开始实现中央政府对每一个臣民的直接统治，这表现在全国法律的统一上和全国税收的统一上。尽管在不同国家存在着各种不同的免税特权和各种地区性的封建权力结构，但是国家权力通过各种税收，尤其是人头税，直接作用于最底层的民众，与每一个居民发生了关系。中央政府和个人的直接联系推动了个人与社会关系的变化，一种“国家—个人”的新型关系打破了束缚人的复杂的、旧的身份关系，推动了个人“原子化”的进程，个人日益解放和自由。与此同时，国家的资源则进一步集中，国家的权力进一步加强。这时候，“公民身

① 〔法〕卢梭：《卢梭民主哲学》，陈惟和等译，北京：九州出版社，2004年版，第22页。

份”已经呼之欲出，“民主国家”已经势在必行。

民族国家的强大为政党政治的产生提供了条件和保证，而人民主权的正当性则为政党政治的发展准备了充足的理由，民主国家和公民出场则为政党政治的发展注入了活力，保证了政党政治的健康发展和持续活力。后来，政党首先在第一个世界帝国——英国出现并争取到执政的权力，这不是偶然的，而是有一定的历史必然性隐藏在里面。在英、美、法这些最早形成的民族国家中，政党随着本国商品经济的发展、议会斗争的需要以及自由民主思想文化的传播而逐渐成熟。萨托利在追溯政党形成和发展的历程时一再重申，“在建立民族国家的过程中西方的政党体系并没有发挥作用，只是在合法性危机的问题解决之后——也就是在宪政统治被接受之后——这也许不是偶然的”。“也许国家统一必须在政党‘分裂’之前”[①]（需要注意的是，这里的政党“分裂”指的是作为“部分的政党”）。后来的多数发展中国家在接受多党政治后，历经分裂、动乱和冲突，很快就诉诸一党体制这一作为“整体的政党”或军人政权，也从反面证明了现代民族国家建构必须先于政党政治的历史合理性和内在逻辑。

西方政党政治的顺利运行是在现代国家之内展开的，而中国则不然，民初政党政治是与国家建构同时进行的。政党政治的竞争烈度与国家建构的复杂性、长期性交织在一起，使得民初政党政治表现出世界各国从未有过的乱象，各种解释莫衷一是，各种争论从未结束。

清王朝未能实现从专制国家到民族国家的现代化转型，它的覆亡使现代民族国家的构建前景更加扑朔迷离。现代民族国家构建所需要的绝对专制权威无可挽回地流失了，而新的权威在短时间内却无法确立。在内忧外患的时刻，民初政党为了权力斗争的需要，不惜使用金钱收买、威逼胁迫等惯用伎俩，“国利民福”的政党理想与残酷的现实、应然与实然的巨大反差，加速了政党合法性的丧失，“内忧外患不宜树党”，“是以国果不存，党于何有”。“党争亡国”迅速成为当时舆论的共识。

① 〔意〕萨托利：《政党与政党体制》，王明进译，北京：商务印书馆，2006年版，第37页。

梁启超在1912年除夕写的一篇文章中提道："我中国今日固俨然共和矣，民权之论，洋洋盈耳，诚不忧其夭阏，所患者，甚嚣尘上，钝国权之作用，不获整齐于内竞胜于外耳。"因此，他主张"今日稍畸重国权主义以济民权主义之穷"[①]。梁启超的好友和追随者吴贯因说得最为明确："国家为重，而人民为轻，苟人民之利益与国家之利益冲突时，只能牺牲人民之利益，以殉国家，而不能牺牲国家之利益，以殉人民。盖国之不存，人民且无所托命，而奚论其利益也。""国权"绝对高于"民权"，"民权"必须无条件地服从"国权"，为了维护"国权"，必须抑制甚至牺牲"民权"，而绝不能削弱"国权"以张"民权"。[②]这就是梁启超、吴贯因等人在"民国"与"国民"关系上的认识。

1913年3月23日，中国新闻工作者孔天增致信莫里循，阐述了政党对国家的危害。"这些人的毛病是，他们不把国家置于党派之上，只鼓吹破坏，却提不出建设性的措施。"[③]章士钊、梁启超、孙中山等人也相继从政党制度方面为政党政治寻求出路。英、美政治所以独秀于世界者，是因为两党制的政党体制；而法、奥等国，则因小党分裂太甚之故，致使内阁频繁更迭。两党制随之成为政治精英们的诉求目标，国会中各个政党进行了多次的分化组合。但遗憾的是，"作为部分的政党"首先考虑的是自身的利益，在关键问题上，各党无法达成一致与共识。这些问题直接影响到国人对于政党政治的看法，毕竟国家的强大和地位在当时来看是最为重要的。

利用政党政治来控制国家，与建设一个强大的民族国家这两个任务，在西方发达国家那里均经历了较长的时间才得以完成。而在民国刚刚成立的短短两年中，既要建成一个强大的民族国家，又要有一个良好运作的政党政治，这对于一个有着悠久官僚传统、国弱民穷的中国来说，确实是一个巨大的挑战。如果让人们在二者之间选择的话，毫无疑问，人们自然会选择国家的强

---

① 梁启超：《宪法之三大精神》，《梁启超全集》第5册，北京：北京出版社，1999年版，第2564页。

② 转引自徐宗勉：《失败者的探索——1913—1915年间关于中国如何实现民主政治的讨论》，《历史研究》，1984年第4期，第24页。

③〔澳〕骆惠敏编：《清末民初政情内幕》（下），陈泽宪等译，北京：知识出版社，1986年版，第115页。

大作为第一个选项，民初政党政治的实践也完全证明了这一点。

中国近代最引人注目的知识分子辜鸿铭在强调国家、政府、权力的重要性时写道："除非一个国家现实有效的政府拥有绝对权力去做它认为正确的事情，那个国家是不可能治理好的。外国人在中国应该支持的事业不是改革和维新派的事业，而是支持好政府的事业。支持好政府的事业的唯一途径，就是用各种可能的办法维护正统权威的权力。"① 难怪严复在给他的得意门生熊纯如的信中写道："袁氏四年中，行事所最为中外佩服者，即其解散国会一事，谓其有利刃对乱麻之能。"② 在他看来，政党政治破坏了秩序，使富强国家的希望成为泡影。

1914 年 5 月 1 日，袁世凯颁布《中华民国约法》，他对政党政治与国家强大之间的矛盾和关系说得非常明白："夫国家处开创之时，当多难之际，与其以挽救之责，委之于人民，委之于议会，其收效缓慢而艰难，不如得一强有力之政府以挽回之，其收效快速而容易，所谓易则易知，简则易从也。况且人民政治知识尚在幼稚时代，想要他们运用议院政治，私下里恐怕转致混乱败亡……以国势至今，非由大总统以行政职权急起直追，无以救危亡也。"③

民国初年的政党政治一直伴随着积贫积弱的中华民国。积贫积弱的国家非但不能为政党政治提供条件和舞台，反而不时要与政党政治发生激烈的冲突。这种状况的发展，逐渐让人们失去了对政党政治的信心。1923 年 10 月，曹锟为了当选总统职位，大肆行贿，500 多名议员每人竟然分得 5000 元到 1 万元不等，两院院长竟然受贿高达 40 万元，国会在人们的心目中彻底堕落了，人们愤怒地把国会、议员称作"猪仔议会"和"猪仔议员"。

孙中山在这个时候也清楚地认识到，政党政治必须有一个真正的民国作为前提。1923 年 2 月 24 日，他在广州宴请各军军官时的演说中把国家比喻

---

① 〔澳〕骆惠敏编：《清末民初政情内幕》（上），刘桂梁等译，北京：知识出版社，1986 年版，第 276 页。

② 严复：《与熊纯如书》（1916 年 9 月 10 日），《严复集》（卷八），汪征鲁、方宝川、马勇主编：《严复全集》（卷七），福州：福建教育出版社，2014 年版，第 324 页。

③ 白蕉：《袁世凯与中华民国》，荣孟源、章伯锋编：《近代稗海》第 3 辑，成都：四川人民出版社，1985 年版，第 88—89 页。

为房屋，一切其他建设都必须在房屋中进行。曹锟贿选后的10月15日，孙中山在广州中国国民党恳亲大会的演说中指出："辛亥革命推翻满清、创造民国，一直到今日，徒有民国之名，毫无民国之实。关于民国的幸福，人民丝毫都没有享受到。……这是什么缘故呢？就是由于革命没有成功。因为革命没有成功，所以真正的民国，无从建设。我们从此要建设民国，所以还要来革命。民国一天没有建设好，本党就要奋斗一天。"[①]孙中山先生提出的"军政、训政、宪政"三部曲，其目的就是要"以党建国"，建立一个强大的国家，然后再来施行宪政和政党政治。这时候的国民党已经从民国初年竞争国家权力的"作为部分的政党"，逐渐地、不自觉地转变为整合国家统一的"作为整体的政党"了。

二、传统的天下观不同于现代国家观

民国初年，中国既要建立拥有绝对权力的民族国家，又要建立"作为部分的政党"以分权，中华民族面临的任务是双重的。在一个相当短暂的时间内要同时完成这两个任务，成功的希望是非常渺茫的。更重要的是，要求集权的民族国家与要求分权的政党政治同时展开，二者的矛盾异常尖锐，难以调和。这种逻辑上的悖论导致政党政治的悲剧当在情理之中。事实上，民初政党政治失败后，孙中山先生重申"三民主义"——民族、民权、民生的政治主张，里面已经包含着对民初政党政治教训的总结，它贯穿着先建国家、后搞民主的政治逻辑。后来中国共产党人又提出推翻"三座大山"——帝国主义、封建主义、官僚资本主义的历史任务，把中国革命分为新民主主义革命和社会主义革命两个历史时期，经过反复试错和多次挫折，终于在1949年初步完成了建立民族国家的重任。这距离1912年中华民国建立已经整整过了37年！

现代国家是西方资产阶级创造的政治产物。从商周到明清时代的3000年

---

① 孙中山：《在中国国民党恳亲大会的演说》，《孙中山全集》第8卷，北京：中华书局，1981年版，第280页。

历史中，中国创造了以天下为正统、以皇权为统摄的官僚系统，但没有形成现代意义上的国家。梁启超曾经论述："中国自古一统，环列皆小蛮夷，无有文物，无有政体，不成其为国，吾民亦不以平等之国视之，故吾国数千年来，常处于独立之势。吾民之称禹域也，谓之为天下，不谓之为国。"[①]进一步观察，中国的"国"乃是"家"的放大，这种意识令偌大国家被看成某一姓氏之私产，而系于所谓"万乘之尊"的皇帝一身。国家与国民之间存在着密切关系，国家若没有国民意识，国民也不可能有国家意识；国民若没有国家意识，国家就不可能长存。究其实质，国家与国民是一个统一体。人民的国家思想是保护国家的要素和条件。人民如果没有国家的思想，这个国家就无法存在。麦孟华在《说奴隶》一文中进一步分析了国民与国家的关系。一国之人只有从奴隶变为国民，才能"其气盛，其志坚，其力强"，这样的国家虽然只是弹丸之地，人口寡数，但能"翘然自立于大国之间而莫敢犯"，即使一时受挫，遭到敌人侵略，失去政权，首都变为废墟，但"其气不挫，其力不曲，抵死相持，务求不受其轭辱，则已失之权地，不转瞬而卒可复"。"天下无国亡而民不为奴隶者，天下亦未有民不为奴隶而国能亡者。"[②]梁启超则进一步说："呜呼，不有民，何有国？民与国一而二,二而一者也。今我民不以国为己之国，人人不自有其国，斯国亡矣。国亡而人权亡，而人道之苦，将不可问矣。"[③]

1916年，杜亚泉撰文指出，中国古代"国家之名称，则为封建时代之遗物，系指公侯之封域而言；自国家以上，则谓之天下，无近世所谓国家之意义。至民族观念，亦为我国所未有。所谓蛮夷戎狄者，皆天生之蒸民，且多为古代帝王之后裔，以其地处偏远，俗殊文野，故加以区别。夏用夷礼则夷之，夷用夏历则夏之，其区别本非固定，故与现实民族之区别不同"[④]。梁漱

① 梁启超：《爱国论》,《饮冰室合集》第1册（文集之三），北京：中华书局，1989年版，第65页。

② 伤心人：《说奴隶》,《清议报》第69册,《清议报》第5集，北京：中华书局，1991年版，第4361页。

③ 梁启超：《爱国论》,《饮冰室合集》第1册（文集之三），北京：中华书局，1989年版，第69页。

④ 伧父：《静的文明与动的文明》,《东方杂志》（第13卷，第10号），1916年10月。

溟也认为："中国人传统观念中极度缺乏国家观念，而总爱说'天下'，更见出其缺乏国际对抗性，见出其完全不像国家。"[①]钱穆说："中国人常把民族观念消融在人类观念里，也常把国家观念消融在天下或世界的观念里，他们只把民族和国家当作一个文化机体，并不存有狭义的民族观与狭义的国家观，民族与国家都只是为文化而存在。"因此，传统中国与其说是民族主义的，毋宁说是以文化为中心的普世主义的。中国人只有不变的儒家文化认同，而鲜有明显的民族国家认同。中国传统社会只是"以文化为基底的天下性结构"，而不是"以政治为基底的国家性结构"。[②]对此，西方殖民者看得非常清楚，《泰晤士报》国外新闻部主任姬乐尔和英国驻华公使窦纳乐认为，中国充其量只是"一个人类的大杂烩，而不是一个国家"，"把他们整个加在一起，也不存在一两重的爱国心"。[③]这种话语虽说尖刻，但在某种程度上却是道出了中国国家建设缺席的真实一面，现代民族国家建构绝非一朝一夕之功。

与"天下"观念相对应的是，中国封建社会形成了严格的宗法制度和深厚的伦理文化。天下、宗法、家族、伦理这些东西，强调的重点是宗族关系而非集体关系；更非社会关系，这就更无法说到集体构建和社会建设。费孝通先生曾形象地把这种观念笼罩下的中国社会称为"差序格局"。在他看来，"中国传统社会里一个人为了自己可以牺牲家，为了家可以牺牲党，为了党可以牺牲国，为了国可以牺牲天下"。这种"能放能收、能伸能缩"的差序格局分不清公与私的界限，"因为当他牺牲族时，他可以为了家，家在他看来是公的。当他牺牲国家为他小团体谋利益，争权利时，他也是为公，为了小团体的公。在差序格局里，公和私是相对而言的，站在任何一圈里，向内看也可以说是公的"[④]。殷海光先生认为，家与国纠缠在一起，个人的现实利害与公共行政事务"像胡子与头发纠结在一起似的分不清"，"政争起来就没有法子不

---

① 梁漱溟：《中国文化要义》，《梁漱溟全集》第3卷，济南：山东人民出版社，1990年版，第160页。

② 李默海：《孙中山的宪政思想及其实践问题研究》，山东大学博士学位论文，第25页。

③〔澳〕骆惠敏编：《清末民初政情内幕》（上），刘桂梁等译，北京：知识出版社，1986年版，第11页。

④ 费孝通：《乡土中国》，北京：人民出版社，2008年版，第33页。

搅动人事之争”[①]。在这种文化背景中，国家缺少神圣性和独立性，更不是不可侵犯的和不可牺牲的。民初各政党敢于突破国家底线，结党营私而不以为耻，其原因大抵如此。

国家观念在西方社会源远流长。2000多年前罗马时代著名的政治家和思想家西塞罗就指出：“在一切社会关系中没有比用国家把我们每个人联系起来的那种社会关系更亲密的了。父母是亲爱的，儿女、亲戚和朋友也是亲爱的，但是祖国则包容了我们所有的爱。”[②]正是由于这个原因，国家高于儿女、亲戚，为国家服务是最高的美德。“国家是人民的事物。人民不是偶然会聚一处的人群，而是为数众多的人们依据公认的法律和共同的利益聚合起来的共同体。”[③]罗马时代的国家观念经过中世纪的休眠之后，在文艺复兴中得到一次升华和新生。文艺复兴重开历史，民族意识和民族文化迅速觉醒和回归，在逐渐形成民族国家意识的同时，资本主义文明和资产阶级兴起，利益诉求和冲突，遍及政治、经济、社会各个领域，带动了对国家的本质、意义和功能的思考和探索，资产阶级开始把国家看成平衡、调解、维护各种社会关系的机制和机器，并在此基础上建构了立法、行政、司法三权分立的制度架构。

国家观念的形成意味着社会政治关系的一种重塑和创新。费孝通先生把国家观念关照下的西方社会称为“团体格局”。“在团体格局里个人间的联系靠着一个共同的架子；先有了这架子，每个人结上这架子，而互相发生关联。‘公民’的观念不能不先有个‘国家’。”实际上，个人与国家应该是共有观念，二者不能分离。个人是国家关照下的个人，国家是个人基础上的国家，是个人权利的赋予。不仅如此，国家还是“一个超过一切小组织的团体，为这个团体，上下双方都可以牺牲，但不能牺牲它来成全别种团体”[④]。政党政治在这样一种高度共识下能够顺利运转，也是容易理解的。但中国的情况

① 殷海光：《中国文化的展望》，上海：上海三联书店，2009年版，第288、289页。

② 〔古罗马〕西塞罗：《西塞罗三论：老年、友谊、责任》，徐奕春译，北京：商务印书馆，1998年版，第116页。

③ 〔古罗马〕西塞罗：《论共和国、论法律》，王焕生译，北京：中国政法大学出版社，1997年版，第39页。

④ 费孝通：《乡土中国》，北京：人民出版社，2008年版，第34—35页。

与此大相径庭。中国现代著名学者林语堂曾经分析说，中国的家族制度介于“极端的个人主义与现代社会意识二者之中途”，而国家观念与民族主义并没有积极地发展起来，“中国人的本质里头，深深伏有一种根性，吾们愿意为自己的家族效死，但不欲为国家而死，更没有一个人肯为世界而死”[①]。

著名历史学家蒋廷黻在分析中国落伍原因时指出：“西洋在中古的政治局面很像中国的春秋时代，文艺复兴以后的局面很像我们的战国时代。在列强争雄的生活中，西洋人养成了热烈的爱国心，深刻的民族观念；我们则死守着家族观念和家乡观念。所以在十九世纪初年，西洋的国家虽小，然团结有如铁石之固；我们的国家虽大，然如一盘散沙，毫无力量。”中华民族要实现现代化，屹立于世界民族之林，首先就要走出“中古”状态，建立一个现代民族国家。

民初政党政治既没有国家共识也没有政党共识。美国政治学家罗伯特·达尔认为，“在社会中，绝大部分的政治积极分子对政策问题通常存在着共识，这在政治中是第一位的，构成政治的基础，它包含着政治，限制着政治，构成政治的条件。没有这样一种共识，任何民主的体制都不会长久地经历选举和政党竞争所带来的无休止的刺激与挫折而依然生存下来”[②]。但民初政党政治完全不是这样，各个政党“惟以麼灭他党为惟一之能事，狠鸷卑劣之手段无所不至”[③]。这种缺乏共识的政党政治必然经受不住“无休止的刺激与挫折”。民初政党党员一般由旧官僚、政客蜕变而来，他们与传统政治、守旧文化有着千丝万缕的联系，他们“无日不以争义气为事，置同事于不顾，负吾民之重托”[④]。党纲与党纪对这些党员基本没有约束力，政党仅仅是他们谋取自身利益的一个工具，可以随时改变和丢弃，金钱和权力才是他们的目的和动力所在。政党之间和政党内部的恶性无序竞争，不仅未能促进政治自由，为

① 林语堂：《吾国与吾民》，长沙：湖南文艺出版社，2012 年版，第 161 页。

② 徐大同主编：《西方政治思想史》第 5 卷，天津：天津人民出版社地，2006 年版，第 48 页。

③ 梁启超：《中国政党政治之前途》，《饮冰室合集》第 4 册（文集之三十一），北京：中华书局，1989 年影印本，第 11 页。

④ 李金河：《中国政党政治研究》，北京：中央编译出版社，2007 年版，第 202 页。

公民提供政治参与管道，以团体力量影响和监督政府，反而自相损耗，为专制提供了口实，为复辟铺平了道路。

三、政党政治必须以现代国家为基础

国家观念和国家制度是人类文明的一个重要标志。这种观念和制度从某种程度上强化了法治、权利、平等、自由等现代理念，而体现这些理念的政党政治孕育在国家之中也是历史的必然。中国在历史上创造了天下观念和宗法伦理制度，缔造和维持了一个古老的、稳定的文明生态，但在现代国家建构中却落后于时代。

经历过鸦片战争、甲午中日战争、庚子事变之后，“三千年未有之变局”正式形成，一种深深的历史忧患惊醒了古老的帝国。先进的中国人引入“作为部分的政党”和政党政治，但对中国国家建构与政党政治运行的规律与内在逻辑并不十分清醒。尤其是民国初年，中国各个政党根本不能处理政党政治与国家建构的正确关系，导致了这一时期政党政治的严重挫折和彻底失败。其后的国民党部分地接受了这一教训，把“以党建国”提上了历史日程，在国家统一和国家建设方面取得了重要的成就。但是，它未能正确地应对政党政治的挑战，顽固地坚持“一党专制”，以独裁反对共和，以专制对付民主，不能正确处理民族国家与政党政治的内在矛盾和张力，最终丧失了执政合法性与执政合理性。

中国共产党把实现国家统一作为自己的奋斗目标。它在成立之时，正逢国家分裂、军阀混战，在革命的历史进程中，它逐步地、自觉地完成了“作为整体的政党”的身份转换，终于登上了历史前台。它的胜利得益于自己一贯的理论清醒。1940 年 1 月，毛泽东同志在《新民主主义论》一文中明确指出：“我们共产党人，多年以来，不但为中国的政治革命和经济革命而奋斗；一切这些的目的，在于建设一个中华民族的新社会和新国家。”① 随后，他又对

① 毛泽东：《新民主主义论》，《毛泽东选集》第 2 卷，北京：人民出版社，1991 年版，第 663 页。

国家的国体和政体做出了新的阐释，成功地把国家建构必须的专政集中权力与政党政治必然要求的民主政治融为一体。“国体——各革命阶级联合专政。政体——民主集中制。这就是新民主主义的政治，这就是新民主主义的共和国。这就是抗日统一战线的共和国，这就是三大政策的新民主主义的共和国，这就是名副其实的中华民国。”[①]同年2月24日，毛泽东同志在延安各界宪政促进会成立大会的演说中指出：“中国缺少的东西固然很多，但是主要的就是少了两件东西：一件是独立，一件是民主。这两件东西少了一件，中国的事情就办不好。”[②]其中，中国的独立就是现代国家的建构，中国的民主则与政党政治相伴随。

1949年6月30日，中国革命即将胜利的前夕，毛泽东同志借中国共产党成立28周年之际，发表了《论人民民主专政》一文，详细阐述了中国共产党人的建国主张。“人民的国家是保护人民的。有了人民的国家，人民才有可能在全国范围内和全体规模上，用民主的方法，教育自己和改造自己。”[③]“总结我们的经验，集中到一点，就是工人阶级（经过共产党）领导的以工农联盟为基础的人民民主专政。这个专政必须和国际革命力量团结一致。这就是我们的公式，这就是我们的主要经验，这就是我们的主要纲领。”[④]人民民主专政是一个符合中国现实的重大实践创新、理论创新和制度创新。它的高明之处在于，一方面“专政”理论为建立一个强大的民族国家提供了绝对权力；另一方面“民主”理论则为政党政治的运转预留了空间。它之所以能够战胜国民党的“党专制和党独裁”，就是因为它成功化解了民族国家与政党政治这一民主形式之间的持久张力，为民族国家的构建和民主发展提供了解释空间和

---

① 毛泽东：《新民主主义论》，《毛泽东选集》第2卷，北京：人民出版社，1991年版，第677页。

② 毛泽东：《新民主主义宪政》，《毛泽东选集》第2卷，北京：人民出版社，1991年版，第731页。

③ 毛泽东：《新民主主义宪政》，《毛泽东选集》第2卷，北京：人民出版社，1991年版，第1476页。

④ 毛泽东：《新民主主义宪政》，《毛泽东选集》第4卷，北京：人民出版社，1991年版，第1480页。

实践能力，从而赢得了政权。而国民党则未能做到这一点。其实，如果我们重新审视近代中国面临的两大历史任务——民族独立、人民解放与国家富强、人民幸福，可以清楚地看到，国家建构都是先于民主政治的。

中华民国则由于国家的发展与政党政治的发展出现冲突和矛盾，不但不能支撑政党政治的健康发展，反而要以抑制政党政治的发展作为自身发展的条件。从世界历史的大范围和长焦距观察，个中奥秘可以一览无余。新加坡著名学者郑永年先生在最近一次访谈中指出："国家制度建设比大众民主重要。其实西方国家的那些国家制度，在大众民主之前就建立起来了。""如果选举来了，国家制度没有建立起来，那可能就永远没有机会去建立国家制度了。"韩国在"二战"之后建立的议会民主制度失败后，经历了朴正熙、全斗焕等人的威权体制；印尼在苏加诺的多党制民主政府之后同样是苏哈托的威权体制；俄罗斯资产阶级临时政府被高度集权的苏维埃代替。具有不同文化传统和历史背景的国家在模仿西方政党政治的时候，无一不面临着这种历史困境和尴尬。究其实质，这是现代国家建设与政党政治的内在矛盾决定的。在世界范围内，各民族要求得自身的生存和发展，国家建设比政党政治更具有感召力、必要性和迫切性。反过来说，若没有一个现代国家作为基础和导向，政党政治难免会失范、脱序和变质。

国家构建与政党政治的矛盾一直延续到今天，广大发展中国家无不面临着这一历史难题。伊拉克就是一个突出的例子。美军占领伊拉克后，伊拉克不仅未能进入民主理想社会，反而更加动荡不安。美式民主何以为家？情何以堪？这成为学者们共同关心的一个重要问题。刘瑜女士在《民主的细节》一书中对此做出了有说服力的解释。"民主作为一种政治制度，终究要装进国家这个'容器'里，所以国家的整合是民主前提。这种'国家的整合'，既包括民众对这个国家基本的认同和忠诚，也包括政府有基本的能力维持秩序和实施政令。"[①]国民的国家认同和政府的治理能力这两个因素，是不能被"假定"的。萨达姆被推翻以后，新保守主义的决策者们惊奇地发现，一个坏的情形除了可能变好之外，竟然还可以变得更糟。萨达姆的垮台固然为民主政

① 刘瑜：《民主的细节》，上海：上海三联书店，2009年版，第285页。

治打开了大门，但是在很大程度上也摧毁了国家的整合。一方面，伊拉克爆发出来的民族、教派、地方矛盾削弱了伊拉克人的国家认同；另一方面军阀林立使得中央政府到处政令不通。教派的军阀化，军阀的议会化，构成了伊拉克民主的现实。美国人兴冲冲地给伊拉克献上了“民主之花”，却发现在这里怎么也找不到可以插上这株花的“花瓶”。可以说，这是民初政党政治与国家建构之间矛盾再现的现代版，没有了对国家建构的民族认同，没有了现代国家的前提条件，政党政治是很难生存的，它很可能成为海市蜃楼式的幻境。

四、小结

民国初年，构建一个强大的民族国家远比建设一个以政党政治为中心的民主国家更为迫切和实际。以政党政治为中心的民主国家建设是一个分权过程，而民族国家建设则是一个集权过程，这种集权与分权的内在矛盾决定了一个荒唐实验的失败是必然的。一个以分权为运行逻辑的政党政治模式怎么可能去实现一个要求以集权为运行逻辑的民族国家目标呢？竞争性多党制度本来是一个维持民主国家运转的工具，它无法承担构建民族国家的重任。民初政党政治的引进和运行，难免给人以时空倒转的错乱感觉，这种制度选择的错位必然带来政局的混乱。

第二节　权威认同

民初政党政治失败的原因十分复杂，人们可以从多个维度做出探索和说明。其中，探究权力与权威的关系是理解民初政局的一条重要线索。清末民初，皇权转向共和，中国社会的最高权威与最高权力处于转型之时。对于广土众民的超大型国家来说，皇权与其说是一种最高权力，不如说它更多地履行一种象征性的合法权威，从而成为保证政府决策正常化和社会秩序稳定化的一种威慑力量。当传统社会遭遇到血与火的冲击之后，以皇权为具象的权威与权力不得不退出历史舞台。与此同时，以政党政治为表征的民主政治却要求与之相对应的法治权威得到尊重和扩展。但是，由于人们的理性意识尚未觉醒，对人权、法律、规则的认识均相当模糊，因而无法直接实现以法治权威为基础的权力重构。正是在这种特殊的历史条件下，以马克思主义理论权威为指导，以人民领袖为核心的政党权威得以发现和发展，从根本上改变了中国人民的前途命运，找到了实现中华民族伟大复兴的正确道路。

一、清末民初权威认同的消解与后果

恩格斯说："权威，是指把别人的意志强加于我们；另一方面，权威又是以服从为前提的。"[①] 恩格斯抓住了权威中的"强加"与"服从"两种属性，正确地揭示了权威的力量与作用。人们对权威的认同则超越了权威的强制层面，直接深入到人的信任和支持的心理之中。"权威认同是人们对与之有关的公共权威的一种承认，是人们在社会生活中产生的一种感情和意识上的归属感，它与人们的心理活动有密切关系。"[②] 权威的对象不仅可以是人，而且可以是法治、规则、制度和教条等。人类历史上存在着两种权威形式，即人格权威和法治权威。前者唯皇帝、首领或强人马首是瞻，后者以规则、宪法、誓言为信条。不论是哪一种权威，在正常的社会条件下，它们都会与权力密切结合，成为维持秩序、凝聚社会的巨大力量。但是，一旦当权威与权力出现错位，当权者无法控制、整合社会之时，社会的变革时代就来临了。

传统中国的最高权力是皇帝，最高权威是皇权。在2000多年的封建帝制中，最高权力与最高权威是合二为一的，皇帝是以个人权力承接皇权权威而形成的一种政治机制。但是，在皇权专制这种治理方式中，权力与权威并不是完全一致，二者之间同样存在着冲突与矛盾，中国的传统文化要求掌握最高权力的皇帝消灭个人的欲望以成就天下人的欲望，这本身就是一个相当

① 恩格斯：《论权威》，《马克思恩格斯选集》第2卷，北京：人民出版社，2012年版，第274页。

② 于洪生：《论公共权威认同的机理——一种透视权威现象的新视角》，《理论探讨》，2006年第2期，第103页。

矛盾的事情。徐复观曾经把中国政治思想的“第一义”解读为“把人君在政治中的主体性打掉”，“人君以其智能好恶表现自己的存在，即系以一人与天下相对立的存在。以一人与天下相对立，不仅破坏了儒家的仁，道家的自然，也破坏了法家的术”[①]。主张人君要以“无为”与“德性”来否定自己的好恶，消解自己的主体性，从而能解决政治理念与现实之间的矛盾。这种权力与权威的斗争主要集中在皇帝一人身上，皇帝使用权力而成就的功绩将为皇权这种权威加分；反之，皇帝使用权力不当造成的危害则危及皇帝本身的荣辱存亡。中国历史上绵延几千年的封建帝王制度，经常改朝换代，实际上就是依靠不断更换皇帝这一最高掌权者自身，从而保证皇权神圣权威始终屹立不倒。

鸦片战争以后，清王朝的权威逐步陨落，经历了二次鸦片战争、甲午战争、庚子事变的一连串失败之后，皇权专制的神圣性已经荡然无存。梁启超敏锐地意识到任何一种政体的存在都是由信仰来支持和庇护的，如果“信仰一破，则其政体遂不能以自存”，“政之所以能行，国之所以能立，恒必有是。且夫信仰之为物也，当其既深入于人心，诚有确乎不易拔者存；及其一旦破裂，则倾坠之势，亦莫之能御，倾坠之后，而欲求规复，则为事殆绝对不可能”。在谈到清朝君权衰落时，梁启超进一步指出，清王朝“陵夷衰微，自招侮于百姓，百姓以其君为可亵可玩，一掷其夙昔严惮之态，则其势一落千丈”，“信仰之中心一破，则倾颓之势，万牛不能挽也”。[②]一种政治体制必然有与其相适应的信仰存在，当人们对清王朝的信仰破灭后，清王朝的瓦解已经是“万牛不能挽”。

清王朝垮台后，中国社会一下子进入无序状态。这时候，社会最为迫切的需求就是寻找一个新的最高权力与最高权威，尽快恢复秩序。如果中国仍处于与世隔绝的中古时代，旧的皇帝灭亡了，必然伴随着新皇帝的出现，并且民众依靠着传统的政治心理和政治文化会很快形成对新皇帝的权力认可与

① 干春松编：《中国近代思想家文库·徐复观卷》，北京：中国人民大学出版社，2014年版，第14页。

② 梁启超：《国会之自杀》，上海经世文编社：《民国经世文编》（贰），北京：北京图书馆出版社，2006年版，第721—722页。

权威认同。偏偏民国时期，中国已经无法隔绝于世界之外。一方面，清王朝的倒台在很大程度上是由于其无法适应内部社会和外部世界的变化；另一方面，中国社会的基础却仍然是汪洋大海般的小农经济和刚刚开始发展的商业经济，它在本质上仍然要求有一个与传统文化相适应的权威。这时候，如果建立一个传统的皇权权威，则无法与迅速变化的国内外现状相适应；如果建立一个现代化的法治权威模式，则与汪洋大海般的小农经济要求相冲突。这种“上与下”“内与外”的不适应和不协调是民国初期面对的一种特殊困境，它必然会引发民初社会的乱局。

袁世凯能够在“二次革命”后，迅速树立起在中国的最高权威，这一事实是由中国的传统权威认同结构决定的。在中华帝国体制中，皇帝合权力与权威于一身，他既是王朝的权力核心，又是天下秩序的正当性象征。君主秉承天命，是帝国秩序的人格化象征，其统治并不仅仅借助暴力，而是具有超越性的神秘色彩。在多次朝代更替中，虽然最高权力一再被颠覆，但中华帝国的权威结构、超越性渊源和人格化象征从来不曾被动摇过。袁世凯作为民国时期的最高当权者，虽不是皇帝却通过宣统皇帝一纸退位诏书承接皇帝的余威，在相当程度上具备传统权威的人格化特征，最容易凭借习俗的力量得到人们的广泛认同。这是他能够应对“二次革命”的挑战、安然度过危机的重要原因。

既然社会需要一个新的权威和最高权力，何以凭借实力和资历取得总统职位的袁世凯未能最终得到广泛的权威认同？从而把最高权力与最高权威集中于总统一身？经验说明，最高权力的获得常常需要长久的努力、巨大的功绩和不断的磨合，尤其在乱世更是这样，但最高权威的形成却需要长久的教化，这是一种润物无声的精神养成。获得最高权力与赢得最高权威是两码事，后者并不比前者更容易。皇权权威是由儒家文化支撑的，这种权威的形成经过了长时间的熏陶。打天下难，保天下更难，说的就是这个道理。大总统一职本是中国历史上不曾有过的制度安排，这种制度直接效法美国，但美国总统权力背后有着宪法的最高权威做保障。民国大总统的权力来源于一种脆弱的宪法妥协。清帝退位诏书与革命派、立宪派的妥协就是袁世凯的权力真正来源。

袁世凯深知，要保住大总统的权力必须有一种精神层面的权威来呵护与支持。袁世凯在北洋军阀内部的地位是完全依靠利益、派系、力量来支撑的，严格说来，这种地位都不能称其为权威认同，军阀之所以承认你，并不是因为他认为你应该得到这种尊重，而是基于自私自利的利害算计，这甚至都不是权威认同中那种心甘情愿的服从和尊重，它缺少一种精神层面上的信仰认同。进一步说，皇权有儒家文化的庇护，共和有法治文化的庇护，袁世凯的权威认同却只有那张连他自己都不想承认的“一纸宪法”，这无疑是袁大总统的心病所在。杨度等人深明其中利害，于是抛出“君宪救国论”主张。在杨度看来，清政府过去搞“假立宪成真革命”，而革命党人则是“真革命成假立宪”，这两种情况都不是真正的立宪，只有让袁世凯成为皇帝，借助皇帝的绝对权力与权威，才能真正进入到宪政时代。“欲求富强，先求立宪，欲求立宪，先求君主”①，集中表达了杨度的政治逻辑。但杨度显然没有认识到，皇权的权威已经黯然褪色，再也无法支撑起皇帝的绝对权力。一方面是杨度领班的筹安会大肆鼓吹君主立宪，企图利用皇帝的绝对权力推进立宪；另一方面是袁氏父子梦想利用皇权为自己赋予最高的权威认同。虽然二者目的不同，却互有交集，正可以互相利用，狼狈为奸，这正是袁世凯赠予杨度“旷代逸才”匾额的心机所在。但是，他们共同的历史悲剧在于，看不到支撑皇权运作的最高权威已经从民国消退，在这种背景下，莽撞闯入皇宫大殿，披上皇帝的龙袍，只能成为历史的笑料和小丑。

在总统“有权无威”的情况下，袁世凯企图依靠登上皇帝宝座来逃避总统权威弱化的现实，并企图以此解决日益增多的纠纷，或者是在大总统基础上更上一层楼以满足自己不断膨胀的私欲。袁世凯的昏聩之处就在于他看不到自己所处的真实历史场景，意识不到民国初期的中国文化正处于一个大变化时期，根本不能、不会支撑其复辟行为。

袁世凯一意孤行，梁启超一改昔日的妥协姿态，旗帜鲜明地声言：“就令全国四万万人中三万万九千九百九十九万九千九百九十九人皆赞成，而梁某

---

① 杨度：《君宪救国论》，刘晴波主编：《杨度集》（二），长沙：湖南人民出版社，2008年版，第566页。

一人断不能赞成也。”[①] 梁的一篇《异哉所谓国体问题者》的论文立即点燃了全国人民的反袁怒火。西南称兵，护国军以中华民国云南军政府名义昭告列国，袁世凯曾经两次宣誓，“矢忠民国，谨守约法，卒履勿渝”，但是一转眼间，“口血未干，而蔑视违宪，曾不旋踵”，“彼袁氏者，既背口宣之誓言，复废创制之约法，殃民祸国，罪通于天”。[②] 护国军的《讨袁逆檄》中直指袁世凯为变乱之挑起者：“袁氏以子孙帝王之私，致亿兆生灵之祸。”[③] 袁世凯破坏法治权威，倒退回帝制老路，罪恶滔天，这就是各方政治力量讨袁的共识。一直在讨袁中孤军奋战的孙中山发表《讨袁宣言》：“一人称帝，天下骚然，志士仁人汗喘相告，而吾同志益愈奋励，冒死以进。”[④] 革命党欣喜若狂的心态跃然纸上。

袁世凯至死也搞不明白，好端端的一个大好局面一瞬间便土崩瓦解，大局成鱼烂之势而不可收拾。护国军仅从云南一隅爆发，与二次革命时国民党的四省联合相比，都有相当差距，以一省之力反对全国，其强弱不言自明。当时的袁世凯对于打败蔡锷领导的护国军还是蛮有信心的，总统府秘书长张国淦与袁世凯为此有一场讨论。张国淦认为，纵使西南军队不予考虑，“时局重心，在东南而非西南”，而居于东南、手握重点的冯国璋位置特殊而关键，因为他“左袒则左胜，右袒则右胜，但是不左不右，便难办耳”[⑤]。正是这一“不左不右”的力量难坏了袁世凯。

民国初年，为皇权提供理论论证，提供合理性和合法性的政治文化已经伴随着科举制度的废除、新学堂的出现、清王朝的倒台而至少是在中上层人物，尤其是北洋军阀内部失去了说服力和号召力。段祺瑞、冯国璋、徐世昌等北洋大佬和晚清旧臣无论在心理上还是现实上都很难重新接受一个新的皇

---

① 丁文江、赵丰田编：《梁启超年谱长编》，上海：上海人民出版社，2009 年版，第 467 页。

② 《中华民国云南军政府告各国书》，《护国文献》（上），贵阳：贵州人民出版社，1985 年版，第 75 页。

③ 《讨袁逆檄》，《护国文献》（上），贵阳：贵州人民出版社，1985 年版，第 76 页。

④ 孙中山：《讨袁宣言》，《孙中山全集》第 3 卷，北京：中华书局，1981 年版，第 284 页。

⑤ 张国淦：《北洋从政实录》，杜春和：《张国淦文集》，北京：北京燕山出版社，2009 年版，第 137 页。

帝。二次革命中，蔡锷、黎元洪、段祺瑞、冯国璋等人都愿意为了维护有产阶级的利益，清洗进入权力阶层的激进革命党人。与其说他们是为袁世凯而战，不如说是为了稳定、秩序和财产而战。那时候，袁世凯站在了稳定、秩序和财产一方，他们的忠诚显然在袁世凯一方。但是，当袁世凯帝制自为的时候，一切都发生了逆转，袁放弃了秩序维护者的角色，已经变成了最大的麻烦制造者。袁世凯的贸然举动，不仅打翻了北洋集团的既有权力布局，而且惹恼了逊位后的清朝皇族以及一大批追随其后的复辟势力；不仅把立宪派仅有的一丝梦想彻底断绝，更是激活了蛰居海外的国民党革命派。袁世凯称帝不仅意味着对各方势力建国协商共识的全然否定，而且使得民国大总统这一最高权力的权威保护一扫而光。梁启超与蔡锷之所以敢于发动护国战争，在很大程度上就是由于北洋军阀内部权威认同上的分裂。

据梁启超年谱记载，梁启超南下赴沪，“以运动南京冯华甫赞助起义事为最重要”，正是因为北洋军阀内部力量与进步党力量的联合与合流才会激发这次战争。“任公第一次托冯代致松坡之电，在四年十二月二十四日，该电于云南起义大有关系。”接到南京来电后，一直焦急等待起义时机的护国军立即意识到，“冯已同情起义可以回应”。[①] 蔡锷即日当众宣布这一重大信息，即24日之后的25日，埋葬洪宪王朝的护国战争正式爆发。在护国战争中，冯国璋一直与护国军保持着密切联系，“东南诸镇今方蓄力待时，而多与此间密通声气”[②]。护国战争的道义基础和法律基础就是袁世凯“弁髦法律，坏社会之道德”[③]，“吾侪与袁氏非有私仇，为其坏约法，叛民国，是用讨之，以惩不义而奠我国家”[④]。护国军获得全国人民的热烈拥护和支持，当江苏将军冯国璋、江

① 丁文江、赵丰田编：《梁启超年谱长编》，上海：上海人民出版社，2009年版，第470页。

② 梁启超：《致蔡锷第一书》，《护国文献》（上），贵阳：贵州人民出版社，1985年版，第190页。

③ 孙中山：《讨袁宣言》，《孙中山全集》第3卷，北京：中华书局，1981年版，第283页。

④ 孙中山：《规复约法宣言》，《孙中山全集》第3卷，北京：中华书局，1981年版，第304页。

西将军李纯、浙江将军朱瑞、山东将军靳云鹏、湖南将军汤芗铭联名密谋取消帝制、惩办祸首的“五将军电”出现，袁世凯的内部权威认同已经完全破裂。当这种内部的权威认同危机与外部的权威认同危机“同频共振”之时，袁世凯的皇帝梦就注定了是一场黄粱美梦。

二、分离权力与权威的尝试与失败

清末民初，政治精英们虽然没有系统论述权威与权力的关系，进而从这一角度提出中国政治的演进之路，但是在他们的政治思想与政治实践中，却不时会出现分离权威与权力的努力与尝试，分析这一行动及其失败的原因，是理解民初政党政治失败的一条重要线索。

20世纪初，围绕着革命与改良的选择，革命党人与立宪党人爆发了激烈的论战。立宪派之所以坚决主张君主立宪，就是因为他们想把君主变成一个权威的化身，而把实际权力交付内阁。这的确是分割权力与权威的一种方案。1902年，因戊戌政变失败而流亡日本的梁启超写下《政治学学理摭言》，详细解释了君主无责任之含义。“凡立宪君主国之宪法，皆特着一条，曰：君主无责任，君主神圣不可侵犯。”前后两句存在着一种逻辑关系，君主不负责任保证了君主不会犯下错误，而不犯错误则成就了君主神圣不可侵犯之地位，因而梁启超盛赞其为“过渡时代之绝妙法门”，“防杜革命之第一要着”。“故夫一国之元首，惟无实权者乃可以有定位，惟无定位者乃可以有实权，二者任取一焉，皆可以立国。混而兼之，国未有能立者也。即立矣，未有能久存于今日物竞天择之场者也。善哉，君主无责任！黠哉，君主无责任！”[①] 这里的“定位”实际上就是指权威，有“定位”的没有权力，有实权的没有“定位”。权力与权威实现了有效的分离与互动，居于高位者因无权而不会犯错，而掌握实权者犯错后随时可以辞职下台。当掌权者有功绩时可以为权威加分，而犯错时则可以下台解决问题。这就是梁启超盛赞其“善

① 梁启超：《政治学学理摭言》，张品兴主编：《梁启超全集》第2册，北京：北京出版社，1999年版，第916—917页。

哉”“黠哉”的原因所在。可惜的是，立宪派为中国政治发展开出的药方不会为当权者接受。

辛亥革命爆发后，革命形势一日千里。君主立宪的政治方案失败之后，立宪派迅速接受了民主共和的国体设计。在总统与内阁之间关系的认识上，立宪派与革命党人有着明显不同的动机，却有着相当的共识。立宪派眼中的总统是君主的化身，仍然要扮演最高权威的角色。进步党出身的参议院议员蓝公武的说法很有代表性：“今欲谋总统地位之安全，而使野心家无窥伺之心，则莫如使总统处无责任之地位。欲使总统处无责任之地位，则莫如行责任内阁之制。”① 进步党人企图以总统的“无责任”换取总统的“安全”，赢得总统的“权威”，最终保护国家的稳定与安宁。在他们的顶层设计方案中，大总统居于最高权威地位，而内阁握有最高权力，以内阁制为手段实现权力与权威的分离。这实际上是过去君主立宪方案的升级版。

对于袁世凯而言，他既不会允许国民党利用政党内阁从其手中夺取权力，也不会允许进步党利用责任内阁把他化为权威的化身，抽走其实际权力。他要做的就是要把权威与权力重新聚合在自己身上。中国历史的真相在于，既拥有最高权力又得到最高权威，必须依靠强有力的文化认同与价值认同。通过辛亥革命的社会动员和广泛影响，儒家文化已经受到严重打击和削弱，在西方文化的夹击之下，儒家文化已经无力承担支持权力与权威合二为一的皇权，而西方文化却坚持要把权力与权威二者分离并加以约束。袁世凯在《临时约法》的支持下上位，然而其帝制自为却率先破坏了法治，同时他也无法得到当时的中国传统文化认同，他将自身置于中国大转型的历史洪流冲击之下，迅速被历史洪流席卷而去。

辛亥革命是一场政治革命超前于社会革命的革命。这种革命的爆发乃是国内外矛盾激化的产物，但不是经济基础要求上层建筑与其适应的一种循序渐进的、内生性的演变。清末民初，广泛的社会变革尚未兴起，民族危机催生的政治危机却在不断加深。客观上，民族危机必然要求一场政治革命来解

---

① 蓝公武：《大总统之地位及权限》，上海经世文编社：《民国经世文编》（贰），北京：北京图书馆出版社，2006 年版，第 1081 页。

决，这就出现了社会革命与政治革命的脱节和剥离。这场政治革命所能使用的价值符号虽然是先进的民主共和法治理念，但却不是中国社会孕育生发的本土观念，而是直接从西洋引进的“洋货”，其水土不服的症状特别明显。中国的绝大多数人在这场政治革命中乃是一个旁观者，即便是裹进这场运动中的革命人物也常常是一个不自觉的“法外人”，其内心信奉的东西仍是中国的传统价值，他们希望的是打倒清王朝的权力和权威，但在清王朝的统治基础倒塌后，却在重建政治国家的时候莫衷一是。

在西方国家，实现从封建社会的君主权威到现代法治权威之间的转型，是社会内部矛盾发展的自然结果。社会体系内部生产关系的发展和成熟，必然要求打破不合理的旧秩序，建设与新的生产关系相适应的新秩序。新的政治制度是社会自身需求的产物，作为上层建筑的民主共和是有着牢固的经济基础支撑的，并且始终能够从经济基础中获得资源、力量和支持，这就是规则权威有生命力的原因。

民国时期的新型政治制度则起因于清王朝的统治危机无法克服，政治权威流失，统治者无法照旧统治下去。这种民主共和制度的建立并非源于社会生产关系内部的深刻变革，而是基于中国上层精英人物对“三千年未有之变局”的巨大外部压力和威胁的一种体认和意识。尽管民主、共和、自由成为不少中国人的口头禅，但这些概念、用语不是基于人的觉醒基础上追求个体权利的逻辑发展，而是一些从书本、报纸、宣传中得来的只言片语。“自由的本义是以理性为基础的个性自由，没有个体自由的民权、共和，只能是没有灵魂的政治躯壳。一种从书本到书本的解读，只能了解民主共和自由的一些皮毛知识，最多只会产生短暂的革命激情，成为响亮的政治口号，而只有源自对现实生活的感受和需要，并升华为以人格为基础的自由、权利的需要和追求，才会转化成持久、深入的民主共和动力。”[①] 这是民初共和遭遇挫折和失败的深层原因，也是法治权威迟迟不能确立的主要原因。

经济基础对上层建筑的决定作用是通过社会革命和政治革命来实现的，

---

① 汪林茂：《辛亥革命：政治秩序和权威的重建》，《浙江大学学报》（人文社会科学版），2002 年第 3 期，第 8 页。

而这两种革命都必须凭借人的思想变化这一中介来完成。思想观念是经济基础与上层建筑的中介和关键，只有广泛兴起的社会变化才能改变人们的思想观念和思维方式，而思想观念尤其是思维方式同样是改变历史与现实的革命力量。任何一场广泛的社会革命与政治革命，都需要人们思想观念和思维方式的深刻变革。

民国初年，宪法一度被认为是医治中国百病的良药，但在现实中却屡屡受挫。梁启超说："今则非惟政府心目中，未尝有约法存。即全国人心目中，盖皆未尝有约法存也。乃至高谈护法之人，其心目中，亦未尝有约法存也。"[①]约法非但不能成为制止乱源的力量，反而成为搅乱政局的肇因。究其原因，宪法在西方国家是最高的原则，但在民国远远不是最高的原则，民初政治的最高原则仍然是传统的标准——有道与无道，这与现代的标准——合法与违法构成了尖锐的矛盾。陈志让曾经揭示说："法和统在近代中国基本上是冲突的，不可调和的。冲突发生的时候，护法的人要护法，卫道的人要卫道……制定宪法不但不能如梁启超在一九○二年所期望的那样结束一治一乱的循环，反而造成不断的混乱。"[②]在民国政治现实中，道统是高于法统的；或者说道统是权威的化身，而法统仅仅是权力的法则，法统远远没有上升为权威高度。这种矛盾是军阀斗争的重要原因。

三、民国权威结构的变化与转型

恩格斯认为，权威从来不会消失，"只会改变自己的形式"，"不论在哪一种场合，都要碰到一个显而易见的权威"。"一方面是一定的权威，不管它是怎样形成的，另一方面是一定的服从，这两者都是我们不得不接受的。"[③]权威

① 梁启超：《主张国民动议制宪之理由》，《梁启超全集》第5册，北京：北京出版社，1999年版，第3057页。

② 陈志让：《军绅政权——近代中国的军阀时期》，北京：生活·读书·新知三联书店，1980年版，第112页。

③ 恩格斯：《论权威》，《马克思恩格斯选集》第3卷，北京：人民出版社，2012年版，第275—276页。

是社会的必需品，权力也是社会的必需品，权力与权威都会根据时代要求改变自己的形式。

如果说，袁世凯直接败于权威认同的瓦解，那么，他就间接败于对权力与权威之间关系的糊涂认识。正是这种致命的错误认识，导致他在错误的历史方向上走出错误的一步。许纪霖认为，民国前后的各派政治势力对“权力的分配、安排和考量，远远超过对共同立宪、重建权威的关心。在他们看来，权力永远比权威更重要，有了权力，便有权威，这一中国政治的古老法则像梦魇一般缠住他们。于是，一次权威与权力分离的历史性机会丧失了”。“近代中国政治的根本症结在于只有政治权力的角逐，而始终缺乏政治的权威，缺乏超越于意识形态和派系利益之上的制度性法理和公认的政治价值。”[①] 这就是说，当时人们对权力与权威的认识尚达不到今天的高度，因而如果把民初政党政治转型失败的责任完全归之于袁世凯本人，则无疑是太简单了，也并不符合历史的真实，袁世凯不过是权威与权力分离过程中的一个分析样本而已，他是中国实现民主政治过程中的一个牺牲品。与其说他破坏权力与权威的分离，不如说他被权力与权威的分离所毁掉。

民国初年的记者黄远庸目睹民国政局，敏锐地觉察到社会中的种种问题。中国社会中有一个官僚阶层，他们大都是“相率而食人者”，“食国家将亡之唾余而不生利者”[②]，这个阶层集中了一大批流氓、盗贼、乞丐，是这个社会中最具有“个人势力”者，与此相对应，平民阶层则成为社会的奴隶。这种状况与法治国家的要求背道而驰，“法治之国之要素无他，在祛除个人之势力，而以国家权力范四民于法律之内而已。非法治国则反是，个人之势力暴张，而国家之权力则扫地”[③]。在非法治国家，人们只会承认并屈服“势力”，无法认同法治。进一步说，中国社会的权威结构是个颇为复杂的问题，在中国政

① 许纪霖:《为何权力代替了权威——辛亥革命百年反思》,《天津社会科学》, 2011 年第 5 期，第 141 页。

② 黄远庸:《游民政治》,《远生遗著》上册，北京：商务印书馆，1984 年增补影印版，第 21 页。

③ 黄远庸:《个人势力与国家权力之别》,《远生遗著》上册，北京：商务印书馆，1984 年增补影印版，第 15 页。

治的顶端，当然是皇权有着至高无上的权威，但在广大的中国社会中，礼治却有着广泛的心理基础，加之在事实层面上，对个人势力的屈从与承认，乃是一个不容回避的客观现实。在这种社会中，皇权专制与儒家伦理结合在一起，主导着中国社会的历史循环。

民国初建，人们在权威认同方面的歧路和困境突出地表现为：要想实现政党政治，却无法实现与之相匹配的抽象法治权威；要想建立一个与原有的人格权威认同相匹配的管理模式，就只能回到过去，然这与浩浩荡荡的世界潮流背道而驰。袁世凯的洪宪元年与帝制复辟，正是在政党政治失败之后的一种选择，这位民国初期最为强势的总统在失掉儒家伦理支持的礼治文化背景下，根本无法回到皇权专制的老路上来，当然他也无法想象一个法治社会的到来。当复辟丑剧这条道路再也走不通的时候，就只能进入军阀混战的失序状态中。

民国期间的军阀政治何以不能最终演化成统一全国的最高权威？军阀政治是以军事为后盾的，各军阀为求得暂时的利益，从策略上考虑，尚能联合起来一致对外。一旦危机消失，联合的基础随即消失，军阀内部的争斗遂不可避免。由于军阀只为私利而内斗，从而大大消耗了自身的实力，造成了军阀政治自身严重的脆弱性。“北洋军阀不是亡于蓬勃兴起的国民大革命，更多的还是亡于自己内部的矛盾冲突，这是军阀们的悲哀，也是军阀政治的悲哀。”[①] 在政治追求上，统一是各个军阀认同的政治目标，但由于它缺少统治经验，没有一套发展政府的长远计划，没有主持政府运转的本领，且不善于把社会政治与经济政策有机地统一起来加以实施，因而它只能与政客文人相勾结，从而形成了独具特色的军阀政治。“军阀是主人，官僚是军阀的家奴。军阀有威权，但是没有专门的能力。官僚有专门的能力，但是没有威权。两者合起来，乃成一架好的机器。”在军阀政治之下，官僚的产生“既不是由于选举，也不是由于考试”，而是依靠血缘、地缘、金钱、财富、势力等多种因

① 张绪忠：《威权主义政治整合的流失——以民初北京军阀政权为例》，《玉溪师范学院学报》，2007年第10期，第3页。

素。[1] 由于没有统一的、公认的标准与规则，军阀政治是没有前途的。当时的舆论就曾经分析说：武人者，器械也、傀儡也。有政客议员搬弄器械，利用傀儡。于是武人与武人之间，遂从此多事矣；于是武人与非武人之间，亦从此多事矣。由于军阀的分裂和短视，客观上促成了民主思想的进一步活跃和传播，使得军阀政治的合法性进一步流失，最终不得不退出历史舞台。

民国初期的这种两难困境激发了中国人对权威认同出路的不懈探索。在经历恶性党争、内阁危机、暗杀政敌、总统专制、帝制复辟、府院之争、南北分裂、猪仔国会的过程中，孙中山先生高举护法大旗，展开了对于新型权威的艰苦探索。在一次次失败之后，孙中山丰富和发展了三民主义，提出了军政、训政、宪政的三个阶段理论，构建了一个奠基于三民主义基础之上，以宪政为指向的中国国民党，逐步确立起国民党的新型权威认同模式。“孙中山探索的‘党治’模式正是对社会政治心理需求的一种回应，它为解决迷失已久的社会政治权威提供了一种可能的选择。”[2]

这种新的政治权威既不可能因袭传统的君主制权威，也不能违背民主共和的原则。这种党治模式在保持传统与现代连续性前提下致力于实现中国现代化目标的权威模式能够契合现实需求，这主要表现在：第一，它有一个借鉴西方文明、融合传统文化的意识形态，为“党治”权威提供合法性诠释。或者说，它树立了一个符合时代要求的新式理论权威，为党治提供了精神内核。第二，它有一个被视作真正民主共和制度化身的领袖，并且已经形成了以领袖为核心的比较稳定而又成熟的精英团体。这是对人格权威的一种创新和改造。第三，它有一支忠于革命听从指挥的党军。武装力量的强弱是政治权威形成的重要条件，是新的政治权威建立和保持的重要基石，在奉行“胜者王侯败者寇”的社会中是必须重视的先决条件。党军是用党义召集和训练起来实现革命目标的武装，而不是以薪饷募集起来依附于个人的私人武装。

---

① 周谷城：《中国社会之变化》，《民国丛书》第一编，上海：上海书店，1989 年版，第 347 页。

② 娄胜华：《民初政治权威的危机与孙中山“党治”思想的形成》，《学海》，2002 年第 2 期，第 104 页。

它服从于党的指挥，而不只是听命于军事首长。第四，它有一个高效率的组织体系，具有沟通、动员基层民众的能力。在中国共产党帮助下改组后的国民党克服了原来与民众相脱离的缺点，成为工人、农民、知识分子、商人等革命力量的联盟。工农运动扩大了国民党的社会基础，并使国民党的组织深入到基层社会，提高了组织和动员能力，为上层政治主张的迅速社会化提供了管道。

正是因为孙中山先生构建的"党治"权威模式具有以上四个优势，因而付诸实践后收效明显。改组后的国民党在较短的时间内迅速完成了在广东的平暴、戡乱、统一任务，为国民革命奠定了后方基地，国民党迅速成为新的革命政治权威。特别需要指出的是，新的权威是由"三民主义"作为思想内核向外扩张而形成的，领袖、军人、党员、群众都是在党义的号召下形成的，"三民主义"贯穿其中，是这些群体能够团结一致的"士敏土"。实际上，党治权威的本质是树立一个理论权威，这个理论权威已经超越了人格权威，但又不是法治权威，而是一种崭新的、政治创造和全新的政治选择。在孙中山的党治思想中，主义与信仰组成的理论权威构成其内核与原点，这种理论权威的优点在于：理论权威并不十分依赖于军事强人或政治强人，当孙中山先生去世，国民党失去核心人物后，仍能把国民革命推向前进，顺利实现北伐胜利和全国统一，个中缘由，十分值得深思。其中，以"三民主义"为内核的"党治"权威模式的作用，实在不可小觑。

中国共产党人不仅是孙中山先生革命事业"最坚定的支持者""最忠诚的合作者"和"最忠实的继承者"①，而且是实现孙中山先生"振兴中华"这一伟大事业"最英勇的奋斗者"。中国共产党领导中国人民经过二十八年浴血奋战，实现民族独立和人民解放，实现中国从几千年封建专制政治向人民民主的伟大飞跃，中华民族伟大复兴从此具备了根本社会条件，中国共产党从此成为执政党。

习近平总书记在辛亥革命110周年大会上指出："中国共产党领导是历史的选择、人民的选择，是党和国家的根本所在、命脉所在，是全国各族人民

① 《习近平在纪念辛亥革命110周年大会上的讲话》,《人民日报》，2021年10月10日，第02版。

的利益所系、命运所系。没有中国共产党，就没有新中国，就没有中华民族伟大复兴。”[①] 事实说明，中国共产党是权威与权力的完美结合。这种权威是集党的权威、领袖权威、理论权威、人民权威、法治权威于一身的权威系统。这种权力是上下到底、横向到边的现代化权力。党是最高的政治领导力量。东西南北中，党政军民学，党是领导一切的。党的领导是全面的、系统的、整体的。党中央集中统一领导是党的领导的最高原则。党的领导是一个权力与权威相统一的政治体系，是中国近现代史上的一个伟大创造，它成功破解了权力与权威二元冲突而长期困扰民国政局的历史难题，用权威与权力的统一扭转了近代中华民族不断衰落的趋势，我们在中国道路上不可逆转地走向中华民族伟大复兴。

中国共产党的政治权威是独创性的世界级贡献。从历史上看，中国共产党以其英勇顽强的百年奋斗和重大历史成就赢得了中国人民和中华民族的崇高信任，中国共产党由此成为中国人民的主心骨。自从有了中国共产党，中国人民就从精神上“从被动转为主动”[②]，中国共产党的百年奋斗根本改变了中国人民的前途命运，找到了实现中华民族伟大复兴的正确道路，历史和人民选择了中国共产党，这是中国共产党获得政治权威的历史依据和法理基础。从现实上看，中国共产党在治国理政中坚持党的领导、人民当家做主、依法治国的有机统一。“三统一”是中国共产党的治国原则和根本方法，是中国共产党的“大经大法”。这一“大经大法”集党的权威、人民权威和法治权威于一体，成功超越了西方话语体系中的抽象权威。

四、小结

权力与权威是一对共同体。权威是权力的庇护神，权力是权威的支持者。

① 《习近平在纪念辛亥革命110周年大会上的讲话》,《人民日报》，2021年10月10日，第02版。

② 《习近平在中国共产党第十九次全国代表大会上的报告》，北京：人民出版社，2017年版，第13页。

一方面，对当权者而言，权威的衰败往往预示着权力的终结，因此，任何当权者都十分重视对权威的维护；另一方面，权威呵护之下的权力如果一再陷入动荡，则从反面证实这种权威本身出了问题。数千年来，以皇帝为具象的人格权威一直在中国历史上居于主导地位，直到列强一再侵入，中国人才开始注意到人格权威与法治权威的巨大差别。从那时起，如何重建中国的权力与权威就成为中国近现代史的一道难题。谁能破解这道难题，谁就会成为历史的选择和人民的选择。

第三节　法治道路

法治是政党政治运行的轨道，但是民初政党政治从来没有法治轨道可以使用，这是民初政党政治失序和失败的重要原因。民国初年，没有任何权威可以引导、规范和制约现实政治力量进入宪治轨道。在制宪上，各种政治力量不愿意使用或者无法使用谈判、协商、妥协的方式与反对方达成共识，“因人设宪”“因人废宪”“人在宪在，人亡宪亡”的各种闹剧轮番上演，宪法的神圣性、至上性被随意性和工具性取代。在行宪上，各种政治力量更不会将宪法作为行动依据而是将宪法作为标枪、挡箭牌和遮羞布使用，宪法内含的契约精髓严重流失，这种“低契约性”贯穿于民初政党政治之中，宪法成为一纸“空文”“虚文”和“废文”。民初政党政治的失败必然要求寻找新的符合中国国情的法治道路。

一、民国初年法治精神尚未长成

中国长期以来是一个农业社会，封建君主专制是建立在农耕社会这一基础之上的治理方式。辛亥革命后，君主专制制度被推翻，但是封建专制制度仍然存在，封建社会并未消失。绝大部分公共事务仍然建立在宗族、血亲的人际关系基础之上的，法律的效力远不如宗族长老的权威。久居中国的海关总署赫德就曾经写道："很少有中国人懂得条约为何物，懂得条约威力的人就更少了。"[①]近代中国与西方世界的冲突集中体现在各种不平等条约上。究其实质，中国的古老文明与西方的现代文明都曾经是一种"自信无可匹敌的文明"，因而两种不同质的文明在东方相遇，是一种"惯性的优越感"与"逼人的优越感"之间的对决。[②]这种对决的深层潜藏着对法治的不同认识。

历史上，英国的封建统治之所以能够演化为后来的政党政治，原因是多方面的，其中一个原因在于英国社会很早就成功实现了"法律主治"。1215 年签署的《大宪章》是英国乃至世界历史上的一个重要法律文献。尽管对大宪章一直存在争议，因为当时的大宪章签署之后即告失败，它没有起到限制君王权力、保护人民权利的作用。但是，"在中世纪的氛围中，一份陈述国王权力受人民限制，人民有权废黜国王，国王被限制在法律之下的档，具有多么震撼人心的力量，这份档确实对后世足以发挥持续的影响。"[③]法治平等精神到 13 世纪终于在英国社会扎根，英格兰的社会结构变成扁平状的平等社会。"与生俱来的身份差别在英格兰的一切关系中均告阙如。叔叔和侄子，父亲和儿子，男人和女人，国王和臣民，前者皆不可能指望获得高于后者的待遇。法律一视同仁地把他们看作有权利接受裁断的个人。"[④]"法治之下的自由，是英格兰法律主治的最重要社会标志。这样的创制，不仅生成了自由的人民，更促成了人民自由运用自己的知识、智慧和财富的创新能力，这为英国的持续发展提供了最深厚的社会土壤。"[⑤]法治的重要性关乎一个政权的安全，关乎一个社会的未来，关乎人民的福祉。

清末民初的人们通常都把政治与暴力相区别。革命就意味着暴力，政

---

① 赫德：《这些从秦国来——中国问题论集》，叶凤美译，天津：天津古籍出版社，2005 年版，第 124 页。

② 杨国强：《衰世与西法——晚清中国的旧邦新命和社会脱榫》，北京：中华书局，2014 年版，第 35 页。

③ 任剑涛：《工业、市场与现代国家》，《思想战线》，2016 年第 3 期，第 79 页。

④〔英〕艾伦·麦克法兰：《现代世界的诞生》，管可秾译，上海：上海人民出版社，2013 年版，第 208 页。

⑤ 任剑涛：《工业、市场与现代国家》，《思想战线》，2016 年第 3 期，第 80 页。

治就意味着非暴力。在这种时代背景下，民初政党政治的非暴力性质与奉行“有枪便是草头王”的军阀政治在基因深处是互相排斥的。但是，以暴力为基础的军阀政治深知自己有“现在”没有“未来”，它们绝对没有把昨天、今天和明天贯通起来历史自信。民初各种势力虽然笃信武力，但谁也不敢公开否认宪法的作用，这就是宪法被反复提出和反复颠倒的深层原因。若以历史眼光观察则会发现，民初政党政治需要的法治社会根本就没有到来，一些有识之士看到了宪法的根本作用，却无法让宪法在中国大地上扎根。究其实质，这与当时法治精神尚未长成有关。

清朝末年，有些官员已经注意到西方法治社会的一些端倪。曾国藩在与西洋人打交道的过程中很早就注意到西方人的“守信”特质。咸丰十一年（1861），曾国藩在复毛鸿宾的信中指出：“至西洋通商各国，但以信义自处，一时当可相安。”[①] 光绪二年（1876），清末政要郭嵩焘在对洋务疏的奏稿中对此已经有敏锐的观察：“夫能以诚信待人，人亦必以诚信应之，以猜疑待人，人亦即以猜疑应之，此理无或爽者。”[②]“西洋构患已深，宜急与理处，不宜与交兵”[③]。他认为，清廷在政治外交上的一系列失败，在很大程度上是不懂洋务、不守诚信、不知理性的结果。光绪十八年（1892），出使四国的薛福成在日记中的记载或许从来没有引起人们的重视：“且洋人之恣挟制于中国也，其所由来非一日矣。始于道光年间之合战无定，屡战屡败，既为洋人所轻；继以咸丰季年为城下之盟，定吃亏之条约，益为洋人所轻。厥后虽设总理各国事务衙门，而堂司各官皆未洞视洋情，因应不能得诀，每遇一事，大抵御之以多疑，示之以寡断，二者适与洋俗相反；寖至格格不能相入，其刚者争非所争，柔者又让非所让，而事益不可为。”薛福成把清廷战败的原因归结为从来不知道条约的重要性，不知道从法律上寻求解决之道。

---

① 曾国藩：《复毛鸿宾》，《曾国藩全集》第 24 集，长沙：岳麓书社，2011 年版，第 663 页。

② 熊月之编：《中国近代思想家文库 · 郭嵩焘卷》，北京：中国人民大学出版社，2014 年版，第 242 页。

③ 熊月之编：《中国近代思想家文库 · 郭嵩焘卷》，北京：中国人民大学出版社，2014 年版，第 262 页。

1887年夏天，近代启蒙思想家何启与胡礼垣在《曾论书后》点明了西方政府与清朝政府屡屡冲突的客观原因。在对待中西方达成的条约上，中国与西方存在重要的不同，“盖一则视合约为一成不易之规，一则视合约为可有可无之物也。为上如此，为下可知。”正是这种不懂国际规矩的原因，造成了一种十分严重的后果，西洋人对待华人，“以畜类待之而不以人类待之”，“以鬼物视之而不以人物待之”。[①]郭嵩焘、薛福成、何启、胡礼垣等人作为那个时代的先知先觉者，已经洞悉到西洋文明与中国现实之间的巨大差别。

以法治精神观察民国政党政治，更容易发现一些常常被人忽视的东西。民国已经建立，一切问题都应该在法律范围内依照程序解决问题。但是，不论是革命党人还是北洋集团，似乎都很不习惯，也很不情愿。他们在遇到障碍时，不是遵循法治精神，在法律框架内依照程序解决，而是将自己凌驾于法律之上，甚至视法律为无物。民国时期的政客、军人、议员、商人在表面上都服膺宪法与规则，但是当规则对其有利时就主张严格遵守；不利时，就毫不客气、无所顾忌地玩弄规则、超越规则，总统制与内阁制、国会制宪、张振武案、宋教仁案、二次革命、府院之争、曹锟贿选等等无一不体现着法律的软弱与尴尬。

民国初年的一系列政争都在或多或少地显示着法治精神的缺失。从历史上看，中国的法律是一部专门治理民众的刑律，因而统治者并没有守法的意识。马相伯曾经针对民国乱局叹息说：“呜呼！中国之法律，专施于被治者，久矣夫相习成风！上之人各视其职位之高低，以居于法律之上焉，故其心视宪法亦然。”[②]民国初年，一部分革命党人企图把统治者关进法治的笼子，而自己却希望寻求法治之外的利益。先不说这种想法公平与否，单就中国的现实而言，无疑是太理想化了。别说统治者在短期内转不过这个弯来，即使它想转，哪能在短期内实现呢？权力本来就有自我扩张的冲动，正如孟德斯鸠

① 何启、胡礼垣：《曾论书后》，《新政真诠》（一），桂林：广西师范大学出版社，2015年版，第154页。

② 李天纲编：《中国近代思想家文库·马相伯卷》，北京：中国人民大学出版社，2014年版，第212页。

所说：“一切有权力的人都容易滥用权力，这是万古不易的一条经验。有权力的人们使用权力一直遇到有界限的地方才休止。”[①] 孟德斯鸠提出以权力制约权力、以权力对抗权力的解决方案，无疑是正确的，但是以法治精神嵌入人民心中，贯穿于依法治国、依法执政、依法行政的整个权力运行过程之中，可能更为根本。因为只有法治精神才能树立法治权威，让人民成为法治的忠实崇尚者、自觉遵守者和坚定捍卫者，才能让权力制约权力、权力对抗权力落实到位。

法治精神是法治社会的灵魂。以宪法为核心的法律体系容易构建，但法律体系内部的法治精神却需要长期培养。没有法治精神的法律无异于一具僵尸，而具有法治精神的法律体系才能把法治走活。“法律的权威源自人民的内心拥护和真诚信仰”[②]。“法律的生命力在于实施，法律的权威也在于实施。”[③] 卢梭曾经阐述法律条文背后的法治精神说：“一切法律之中最重要的法律，既不是铭刻在大理石上，也不是刻在铜表上，而是铭刻在公民的内心里，它形成了国家的真正宪法，它每天都在获得新的力量，当其他法律衰老或消亡的时候，它可以复活那些法律或者代替那些法律，它可以保持一个民族的创制精神。”[④] 美国学者伯尔曼则指出：“没有信仰的法律将退化成为僵死的信条，因此，法律必须被信仰，否则它将形同虚设。”[⑤] 对于法律的漠视，参政各方之间互信基础的溃决，从深层决定着民初政党政治的失败。政治是务实的理性。把政治纳入法律框架，把法律贯穿于政治之中，实际上是民初政党政治失败带来的重要启示。

---

① ［法］孟德斯鸠：《论法的精神》（上册），张雁深译，北京：商务印书馆 1961 年版，第 154 页。

② 《中国共产党第十八届中央委员会第四次全体会议档汇编》，北京：人民出版社，2014 年版，第 48 页。

③ 《中国共产党第十八届中央委员会第四次全体会议档汇编》，北京：人民出版社 2014 年版，第 10 页。

④ ［法］卢梭：《社会契约论》，何兆武译，北京：商务印书馆，1980 年版，第 82 页。

⑤ ［美］伯尔曼著：《法律与宗教》，梁治平译，上海：上海三联书店，1991 年版，第 47 页。

清末民初提出了以民权为基础的政党政治取代以特权为根本的官僚政治的时代问题，虽然民初政党的回答并不成功，但却以深刻的教训影响了后来中国法治道路的全新选择。法治是国家治理的一场深刻革命，注定是一个脱胎换骨的艰难过程，必须经过艰苦卓绝且长期不懈的伟大斗争。

二、激活中华优秀传统文化的法治精神

中国传统社会的法治精神一直引起各方关注。中国作为世界上的古老文明，并不是没有法治精神。儒家代表人物孟子曰："离娄之明，公输子之巧，不以规矩，不能成方圆；师旷之聪，不以六律，不能成五音；尧、舜之道，不以仁政，不能平天下。"[①]又说："规矩，方员之至也；圣人，人伦之至也。欲为君，尽君道；欲为臣，为臣道。"[②]传统的规矩与人伦之中深藏着法律精神。法家代表人物荀子说："礼者，治辩之极也，强国之本也，威行之道也，功名之总也。王公由之，所以得天下也；不由，所以陨社稷也。故坚甲利兵不足以为胜，高城深池不足以为固，严令繁刑不足以为威，由其道则行，不由其道则废。"[③]这是法家对礼的高度评价。

事实上，近代西来之法与古代中国之礼，尽管在表现形式与内容上存在诸多不同，但相通甚至相同之处并不匮乏。学贯中西的近代启蒙思想家严复，在辨正西"法"的概念时，特别指出："西人所谓法者，实兼中国之礼典。中国有礼刑之分，以为礼防未然，刑惩已失。而西人则谓凡着在方策，而令一国之必从者，通谓法典。至于不率典之刑罚，乃其法典之一部分，谓之平涅尔可德（Penal code），而非法典之全体。故吾国《周礼》《通典》《大清律例》《皇朝通典》诸书，正西人所谓劳士（Laws）。若但取秋官所有律例当之，不相侔也。"又言："西文'法'字，于中文有理、礼、法、制四者之

① 郑红峰注释：《孟子》第2卷，西安：西安交通大学出版社，2015年版，第121页。
② 郑红峰注释：《孟子》第2卷，西安：西安交通大学出版社，2015年版，第123页。
③ 郑红峰注译：《荀子》第2卷，西安：西安交通大学出版社，2015年版，第146页。

异译，学者审之。”[①]

梁启超同样关注中国的法律问题。从历史上看，中国并不缺乏法治精神的源头，中国的礼义之中就蕴藏着法治精神。在梁启超看来，儒家的礼义作为人定法，其实质就是一种自然法。“儒家崇信自然法，而思应用自然法以定人定法，其所立之人定法，则礼是也。”[②]礼义就是公理，而公理就是法律。“礼者何？公理而已。”[③]梁启超专门考察中国法治的源头：“当我国法治主义之兴，萌芽于春秋之初，而大盛于战国之末。其时与之对峙者有四：曰放任主义，曰人治主义，曰礼治主义。而四者皆不足以救时弊，于是法治主义应运而兴焉。”[④]但是，这种法律精神在近代没有能够得到进一步的发展，中国在封建社会中逐步背离了法律精神。梁启超把法律视为文明与野蛮的界限，并把它上升到国家存亡的高度。“今吾中国聚四万万不明公理不讲权限之人，以与西国相处，即使高城深池，坚革多栗，亦不过如猛虎之遇猎人，犹无幸焉矣。”“故今日非发明法律之学，不足以自存矣。”[⑤]

为什么中国的法治精神没有发展起来呢？梁漱溟从中国社会生态出发，对中西法律意识的差别进行了比较。“盖就西洋人之执法与中国人之徇情，对照而说，在大团体中一办公机关，应付众人，处理百事，只有订出律条而拘守之，无论什么人来一律看待。然后乃少费话，免纠纷，公事进行得快，而秩序以立，群情以安。其中虽不免忽视个别情形，而强不齐以为齐，竟不洽情不中理者。却是不如此，大事小事都将办不成。法治之必要即在此。然而在家庭间亲族间就不然了。一家之中，老少，尊卑，男女，壮弱，其个别情形彰彰在目，既无应付众人之烦，正可就事论事，随其所宜。更且以密迩同处，一切隐微曲折彼此无不了然相喻，难以抹杀不顾。而相亲如骨肉，相需如手足，亦必求其细腻熨帖，乃得关系圆满，生活顺畅。此时无

---

① 马小红：《从“礼仪之邦”到“依法治国”》，《光明日报》，2017年5月1日，第7版。

② 张品兴主编：《梁启超全集》第3册，北京：北京出版社，1999年版，第1273页。

③ 张品兴主编：《梁启超全集》第1册，北京：北京出版社，1999年版，第60页。

④ 张品兴主编：《梁启超全集》第3册，北京：北京出版社，1999年版，第1269页。

⑤ 张品兴主编：《梁启超全集》第1册，北京：北京出版社，1999年版，第60页。

所用其法治，抑且非法所能治，虽无所谓为徇情，而凡所斟酌，却莫非情致不同。”①

严复、梁启超、梁漱溟等前辈先人为中西法律的嫁接可谓苦心孤诣，他们很早就认识到法治是文明社会的基础，为了将中国的法治事业推向前进，他们不断向传统寻找资源。但是，这些先哲的努力未能成为那个时代的主流。在亡国灭种的时代忧患中，近代的思想先驱者首先需要承担起反思批判传统、实现古代法向近代法转变的历史责任。这种反思与批判，促进了中国古代法向近代法的转化，促进了中国社会的进步。但是，这种反思和批判不可避免地夸大了古代礼与近代法的矛盾，将礼推向了法的对立面，破坏了中国固有法的体系，造成了近代中国“礼消法长”的发展格局。

建设法治中国，必须激活中华传统文化中的法治精神，深入汲取中华法律文化精华。“法的发展规律告诉我们，法的成长和发展若缺失了传统的动力就会成为无本之木，无源之水。”② 在对待法律的问题上，当下的我们与百年前的先辈实际上都在完成着同一个历史任务。百年前的先辈处在“亡国灭种”的忧患之中，如何引入法治精神是历史赋予的重任，因而一种情急之下的焦虑感油然而生，对中国传统的反思和否定遂成为那个时代的主流；百年之后的我们处在强国复兴的历史起点上，如何接引契约精神并让其落地生根成为新的时代课题。从否定性的革命转入和平式的建设，从反思批判传统转为弘扬传统，把传统由阻力转换为动力，又一次成为历史赋予我们的重任。这就要求我们摒弃传统上“礼法对立”的思维束缚，以“古今会通”现代思维方式借鉴和发展古人的法治智慧。只有把历史留给我们的丰厚法律思想盘活用好，接续古今，接引激活，才能实现法治中国的伟大目标。

德治与法治是相容的。长期以来，德治与法治经常被对立起来。湘系经世派的代表人物郭嵩焘曾经从德治与法治的角度对中西政治进行比较。中国政治是“圣人以其一身为天下任劳”，而西洋政治是“以公之臣庶”。圣人政治依靠“德治”——“圣人治民以德。德有盛衰，天下随之以治乱。德者，专

---

① 梁漱溟：《梁漱溟全集》第 3 卷，济南：山东人民出版社，2010 年版，第 68 页。

② 马小红：《从“礼仪之邦”到“依法治国”》，《光明日报》，2017 年 5 月 1 日，第 7 版。

于己者也，故其责天下常宽。”臣庶政治依靠“法治”——“西洋治民以法。法者，人己兼治者也，故推其法以绳之诸国，其责望常迫。”[①] 郭嵩焘对西洋法治赞不绝口，认为这是中国德治比不上的。其实，郭嵩焘的认识是特定历史条件下的产物。德治与法治并不仅仅是对立的，从德与法都是调节社会关系的本质上看，德治与法治一表一里，恰恰构成良性互动。西方的法治如果没有道德的约束也是不能实行的。从西方社会背景看，神法、自然法、永恒法、世俗法等等，从来都有源自宗教道德的规训和背景，设想西方法治离开道德规训而独立存在，本身就是一种脱离实际的臆想。

中华优秀传统文化中的德治从来都是崇实尚信，这实际上就是内心的法治精神。早在 2000 多年前，孔子就已经清楚地阐明了这一点。子路问事君。子曰：“勿欺也，而犯之。”[②] 在孔子看来，宁愿干犯君上，也不能欺骗君上。因为欺骗君主就破坏了政治的互信基础，这是最大的危险。法治精神关系到一个政权的安全，因为这种精神与人民信任一脉相通，人民信任是国家得以建立的基础，也是政治得以运行的根基。子贡曾经问政于孔子。子曰：“足食，足兵，民信之矣。”子贡曰：“必不得已而去，于斯三者何为先？”曰：“去兵。”子贡曰：“必不得已而去，于斯二者何先？”曰：“去食。自古皆有死，民无信不立。”[③] 在孔子看来，治理一个国家，需要有足够的粮食、充足的士兵和人民的信任，这三者是孔子对国家治理要素的高度概括。按说，普通百姓往往“以食为天”，专制统治者往往“以兵为先”，但对于“国泰民安”来说，则必须以“人民信任为先”，一个国家的长治久安，最重要的是获取人民的信任，得民心者得天下，是千古不易的真理。

依法治国与以德治国相结合是激活中华优秀传统文化法治精神的必由之路。德是法的根源，法是德的升华。中国优秀传统文化中的礼法与德治互为

---

① 熊月之编：《中国近代思想家文库 · 郭嵩焘卷》，北京：中国人民大学出版社，2014 年版，第 129—130 页。

② 李泽厚：《论语今读》，北京：中华书局，2015 年版，第 272 页。

③ 李浴华、马银华译注：《论语 · 大学 · 中庸》，太原：山西古籍出版社，2005 年版，第 90—91 页。

一体，不能截然分开。“法律是成文的道德，道德是内心的法律。”[①]在规范社会行为、调节社会关系、维护社会秩序上，法律与道德的目的完全一致。在实现社会作用的路径上二者存在不同，治理重在提前预防，侧重内在自觉，法治重在事后惩罚，侧重外在强迫。在国家治理体系和治理能力现代化中，德治与法治必须协同发力。道德必须滋养法律，培育人们的法律信仰、法治观念和规则意识，引导人们履行法定义务、社会责任和家庭责任。法律必须支撑道德，法律法规要树立鲜明的道德导向，成熟的道德要上升为法律规范。法治要成为良法善治，发挥惩恶扬善的社会功能。

三、中国法治道路的探索

清末民初先后出现过六部宪法，这种频繁的变化不仅显示了中国宪法本身的局限性，而且也显示了国人对于宪法缺乏实质性尊重。美国学者在分析这一现象时指出：“在个人主义的西方，宪法被视为保护个人权利，调整人群之间利益冲突的准则。在中国，宪法被视为凝聚集体力量，对当前社会目标的基本表述，也被看作是促进共识和防止误失的手段。因此，中国的宪法，一直被认为容易随社会目标的变化而改变。”[②]这可能是观察中国与美国法治路程的一个重要参考。

中国共产党是中国特色社会主义法治道路的开辟者。新民主主义革命时期，国共两党需要解决的一个重要问题就是如何实现法治之下的和平。在中国国民党获得全国统治权后，中国共产党一直谋求合法的政党地位，重庆谈判的首要前提就是中国共产党要求国民政府承认其合法地位。中国共产党并不是一个专门依靠武装力量的政党。重庆谈判时，中国共产党愿意以政治民主化来换取军队国家化，愿意建设一个民主法治的联合政府。但是国民党很快公开毁约，破坏了政协达成的和平建国五项协议，亲手拆毁了国民党、共

① 习近平：《习近平谈治国理政》第2卷，北京：外文出版社，2017年版，第133页。

② 〔美〕费正清编：《剑桥中华民国史》（上），杨品泉等译，北京：中国社会科学出版社，2007年版，第251页。

产党、民盟、青年党和社会贤达共同达成的法治框架。随后的形势发展表明，国民党寻求法律框架之外的非法手段，即寻求武力解决的企图遭到了毁灭性的打击和颠覆性的失败，一个曾经推翻清王朝并建立中华民国的荣耀政党从此走上一条不归路。

夺取全国政权后，中国共产党立即开始法治化道路的探索。从1949年9月召开的中国人民政治协商会议制定《共同纲领》开始，到1954年的中华人民共和国第一部宪法制定，中国的法治进程迈出重要的步伐。十一届三中全会召开之前，邓小平同志特别指出："为了保障人民民主，必须加强法制。必须使民主制度化、法律化，使这种制度和法律不因领导人的改变而改变，不因领导人的看法和注意力的改变而改变。"[①]有法可依，有法必依，执法必严，违法必究，社会主义法制的十六字方针确立下来。党的十五大提出依法治国的基本方略。党的十六大提出建设社会主义法治国家。党的十七大提出依法治国要"全面落实"，社会主义法治国家要"加快建设"，提出依法行政。党的十八大提出"全面依法治国"，提出"科学立法、严格执法、公正司法、全民守法"的新十六字法治方针，法治理念、法治意识、法治精神、法治思维、法治文化等概念相继提出。党的十九大提出"全面依法治国是国家治理的一场深刻革命"，"建设法治政府，推进依法行政，严格规范公正文明执法"。"坚持依法治国、依法执政、依法行政共同推进，坚持法治国家、法治政府、法治社会一体建设"。[②]

改革开放以后，法治中国建设的步伐从未间断。党的历次代表大会都在强调和推进法治进程。党的十八届四中全会审议通过《中共中央关于全面推进依法治国若干重大问题的决定》，建设社会主义法治国家成为全面依法治国的总目标，建设中国特色社会主义法治体系成为全面依法治国的总抓手，坚持走中国特色社会主义法治道路成为全面依法治国的唯一正确道路。会议从"中国特色社会主义的本质要求和重要保障"上认识依法治国的地位和作用，

① 邓小平：《邓小平文选》第2卷，北京：人民出版社，1983年版，第146页。

② 习近平：《在中国共产党第十九次全国代表大会上的报告》，北京：人民出版社，2017年版，第22页。

这就把依法治国从过去单纯的民主角度、经济角度、社会角度提升到党和国家的工作全局中来，把法治建设纳入国家治理体系和治理能力现代化之中。法治建设的地位更加突出，作用更加重大。[①] 这是中国法治史上的一道里程碑。

20多年前，学者谢晖总结20世纪的宪法时提出“英雄的宪法”与“公民的宪法”两个概念，认为从英雄的宪法过渡到公民的宪法应该是历史趋势[②]。今天看来，维护好、发展好、落实好“人民的宪法”更为重要。宪法是政治精英争取权力和巩固权力的工具，更是保护人民权利的工具，宪法必须以人民为中心。

宪法是人民的宪法。习近平总书记指出：“宪法的根基在于人民发自内心的拥护，宪法的伟力在于人民出自真诚的信仰。只有保证公民在法律面前一律平等，尊重和保障人权，保证人民依法享有广泛的权利和自由，宪法才能深入人心，走入人民群众，宪法实施才能真正成为全体人民的自觉行动。”[③]“宪法集中体现了党和人民的统一意志和共同愿望，是国家意志的最高表现形式。”[④] 实现党和人民的统一，其历史主动始终在党一边，党必须始终与人民统一在一起。习近平总书记在建党一百周年的讲话中指出了这种统一的迫切性和重要性。“任何想把中国共产党同中国人民分割开来、对立起来的企图，都是绝不会得逞的！9500多万中国共产党人不答应！14亿多中国人民也不答应！”[⑤] 党的十九届六中全会决议指出：“全面依法治国最广泛、最深厚的基础是人民”[⑥]。人民应该拥有法治精神，具备法治思维，做法治的忠实崇尚者、自觉遵守者和坚定捍卫者。

---

① 《中国共产党第十八届中央委员会第四次全体会议档汇编》，北京：人民出版社，2014年版，第17页。

② 谢晖：《政治学的法理与政治化的法——二十世纪中国法理对“宪政”的支持关系及其变革》，《法学评论》，1999年第3期，第16页。

③ 《习近平谈治国理政》，北京：外文出版社，2014年版，第140—141页。

④ 《习近平谈治国理政》第3卷，北京：外文出版社，2020年版，第281页。

⑤ 《习近平在庆祝中国共产党成立100周年大会上的讲话》，《人民日报》，2021年7月2日，第02版。

⑥ 《中共中央关于党的百年奋斗重大成就和历史经验的决议》，《人民日报》，2021年11月17日，第01版。

党和法治的关系是中国法治的核心问题。解决这一核心问题需要从两个方面着手，既发挥党在依法治国中的“最根本的保证作用”，又决不允许“权大于法”。“党的领导是中国特色社会主义最本质的特征，是社会主义法治最根本的保证”[①]，“必须把党的领导贯彻落实到依法治国全过程和各方面，坚定不移走中国特色社会主义法治道路”[②]。这就要求把党的领导贯穿于法治道路之中，党的领导与依法治国必须浑然一体。党在社会主义法治中要按照“三统一”“四善于”的部署进行。[③]党的领导、人民当家做主和依法治国的有机统一是法治中国的基本经验，也是法治中国的根本原则。决不允许把党与法对立起来，党是立法的领导者，执法的保证者，守法的带头者，是法治的维护者、推动者和监督者，绝不是法治的阻碍者，更不是法治的破坏者。治国必先治党，治党务必从严。依法治国与依规治党内在统一，外在相连，通过全面从严治党推进法治国家建设。中国法治的关键是处理好权力与法治的关系，坚持把权力关进制度的笼子。各级党组织和全体党员都必须遵法学法守法用法，任何组织和个人都必须在宪法和法律范围内活动，不能有超越宪法和法律的特权。

中国特色社会主义法治道路是建设社会主义法治国家的唯一正确道路。“法治兴则国家兴，法治衰则国家乱”[④]，法治是固根本、稳预期、利长远的治

---

① 《中国共产党第十八届中央委员会第四次全体会议档汇编》，北京：人民出版社，2014 年版，第 5 页。

② 《习近平在中国共产党第十九次全国代表大会上的报告》，北京：人民出版社，2017 年版，第 22 页。

③ “三统一”是指“必须坚持党领导立法、保证执法、支持司法、带头守法，把依法治国基本方略同依法执政基本方式统一起来，把党总揽全局、协调各方同人大、政府、政协、审判机关、检察机关依法依章程履行职能、开展工作统一起来，把党领导人民制定和实施宪法法律同党坚持在宪法法律范围内活动统一起来”。“四善于”是指“善于使党的主张通过法定程序成为国家意志，善于使党组织推荐的人选通过法定程序成为国家政权机关的领导人员，善于通过国家政权机关实施党对国家和社会的领导，善于运用民主集中制原则维护中央权威、维护全党全国团结统一。”引自《中国共产党第十八届中央委员会第四次全体会议档汇编》，北京：人民出版社，2014 年版，第 22—23 页。

④ 《中共中央关于党的百年奋斗重大成就和历史经验的决议》，《人民日报》，2021 年 11 月 17 日，第 01 版。

理之道，内含党领导人民治理国家的基本方略和党治国理政的基本方式，依宪治国、依宪执政，法治国家、法治政府、法治社会，依法治国、依法执政、依法行政，成为党内党外的最大共识。中国共产党把国家治理纳入法治轨道的目标清晰明确，其决心坚如磐石。中国特色社会主义法治道路内含诸多要素。必须坚持党的领导，坚持人民主体地位，坚持法律面前人人平等，坚持依法治国和以德治国相结合，坚持从中国实际出发。自党的十八大以来，权力行使必须在法治之下成为更加鲜明的中国法治特色。中国特色社会主义法治道路汲取中华法律文化精华，学习借鉴国外法治的有益经验，但它不会生搬硬套任何国家的法治模式和法治理念，具有典型的中国特色，是中国人民长期奋斗的历史逻辑、理论逻辑和实践逻辑的生成结果。中国特色社会主义法治道路植根于本土之中，内生于现实之内，吻合于中国之实，具有旺盛的生命力，为世界文明贡献独特的中国智慧和中国方案。

从历史上看，中国共产党用 21 年的时间打赢了推翻三座大山的军事战，用 28 年的时间夺取了 4 亿人口、960 万平方公里的全国执政权，用 40 年的时间展开了经天纬地的改革开放的经济战。党领导中国人民在中国道路上不可逆转地走向中华民族伟大复兴。我们有理由相信，在“两个一百年”历史进程中，在国家治理的深刻革命中，中国共产党团结带领中国人民一定会打赢这场全面依法治国的法治战。

四、小结

精神是催人奋进的内在力量。迄今为止，所有的社会进步之中都涌动着法治精神，这种法治精神是哺育政党政治生长发育的乳汁，是现代政治文明的生命之源。民主必然要求实现从“身份到契约”的转换。民初大规模民主实验的失败，与中国社会中法治精神尚未形成有着基础性关联。没有法治精神的滋润就不会有真正文明的生成，只有法治精神充分涌流的社会，才能创造出更多的发展机会，才能获得更好的发展前途。

主要参考文献

一、中文专著

[1] 王耿雄:《孙中山史事详录》,天津:天津人民出版社,1986年版。

[2] 陈锡祺:《孙中山年谱长编》,北京:中华书局,1991版。

[3] 陈伯达:《窃国大盗袁世凯》,北京:新华书店,1949年版。

[4] 谷钟秀:《中华民国开国史》,上海:泰东图书局,1914年版。

[5] 中国第一历史档案馆编:《光绪朝上谕档》,桂林:广西师范大学出版社,2008年版。

[6] 章开沅、林增平:《辛亥革命史》,上中下册,上海:东方出版中心,2010年版。

[7] 熊希龄:《熊希龄先生遗稿》,第1—5册,上海:上海书店出版社,1998年版。

[8] 张品兴:《梁启超全集》,北京:北京出版社,1999年版。

[9] 梁启超:《饮冰室合集》,第1—12卷,北京:中华书局,1989年版。

[10] 李华兴、吴嘉勋:《梁启超选集》,上海:上海人民出版社,1984年版。

[11] 汤志钧:《章太炎政论选集》,北京:中华书局,1997年版。

[12] 刘景泉:《北京民国政府的议会政治》,天津:天津教育出版社,

2006 年版。

[13] 谢彬:《民国政党史》,戴天仇:《政党与民初政治》,北京:中华书局,2007 年版。

[14] 杨幼炯:《中国政党史》,北京:商务印书馆,1927 年版。

[15] 吴宗慈:《中华民国宪法史》,北京:法律出版社,2013 年版。

[16] 朱子彦、陈生民:《朋党政治研究》,上海:华东师范大学出版社,1992 年版。

[17] 李剑农:《戊戌以后三十年中国政治史》,北京:中华书局,1965 年版。

[18] 罗家伦:《革命文献》,台北:(台北)中国国民党党史史料编纂委员会,1968 年版。

[19] 顾敦鍒:《中国议会史》,苏州:苏州木渎心正堂,1931 年影印版。

[20] 唐德刚:《袁氏当国》,桂林:广西师范大学出版社,2004 年版。

[21] 马勇:《重寻近代中国》,北京:线装书局,2014 年版。

[22] 杨爱珍:《当代中国政党制度研究》,上海:学林出版社,2004 年版。

[23] 张玉法:《民国初年的政党》,长沙:岳麓书社,2004 年版。

[24] 梁漱溟:《梁漱溟全集》,第 1—8 卷,济南:山东人民出版社,1992 年版。

[25] 章士钊:《章士钊全集》,上海:文汇出版社,2000 年版。

[26] 张朋园:《立宪派与辛亥革命》,吉林:吉林出版集团有限责任公司,2007 年版。

[27] 黄远庸:《远生遗著》,北京:商务印书馆,1984 年增补影印版。

[28] 来新夏等:《北洋军阀史》,上下册,上海:东方出版中心,2011 年版。

[29] 贾逸君:《中华民国政治史》,上海:上海书店,1990 年版。

[30] 隗瀛涛:《四川近代史稿》,成都:四川人民出版社,1990 年版。

[31] 邱昌渭:《议会制度》,上海:世界书局,1933 年版。

[32] 罗志田:《乱世潜流:民族主义与民国政治》,上海:上海古籍出版社,2001 年版。

[33] 王世杰、钱端升:《比较宪法》，北京：商务印书馆，1999 年版。

[34] 徐矛:《中华民国政治制度史》，上海：上海人民出版社，1992 年版。

[35] 萧超然、肖韦:《中国政党制度论纲》，哈尔滨：黑龙江人民出版社，2000 年版。

[36] 郭宝平:《民国政制通论》，太原：山西人民出版社，1995 年版。

[37] 丁光旭:《近代中国地方自治研究》，广州：广州出版社，1993 年版。

[38] 徐勇:《乡村治理与中国政治》，北京：中国社会科学出版社，2003 年版。

[39] 黄仁宇:《从大历史角度解读蒋介石日记》，北京：中国社会科学出版社，1998 年版。

[40] 费敬仲:《段祺瑞》，上海：上海世界书局，1920 年版。

[41] 叶曙明:《国会现场（1911—1928）》，杭州：浙江人民出版社，2013 年版。

[42] 李学智:《民国初年的法治思潮与法制建设——以国会立法活动为中心的研究》，北京：中国社会科学出版社，2004 年版。

[43] 章伯锋、李宗一:《北洋军阀（1912—1928）》，武汉：武汉出版社，1990 年版。

[44] 陈旭麓:《宋教仁集》，上下册，北京：中华书局，2011 年版。

[45] 邹鲁:《中国国民党史稿》，上海：上海书店，1989 年影印版。

[46] 丁中江:《北洋军阀史话》，北京：中国友谊出版公司，1992 年版。

[47] 刘大鹏:《退想斋日记》，太原：山西人民出版社，1990 年版。

[48] 吴其昌:《梁启超》，北京：东方出版社，2009 年版。

[49] 丁文江、赵丰田:《梁启超年谱长编》，上海：上海人民出版社，2009 年版。

[50] 何怀宏:《选举社会及其终结——秦汉至晚清历史的一种社会学阐释》，上海：生活·读书·新知三联书店，1998 年版。

[51] 邱钱牧:《中国政党史》，太原：山西人民出版社，1991 年版。

[52] 顾准:《顾准文集》，贵阳：贵州人民出版社，1995 年版。

[53] 秦孝仪:《陈英士先生纪念全集》，台北：台湾裕泰公司，1978 年版。

［54］蒋廷黻：《中国近代史》，上海：上海古籍出版社，1999 年版。

［55］陶菊隐：《北洋军阀统治时期史话》，全五册，海口：海南出版社，2006 年版。

［56］张鸣：《辛亥：摇晃的中国》，桂林：广西师范大学出版社，2011 年版。

［57］朱宗震：《真假共和》，太原：山西人民出版社，2008 年版。

［58］高力克：《调适的智慧——杜亚泉思想研究》，杭州：浙江人民出版社，1998 年版。

［59］许纪霖、田建业：《杜亚泉文存》，上海：上海教育出版社，2003 年版。

［60］杜春和：《张国淦文集》，北京：北京燕山出版社，2000 年版。

［61］蔡寄鸥：《鄂州血史》，北京：龙门联合书局，1958 年版。

［62］颜惠庆：《颜惠庆自传：一位民国元老的历史记忆》，吴建雍、李宝臣、叶凤美译，北京：商务印书馆，2003 年版。

［63］周谷城：《中国社会之变化》，上海：新生命书局，1931 年版。

［64］侯外庐：《近代中国思想学说史》，北京：生活书店，1947 年版。

［65］金观涛、刘青峰：《开放中的变迁：再论中国社会超稳定结构》，北京：法律出版社，2011 年版。

［66］李剑农：《中国近百年政治史（1840—1926）》，上海：复旦大学出版社，2002 年版。

［67］陈志让：《军绅政权——近代中国的军阀时期》，北京：生活·读书·新知三联书店，1980 年版。

［68］曹汝霖：《曹汝霖一生之回忆》，北京：中国大百科全书出版社，2009 年版。

［69］金冲及、胡绳武：《辛亥革命史稿》，第 1—4 册，上海：上海辞书出版社，2011 年版。

［70］刘晴波：《杨度集》，长沙：湖南人民出版社，2008 年版。

［71］王先明：《近代绅士》，天津：天津人民出版社，1997 年版。

［72］刘京希：《政治生态论》，济南：山东大学出版社，2007 年版。

［73］李金河:《中国政党政治研究》，北京：中央编译出版社，2007年版。

［74］谢俊美:《政党制度与近代中国》，上海：上海人民出版社，2000年版。

［75］刘军宁:《共和·民主·宪政——自由主义思想研究》，上海：上海三联书店，1998年版。

［76］王长江:《现代政党执政规律研究》，上海：上海人民出版社，2002年版。

［77］王韶兴:《政党政治论》，济南：山东人民出版社，2011年版。

［78］周淑真:《政党和政党制度比较研究》，北京：人民出版社，2001年版。

［79］王邦佐:《中国政党制度的社会生态分析》，上海：上海人民出版社，2000年版。

［80］王道:《中国选举史略》，上海：上海书店，1988年版。

［81］熊月之:《中国近代思想家文库·郭嵩焘卷》，北京：中国人民大学出版社，2014年版。

［82］马忠文、任青:《中国近代思想家文库·薛福成卷》，北京：中国人民大学出版社，2014年版。

［83］吴剑杰:《中国近代思想家文库·张之洞卷》，北京：中国人民大学出版社，2014年版。

［84］任智勇、戴圆:《中国近代思想家文库·郑观应卷》，北京：中国人民大学出版社，2014年版。

［85］周月峰:《中国近代思想家文库·杜亚泉卷》，北京：中国人民大学出版社，2014年版。

［86］李天纲:《中国近代思想家文库·马相伯卷》，北京：中国人民大学出版社，2014年版。

［87］干春松:《中国近代思想家文库·徐复观卷》，北京：中国人民大学出版社，2014年版。

［88］姜义华:《中国近代思想家文库·章太炎卷》，北京：中国人民大学出版社，2015年版。

[89] 朱汉国:《中国政党制度史》,合肥:安徽人民出版社,1995年版。

[90] 肖铁肩:《历史脚步一伴音——孙中山政党思想研究》,成都:四川人民出版社,1996年版。

[91] 杨德山:《中国近代资产阶级政党学说研究》,北京:人民出版社,2002年版。

[92] 金满楼:《北洋往事》,北京:现代教育出版社,2010年版。

[93] 张永:《民国初年的进步党与议会政党政治》,北京:北京大学出版社,2008年版。

[94] 杨绪盟:《移植与异化——民国初年中国政党政治研究》,北京:人民出版社,2005年版。

[95] 严泉:《民国初年的国会政治》,北京:新星出版社,2014年版。

[96] 李良玉、陈雷主编:《倪嗣冲函电集》,北京:社会科学文献出版社,2011年版。

[97] 冯江峰:《清末民初人权思想的肇始与嬗变》,北京:社会科学文献出版社,2011年版。

[98] 庄练:《中国近代史上的关键人物》,上中下册,北京:中华书局,1988年版。

[99] 夏东元:《郑观应集》,上海:上海人民出版社,1982年版。

[100] 杨国强:《衰世与西法——晚清中国的旧邦新命和社会脱榫》,北京:中华书局,2014年版。

[101] 章开沅:《辛亥革命史丛刊》,北京:中华书局,1980—1984年版。

[102] 魏光奇:《官治与自治——20世纪上半期的中国县制》,北京:商务印书馆,2004年版。

[103] 杨德山编:《中国政党学说文献汇编》,北京:中国人民大学出版社,2014年版。

[104] 王耿雄等:《孙中山集外集》,北京:中华书局,1981年版。

[105] 湖南省社会科学院:《黄兴集》,北京:中华书局,2011年版。

[106] 李新主编:《中华民国史》,36册,北京:中华书局,2011年版。

[107] 周光培:《中华民国史料四编》,扬州:广陵书社,2010年版。

［108］凤冈及门弟子:《民国梁燕孙先生士诒年谱》，台北：商务印书馆，1978年版。

［109］韩信夫、姜克夫:《中华民国史大事记》，北京：中华书局，2011年版。

［110］荣孟源、章伯锋:《近代稗海》，成都：四川人民出版社，1985年版。

［111］朱寿朋:《光绪朝东华录》第1—5卷，张静庐等校点，北京：中华书局，1958年版。

［112］骆宝善、刘路生:《袁世凯全集》，第1—36卷，开封：河南大学出版社，2013年版。

［113］黄彦、李伯新:《孙中山藏档选编》，北京：中华书局，1986年版。

［114］许恪儒整理:《许宝蘅日记》，北京：中华书局，2010年版。

［115］刘泱泱审订:《唐才常集》，北京：中华书局，2013年版。

［116］云南社科院、贵州社科院:《护国文献》，贵阳：贵州人民出版社，1985年版。

［117］中国社科院近代史研究所近代史资料编辑组:《近代史资料》，北京：中国社会科学出版社，1981年版。

［118］广东省社会科学院历史研究室、中国社会科学院近代史研究所中华民国史研究室、中山大学历史系孙中山研究室:《孙中山全集》，第1—11卷，北京：中华书局，1981年版。

［119］中国蔡元培研究会:《蔡元培全集》，第2卷，杭州：浙江教育出版社，1997年版。

［120］中国史学会:《辛亥革命》，第1—8册，上海：上海人民出版社、上海书店出版社，2000年版。

［121］天津市历史博物馆馆藏:《北洋军阀史料》，天津：天津古籍出版社，1992年版。

［122］中国第二历史档案馆:《南京临时政府遗存真档》，南京：凤凰出版社，2011年版。

［123］中国社会科学院近代史研究所近代史资料编辑组:《近代史资料》，北京：中国社会科学出版社，1981年版。

[124] 中国人民政治协商会议全国委员会文史资料研究委员会:《文史资料选辑》，北京：中国文史出版社，2010 年版。

[125] 上海经世文社:《民国经世文编》，第 1—8 集，北京：北京图书馆出版社，2006 年版。

[126] 中国人民政治协商会议全国委员会文史资料研究委员会:《辛亥革命回忆录》，第 1—8 集，北京：中国文史出版社，2012 年版。

[127] 赵尔巽等撰:《清史稿》，第 1—48 册，北京：中华书局，1977 年版。

[128] 汪征鲁、方宝川、马勇主编:《严复全集》，福州：福建教育出版社，2014 年版。

[129] 清议报报馆:《清议报》，第 1—6 集，北京：中华书局，2006 年重印。

[130] 梁启超:《庸言》，第 1—8 卷，北京：中华书局，2010 年版。

[131] 陈独秀主撰：杨宏峰主编:《新青年》，银川：宁夏人民出版社，2011 年版。

[132] 东方杂志、上海书店出版社编:《东方杂志》，上海：上海书店出版社，2012 年版。

[133] 谭徐峰:《蒋百里全集》，第 1—8 集，北京：北京工业大学出版社，2015 年版。

[134]《胡适文存》，第 1—4 集，北京：北京华文出版社，2013 年版。

[135] 郑红峰注释:《孟子》，第 1—4 卷，线装藏书馆，西安：西安交通大学出版社，2015 年版。

[136] 李浴华、马银华译注:《论语 · 大学 · 中庸》，太原：山西古籍出版社，2003 年版。

[137] 郑红峰注译:《荀子》，第 1—4 卷，西安：西安交通大学出版社，2015 年版。

[138] 任犀然:《老子 · 庄子》，北京：中国华侨出版社，2016 年版。

[139] 何启、胡礼垣著:《新政真诠》，第 1—2 卷，桂林：广西师范大学出版社，2015 年版。

[140] 侯宜杰:《清末立宪运动史》，北京：中国人民大学出版社，2011年版。

[141] 高放等:《清末立宪史》，北京：华文出版社，2012年版。

[142] 王韬，李天纲编校:《弢园文新编》，上海：中西书局，2012年版。

[143] 魏源:《海国图志》，长沙：岳麓书社，1998年版。

[144] 上海市文物保管委员会:《康有为与保皇会》，上海：上海人民出版社，1982年版。

[145] 曾国藩:《曾国藩全集》，第1—31集，长沙：岳麓书社，2011年版。

[146]《民报》报馆:《民报》，第1—6卷，北京：中华书局，2006年版。

[147] 徐继畬:《瀛寰志略校注》，宋大川校注，北京：文物出版社，2007年版。

[148] 重庆市政协文史资料研究委员会、中共重庆市委党校编:《政治协商会议纪实》，(上下册)，重庆：重庆出版集团，2016年版。

[149] 王奇生:《党员、党权与党争(1924—1949年中国国民党的组织形态)》(修订增补本)，北京：华文出版社，2010年版。

[150] 黄道炫:《中央苏区的革命(1933—1944)》，北京：社会科学文献出版社，2011年版。

[151] 杨荫杭:《老圃遗文辑》，杨绛整理，武汉：长江文艺出版社，1993年版。

[152] 蒋廷黼:《中国近代史》，上海：上海古籍出版社，2003年版。

[153] 欧阳雪梅:《投机时代：北洋军阀全传》，北京：团结出版社，2002年版。

[154] 爱汉者等编:《东西洋每月统记传》，黄时鑑整理，北京：中华书局，1997年版。

[155] 王尔敏:《中国近代思想史论》，北京：社会科学文献出版社，2003年版。

[156] 李泽厚:《中国近代思想史论》，北京：人民出版社，1979年版。

[157] 张朋园:《梁启超与民国政治》，吉林：吉林出版集团有限责任公司，2007年版。

[158] 张朋园:《梁启超与辛亥革命》，吉林：吉林出版集团有限责任公司，2007年版。

[159] 林毓生:《中国传统的创造性转化》，北京：生活·读书·新知三联书店，1988年版。

二、外文译著

[160] 胡滨:《英国蓝皮书有关辛亥革命资料选译》，北京：中华书局，1984年版。

[161] 中国社会科学院近代史研究所、中华民国研究室:《日本外交文书选译——关于辛亥革命》，邹念之编译，北京：中国社会科学出版社，1980年版。

[162]〔英〕波普尔:《开放社会及其敌人》，北京：中国社会科学出版社，2007年版。

[163]〔日〕三谷孝:《秘密结社与中国革命》，北京：中国社会科学出版社，2002年版。

[164]〔美〕李普塞特:《政治人——政治是社会基础》，上海：上海人民出版社，1997年版。

[165]〔美〕戈登·塔洛克:《官僚体制的政治》，北京：商务印书馆，2012年版。

[166]〔罗马〕西塞罗:《论共和国　论法律》，北京：中国政法大学出版社，1997年版。

[167]〔希腊〕亚里士多德:《政治学》，北京：商务印书馆，1995年版。

[168]〔法〕孟德斯鸠:《论法的精神》，北京：商务印书馆，1961年版。

[169]〔英〕迈克尔·莱斯诺夫等:《社会契约论》，刘训练、李丽红、张红梅译，南京：江苏人民出版社，2006年版。

[170]〔美〕费正清:《剑桥中国晚清史》，章建刚等译，北京：中国社会科学出版社，1991年版。

[171]〔美〕费正清:《剑桥中华民国史》，章建刚等译，上海：上海人民

出版社，1991 年版。

[172]〔美〕塞缪尔 · P · 亨廷顿:《变化社会中的政治秩序》，王冠华等译，北京：三联书店，1989 年版。

[173]〔英〕戴维 · 赫尔德:《民主的模式》，燕继荣等译，北京：中央编译出版社，1998 年版。

[174]〔法〕托克维尔:《论美国的民主》，上下卷，董果良译，北京：商务印书馆，2003 年版。

[175]〔德〕韦伯:《新教伦理与资本主义精神》，康乐、简惠美译，上海：三联书店，1989 年版。

[176]〔日〕实藤惠秀:《中国人留学日本史》，谭汝谦、林启彦译，北京：生活 · 读书 · 新知三联书店，1983 年版。

[177]〔美〕西摩 · 马丁 · 李普塞特:《政治人——政治的社会基础》，上海：上海人民出版社，1997 年版。

[178]〔英〕哈耶克:《法律立法与自由》，邓正来等译，北京：中国大百科全书出版社，2001 年版。

[179]〔英〕赫德:《这些从秦国来——中国问题论集》，叶凤美译，天津：天津古籍出版社，2005 年版。

[180]〔意〕萨托利:《政党与政党体制》，杨德山译，北京：商务印书馆，2006 年版。

[181]〔美〕明恩溥:《中国人的素质》，秦悦译，上海：学林出版社，1999 年版。

[182]〔德〕马克斯 · 韦伯:《经济与社会》，北京：商务印书馆，1998 年版。

[183]〔美〕古德诺:《解析中国》，蔡向阳、李茂增译，北京：国际文化出版公司，1998 年版。

[184]〔美〕张灏:《梁启超与中国思想的过渡》，南京：江苏人民出版社，1993 年版。

[185]〔澳〕骆慧敏:《清末民初政情内幕》，上册，刘桂梁等译，北京：知识出版社，1986 年版。

[186]〔澳〕骆慧敏:《清末民初政情内幕》，下册，陈泽宪等译，北京：知识出版社，1986年版。

[187]〔日〕内藤顺太郎:《袁世凯》，范石渠译，上海：文汇图书局，1914年版。

[188]〔美〕阿尔蒙德、(小)鲍威尔:《比较政治学：体系、过程和政策》，曹沛霖等译，上海：上海译文出版社，1987年版。

[189]〔美〕鲍威尔:《中国军事力量的兴起(1895—1912)》，陈泽宪等译，北京：中国社会科学出版社，1979年版。

后 记

研究民国政党政治是我在山东大学攻读博士学位期间的研究主题。2010年5月，博士论文答辩通过后，同年11月，山东省社科规划办批复《民初政党政治问题的再思考》为省社科规划重点课题，这为进一步深化民国政党研究提供了新的条件和契机。十多年来，我在齐鲁工业大学（山东省科学院）一边教学，一边不断漫步在民国历史的深处，思考将这一研究不断推向深入。

追踪民国政党的踪迹，聆听岁月深处的回响，俯首近代历史的风起与云涌，体会社会进步的曲折与代价，乃是一种不可多得的理性探险和人生体验。十多年来，我一直奔波在山东大学图书馆、山东省图书馆、国家图书馆之间，匆匆岁月，忙忙脚步，从未放弃，从未停止。汗水与艰辛共舞，光荣与梦想齐飞。将历史与现实一并带来，将事实与理想一起架构，是一介书生的非非之想，也是一个学人的责任与担当。在书籍即将付梓之际，回首既往，心怀感激之情。在这些年的艰苦研究中，山东省委统战部的领导支持并批准我们设立了首批山东省统战理论研究基地；齐鲁工业大学的领导给予了大力支持；同事们则为我分忧解劳，有力地支持了我的研究工作；我的一部分研究生都做了一些力所能及的工作，在此致以诚挚的感谢！

研究民国政党，是一个高难度的动作。民国政党的言行背后都有错综复杂的事件背景和纵横交错的时间顺序，理清这一时空方位并非易事，这需要查阅浩如烟海的历史文献，需要板凳一坐十年冷的沉潜功夫，需要对社会发展趋势的精准把握。这项研究需要政治力与历史感的统一，而二者的准确把握均非易事。在有限的时间内，驾驭这些东西实际上超出了自身的能力，这是我在书稿付梓之际十分惶惑的内在原因。但我也期待着在后来的研究中逐步弥补这些遗憾。同时，殷切希望各位师长和同仁提出批评和指正，以砥砺我继续前行在民国政党研究的征程中。

许忠明

2021 年 7 月于济南